U0863389

新农村幼儿教育指导书系

丛书主编　田宝军
张春炬

幼儿园
教育活动设计与指导（上）

YOUERYUAN JIAOYUHUODONGSHEJI YU ZHIDAO

主编　高杰英

河北大学出版社

图书在版编目(CIP)数据

幼儿园教育活动设计与指导 / 高杰英主编. -- 保定: 河北大学出版社, 2012.5

ISBN 978-7-5666-0035-6

Ⅰ. ①幼… Ⅱ. ①高… Ⅲ. ①幼儿园 - 教育活动 - 课程设计 Ⅳ. ①G612

中国版本图书馆CIP数据核字(2012)第029775号

幼儿园教育活动设计与指导

责任编辑：王殊宁
　　　　　胡素杰
封面设计：在水一坊
美术编辑：赵　谦
　　　　　王占梅
责任印制：蔡进建

出版发行：河北大学出版社
地　　址：河北省保定市五四东路180号
邮　　编：071002
印　　刷：河北天普润印刷厂
经　　销：全国新华书店
开　　本：1/16(710mm × 1000mm)
印　　张：25.25
字　　数：350千字
版　　次：2012年5月第1版
印　　次：2014年6月第2次
书　　号：ISBN 978-7-5666-0035-6
定　　价：52.00元（上、下册）

总 序

当前，学前教育事业的快速发展与幼教师资力量相对薄弱的矛盾十分突出，特别在农村地区和城市民办幼儿园，幼儿教师教育观念落后、教育技能不足、教育水平不高的现象普遍存在。一方面，广大基层一线教师急于通过学习培训提高自身水平，另一方面则苦于找不到适用的指导用书。为了满足他们的迫切需求，我们编写了这套《新农村幼儿教育指导书系》，以为将要盛开的民族未来之花洒下点滴春雨，为即将到来的农村幼教的春天增添一抹新绿。

本书系的目标定位是面向县城及以下乡镇、农村幼儿园的大多数在岗教师的现实需求，更新教师教育观念，解决幼儿教育中的实际问题，快速提高现有幼儿教师的专业素养和教学水平。书系编写力求体现以下原则：

1. 针对性原则。即针对的当前农村大多数幼儿园教师的工作特点和实际水平，针对实际工作中迫切需要解决的突出问题，切合农村幼儿教育的需求。

2. 实用性原则。即内容上具备较强的可操作性，所选材料（包括案例、理论分析、专家指导等）具有典型性、指导性、可操作性，让绝大多数教师能够从中得到切实可行的教育理念和方法。

3. 通俗性原则。语言上尽量使专业术语通俗化，让绝大多数基层教师能够看得懂。通过简单培训，能够快速补充教师急需。

4. 科学性原则。在坚持实用性和通俗性的同时，尽量严谨、规范，能够反映近些年相关领域的研究成果，做到理念先进，富有前瞻性，对基层一线教师具有引领作用。

总体来讲，本书系既不是系统的理论性强的学科专业教材，也不是简单的操作手册、案例集或作品集，而是既有简单的学理或原理上的说明，让教师们知道正确的科学规律，明确应该做什么，也有具体案例，要让教师们知道怎么做，怎样去举一反三，从而实现理论与实践在实践层面上的最佳结合。

本书系内容设计力图全面，能够满足基层教师的多方面需求。从整体内容设计上，既有当代幼儿教育基本理念与知识的讲解，也有作为幼儿教师必备的技能技巧的传授；既有教育教学活动的组织指导，也有幼儿园开办与管理的工作介绍，还有幼儿教师专业发展的方法建议。既保证整体书系的整体协调、配套有序，避免内容上的重复与割裂，也保证各个分册特色鲜明，自成一家。

本书系同时更是一个开放的系统。我们将继续关注和研究农村幼教改革与发展过程中的新动态、新问题和新成果，及时修正本书系的不足，补充新的内容，增加新的分册，使其在火热的教育实践过程中不断完善，切实成为广大一线教师的指导用书。

本书系各分册的编写人员由来自河北省在学前教育领域有代表性的部分高校和基层幼儿园的专家和优秀教师组成，他（她）们先进的教育理念、严谨的治学态度和无私的奉献精神，是本书系得以完成的基础。同时，许多来自各地方基层幼儿园的领导和老师们提供了大量无私的帮助，他们的思考和建议使本书系更富于针对性和实用性。

尽管众人付出了大量的心血，但由于我们的能力水平有限，书中的疏漏和错讹之处在所难免，真诚欢迎教师朋友们不吝赐教！

田宝军　张春炬

2012 年 3 月 8 日

前言

为深入贯彻落实《国家中长期教育改革和发展规划纲要（2010～2020年)》，积极发展学前教育，促进我国学前教育事业科学发展，国务院颁布了《关于当前发展学前教育的若干意见》。《纲要》和《意见》中强调，要切实加强幼儿教师培养培训，提高幼儿教师队伍整体素质；多种途径加强幼儿教师队伍建设。这些都标志着我国学前教育事业已经进入了一个空前发展的阶段。如何做好幼儿教师的培训工作，培训教材的建设和开发，应是一个极其重要的环节。因此，结合当前幼儿园教育活动实际，编写一系列适合幼教师资队伍特点、便于操作、行之有效的教材，亦是深入贯彻落实《纲要》和《意见》的具体体现。

当前，“幼儿园各领域（学科）教育活动设计与指导”的教材很多，但大多是针对某一领域（学科）的论述，各具特色，自成体系。这样的优势在于对该领域（学科）理论阐述的层面较深，知识相对完整、详尽，但各领域（学科）教材之间缺乏必要的联系和统一。而在幼儿园的教育活动实际中，更多是各领域（学科）知识的相互渗透和有机结合。为此，我们编写了这部综合性的教育活动设计与指导，意在使教材内容更具实用性和实效性。本教材适用于在职幼儿教师培训，也可作为大中专院校学前教育专业综合教法课的选用教材。

本教材由石家庄幼儿师范高等专科学校高杰英组织编写，负责全书结构和提纲的确定、项目的统筹，并编写了上册第六、七章，下册第十三章；李海先编写了下册第八章第二节；潘宁编写了下册第十四章；保定学院涿州分校刘静编写了上册第一章和下册第九章第一节；朱学英编写了上册第三章和下册第十二章；刘建如编写了上册第二章和下册第十章；杨江编写了下册第八章第一节和第三节；沧州师范学院郭中然编写了上册第四章和下册第九章第二、三节；河北科技师范学院张罗斌编写了上册第五章和下册第十一章；下册第八章插图由保定学院涿州分校冯莹提供。

限于编者学识所限，书中难免有纰漏和错误，敬请专家和读者指正并谅解。

编　者

2012 年 3 月

目　录

上　册

下　册

第一章　幼儿园教育活动

教育幼儿是人类社会生活不可缺少的重要组成部分，幼儿教育的质量关系着人类社会的发展和进步，关系着国家的前途和民族的命运，对儿童一生的发展至关重要。

第一节　幼儿园教育活动概述

提高幼儿教育的质量，有效地促进每个幼儿在体、智、德、美诸方面的发展是幼儿园教育面临的重要任务。教育工作者只有明确了幼儿园教育活动的相关知识才能在教育幼儿的工作实践中发挥自己的主观能动性。

一、幼儿园教育活动的概念

幼儿园教育活动是教师从幼儿的兴趣和实际水平出发，根据幼儿园教育目标，有目的、有计划地组织和指导幼儿主动学习，以增进幼儿对周围环境的认识，培养学习兴趣，帮助幼儿获得有益于身心发展的经验的活动。

《幼儿园工作规程》指出：幼儿园的教育活动是有目的、有计划引导幼儿生动、活泼、主动活动的多种形式的教育过程。

二、幼儿园教育活动的特点

（一）幼儿园教育活动具有明确的目的性和计划性

幼儿园教育活动是在专门的社会幼教机构中，由社会培养和指派的专职幼教人员实施的幼儿教育活动，它体现了国家或阶级的意志和要求，是一种依据社会需要来培养人的社会教育活动。所以幼儿园教育活动过程不是随意的、盲目的，它既要符合幼儿身心发展的客观规律和特点，又要依据教育目标，只有这样才能促进幼儿更好地发展。

（二）幼儿园教育活动要尊重幼儿的个性发展特点

首先，幼儿是独立的，自主的。幼儿期是幼儿在认知、情感、人格等方面迅速发展的重要时期，每个幼儿作为社会个体都是独立的、自主的，可发展的，在他们的认识活动、学习活动、日常生活活动、游戏活动等各个领域所表现出来的思考、判断、评价以及解决问题的能力常常超出成人的预料甚至给成人以启示。教师应当认识到幼儿的独立、自主和可发展性，创造条件和环境，满足他们的好奇、好问、探究和交往的愿望，尊重他们的精神和情感世界，支持幼儿独立、自主、主动地学习和游戏，使他们能够健康活泼成长。

其次，幼儿是真实的、感性的。幼儿的世界是充满童真、童趣和童话的感性世界，这不仅体现在他们的生活和游戏世界，而且体现在他们的认识和探索活动中。教师在组织幼儿园教育活动时，不仅要从幼儿个体的兴趣、需要、能力等方面加以关注，而且还应该意识到幼儿有与其身心发展相匹配的认知方式。教师应尊重幼儿的真实性发展特点，让幼儿通过真实的情境、真实的生活，通过感官进行体验性学习，而不是以理性思维的方式向幼儿传递事实和规律。

最后，幼儿是能动的、创造的。现代教育观认为，活动过程中的幼儿不是一个被动的接受者，而是一个积极主动的参与者和吸收者。幼儿在教育活动的过程中是一个主动参与、互动交流并积极建构的主体。作为教师必须认识到幼儿的这种潜能，在活动的组织、实施中充分调动一切手段，利用一切可能性因素和条件，为幼儿营造一个有助于其积极发挥能动性和创造性的环境，让他们在大胆尝试中实现和体会成功。

（三）幼儿教育活动不仅重视幼儿的主体性，而且也要重视教师的主导性

1. 重视幼儿的主体性，主要体现在活动中真正确立幼儿的主体地位

（1）尊重幼儿的人格尊严和合法权利。

（2）组织和实施教育活动时，重视幼儿身心发展的特点和需要。

（3）注重幼儿的实践活动，保证幼儿愉快、有益的自由活动，重视幼儿在活动中的主动建构过程，突出幼儿在活动中的独立性、主动性和积极性。

（4）教育过程中，由教师的教，转变为面向儿童的学，把以教师为中心转向教师更多地关心、了解和指导幼儿。

（5）承认幼儿发展的个体差异性，注重因人施教，促进每个幼儿在不同水平上都得到发展。

2. 重视教师的主导作用，主要体现在以下几个方面

（1）承认幼儿是一个脆弱的群体，必须接受成人的保护和教育，教师（家长）是幼儿生存、学习、发展等权利最主要也是最重要的维护者和教育者。

（2）教师是教育环境的主要创设者，在幼儿园丰富的人际环境中，教师是人际环境的轴心。在幼儿与环境相互作用的活动过程中，需要教师去组织、去实施，也需要教师去指导、去促进和调控，如激发和维持幼儿在活动中的积极性、主动性等。

（3）教师与幼儿在教育过程中互为主客体。在“教”的过程中，教师是“教”的活动的主体，幼儿是被教育的客体；而在同时发生的幼儿“学”的活动中，幼儿是学习的主体，教师便成为幼儿活动的客体。教的活动和学的活动有共同的目标，即促进幼儿身心和谐发展。由此可见，在教育活动中，教师和幼儿是互为主客体的。

（四）幼儿园教育活动具有综合性

所谓“综合性”具有三层含义。

（1）幼儿园各类或各个教育活动相互联系、相互渗透，综合构成一个整

体，各类或各个教育活动都是整体的一个部分，它们综合发挥作用，共同促进幼儿的全面发展。如：幼儿园的教育活动中，教师教幼儿唱“我和小刚在一起做游戏，一不小心我把他绊倒在地，我连忙扶起她，说声对不起，小刚他对我说：没关系!”通过这个活动，幼儿在欢快的音乐中感受了节奏和韵律，促进了语言的发展，同时知道了伤害到别人要说“对不起”，这也是社会性发展的一方面。教师如果在活动中引导孩子加入动作，又能锻炼他们身体的协调性，增加教育内容的趣味性。

(2) 幼儿园教育活动的目标、内容、过程、方法、手法、评价以及环境、教材、设备、材料等因素相互联系，相互制约，综合构成教育活动的整体结构。

(3) 幼儿园教育活动作为幼儿发展的基础和重要源泉，能使幼儿在活动中产生运动的、思维的、情感的等方面的整体反映，从而促进幼儿认知、情感和态度、动作和技能等诸方面的综合发展。

(五) 幼儿园教育活动具有多样化的特点

幼儿园教育活动不仅活动类型具有多样化的特点，而且活动方式、组织形式等也具有多样化的特点。下面在教育活动的分类中会有所阐述。

(六) 幼儿园教育活动具有游戏化的特点

在幼儿园教育中，游戏不仅是活动的内容，而且也是活动的重要形式和手段，这符合游戏是幼儿的主导活动的理论。因此，《幼儿园工作规程》中明确指出，幼儿园的教育“以游戏为基本活动”；“游戏是对幼儿进行全面发展教育的重要形式”。

三、幼儿园教育活动的分类

幼儿园教育活动是实施幼儿园课程，实现幼儿园保教目标的所有活动的总和。因此，由幼儿园教师所组织的幼儿一日生活都是教育活动。幼儿在园的一日生活由各种不同类型的活动组成，这些活动可以从不同维度进行分类。

（一）按照幼儿在园一日活动的类型，可以将幼儿园教育活动的内容分为以下四类

（1）生活活动：如进餐、午睡、入厕、盥洗等。

（2）游戏活动：如角色游戏、结构游戏、其他区角游戏等。

（3）劳动活动：如抹桌椅、分发餐具、照顾自然角、喂养小动物等。

（4）学习活动：如语言、科学、健康、社会、艺术等。

有些教材将幼儿在园一日活动的类型分得更为具体，如增加了入园活动、离园活动等等。

（二）按幼儿园教育活动的主要目标来分类，可将教育活动（尤其是学习活动）分成以下几个方面

（1）以发展幼儿的语言为主要目标而展开的幼儿园语言教育活动。

（2）以发展幼儿的社会性为主要目标而展开的幼儿园社会教育活动。

（3）以培养幼儿的早期科学素质为主要目标而展开的幼儿园科学教育活动。

（4）以培养幼儿的早期艺术素质和发展幼儿的审美情感为主要目标而展开的幼儿园艺术教育活动。

（5）以保护和增进幼儿身心健康为主要目标而展开的幼儿园健康教育活动。

（三）按幼儿教育活动的组织形式来分类，可将教育活动分成以下四类

1. 集体教育活动

这是教师与全体幼儿的直接联系方式，主要由教师选择活动的内容、手段和方法，布置相应的教育环境。整个活动过程以教师的直接引导或指导为主，幼儿在同一时间、同一空间内做相同的事情。如集体上课、参观、餐前谈话、听故事、听音乐、唱歌、开展语言游戏等。

2. 小组教育活动（区角活动）

这是教师与部分幼儿的直接联系方式。活动过程以幼儿的主动学习为主，他们可以主动、积极地操作材料，允许用自己的速度和方式从事所做的事，允许与同伴及教师谈论他们所做的事情，教师的作用是提供环境和材料，观察了解幼儿并给予适当的引导和指导。

3. 个别教育活动

这是教师与幼儿个体的直接联系方式，是教师按照个别幼儿的特殊需要而展开的教育活动。它是针对有特殊发展需要的儿童或发展有障碍的儿童而安排的活动或是部分自由区域的活动。

（四）还有一种分类方法，是把幼儿园教育活动分为两大类

1. 正规性教育活动

正规性教育活动是指教师根据学前教育目标和任务，按计划专门设计并组织实施的，以教师直接指导为主的，组织严密的教育活动。大部分集体教学活动和小组教学活动及个别教学活动都属于此类型。

2. 非正规性教育活动

非正规性教育活动是指由教师组织和实施的以教师间接指导（或影响）为主的、组织较松散的教育活动。如自选教育活动，进餐、午睡、入厕等常规的生活活动，自我服务劳动及简单的公益劳动活动等等，都属于此类型。

当今幼儿园课程模式众多，有以学科为主的分科课程，有以调整或改变组织教学活动的内容和形式而冠名的学科综合教育课程，还有以主题组织的综合主题教育课程或单元教育课程等等。但细细分析，各种课程中所涉及的教育活动的内容和类型基本上是一致的。我们在开展课程时要注意多种教育因素的整合，注重教育的启蒙性和各个领域的相互渗透。

第二节 幼儿园教育活动目标

幼儿园教育活动目标是指通过教育活动所要达到的预期目的。它是以国家的教育方针规定的教育总目标为宗旨，以幼儿园人才培养目标为依据，针对幼儿园实际制定的切实可行的目标。幼儿园教育目标是涉及朝什么方向、将幼儿培养成什么样的人的问题。

一、制定幼儿园教育活动目标的意义

幼儿园教育活动目标是幼儿园活动的指南针，它是教育活动实施的方向和预期达成的结果，是一切教育活动的出发点和最终归宿，既是选择活动内容、活动组织方式和活动策略的依据，又是活动评价的标准。

教育目标是教育的根本问题，要把受教育者培养成什么样的人，在教育活动开始之前就应该清晰地存在于教师的头脑中。我国学前教育的目标是使受教育者在品德、智力、体质、美育等方面得到全面发展，把他们培养成有理想、有道德、有文化、有纪律的社会主义事业的建设者和接班人。所以在教育活动实施的过程中，教师要时刻以这个教育目标为依据，指导自己的教育工作，同时评价教育是否达到了预期的效果。

二、幼儿园教育活动目标的结构

制定幼儿园教育目标的过程，实际上就是将国家的教育目标，幼儿园教育目标层层分解，逐步具体化，使之具有可操作性，从而落实到促进幼儿身心发展的教育过程中。这个目标结构可划分为以下 5 个层次：

第一层次：幼儿园教育目标，即幼儿园保育和教育的主要目标。

(一)《幼儿园工作规程》中规定的幼儿园保育和教育的主要目标

促进幼儿身体正常发育和机能的协调发展，增强体质，培养良好的生活习惯、卫生习惯和参加体育活动的兴趣。

发展幼儿智力，培养正确运用感官和运用语言交往的基本能力，增进对环境的认识，培养有益的兴趣和求知欲望，培养初步的动手能力。

萌发幼儿爱家乡、爱祖国、爱集体、爱劳动、爱科学的情感，培养诚实、自信、好问、友爱、勇敢、爱护公物、克服困难、讲礼貌、守纪律等良好的品德行为和习惯，以及活泼、开朗的性格。

培养幼儿初步的感受美和表现美的情趣和能力。

（二）《幼儿园教育指导纲要》关于幼儿园各个领域目标

1. 健康领域：旨在增强幼儿体质，培养健康生活的态度和行为习惯

✲目标：

（1）身体健康，在集体生活中情绪安定、愉快。

（2）生活、卫生习惯良好，有基本的生活自理能力。

（3）有初步的安全和健康知识，知道关心和保护自己。

（4）喜欢参加体育活动，动作协调、灵活。

2. 科学领域：旨在激发幼儿的好奇心和探究欲望，发展认识能力

✲目标：

（1）对周围的事物、现象感兴趣，有好奇心和求知欲。

（2）能运用各种感官，动手动脑，探究问题。

（3）能用适应的方式表达、交流探索的过程和结果。

（4）能从生活和游戏中感受事物的权量关系并体验到教学的重要和有趣。

（5）爱护动植物，关心周围环境，亲近大自然，珍惜自然资源，有初步的环保意识。

3. 社会领域：旨在增强幼儿的自尊、自信，培养幼儿关心、友好的态度和行为，促进幼儿个性健康发展

✲目标：

（1）能主动地参与各项活动，有自信心。

（2）乐意与人交往，学习互助、合作和分享，有同情心。

（3）理解并遵守日常生活中基本的社会行为规则。

（4）能努力做好力所能及的事，不怕困难，有初步的责任感。

（5）爱父母长辈、老师和同伴，爱集体、爱家乡、爱祖国。

4. 语言领域：旨在提高幼儿语言交往的积极性、发展语言能力

✲目标：

（1）乐意与人交谈，讲话礼貌。

（2）注意倾听对方讲话，能理解日常用语。

（3）能清楚地说出自己想说的事。

(4) 喜欢听故事、看图书。

(5) 能听懂和会说普通话。

5. 艺术领域：旨在丰富幼儿的情感，培养初步的感受美、表现美的情趣和能力

✲目标：

(1) 能初步感受并喜爱环境、生活和艺术中的美。

(2) 喜欢参加艺术活动，并能大胆地表现自己的感情和体验。

(3) 能用自己喜欢的方式进行艺术表现活动。

第二层次：幼儿园年龄班教育目标。

幼儿身心发展规律和特点是制定教育目标的重要依据，所以教育目标的制定要充分考虑幼儿身心发展的年龄特征，考虑发展的共性和个性。小班、中班、大班三个年龄班在五大领域均有相应的教育目标。

第三层次：学期教育目标；即使在同一个年龄班，在不同学期，各领域要求也不同。所以幼儿园年龄班教育目标又可分为上学期教育目标和下学期教育目标。

第四层次：一个月或一周的教育目标，也可以是单元活动目标。

第五层次：幼儿园一日活动、一个具体活动的教育目标。

这些目标是分层次来描述幼儿全面发展的要求，具有全面性和概括性。

三、幼儿园教育活动目标的制定依据

(一) 国家关于幼儿园的教育目标

我国幼儿教育的目标是培养全面发展的幼儿，它体现了我国教育目标的基本精神。

《幼儿园指导纲要》中指出：幼儿园教育目标要以《幼儿园工作规程》和《纲要》中规定的各领域的目标为指导，结合本班幼儿的发展水平、经验和需要来制定。1996 年颁发的《幼儿园工作规程》第一章第五条提出了幼儿园保育和教育的主要目标。2001 年颁发的《幼儿园教育指导纲要（试行)》第二部分提出了健康、语言、社会、科学、艺术等五个领域的教育目标。

幼儿园的教育对象是3～6岁的儿童，此时期是个体发展的关键期，具有很强的可塑性，其生理、心理发展需要实施科学的教育，才能健康地发展。《纲要》中的教育目标是根据个体发展的不同方面及不同时期发展特点综合分析研究而制定，具有较强的科学指导性。如中班活动“夏日一游”是一次以社会为重点领域的活动。此活动可根据《纲要》中社会领域的总目标，结合中班幼儿的年龄特点，来制定目标。即目标1：培养幼儿理解并遵守穿越马路时要走斑马线（人行道）的交通规则；目标2：在旅游中，提高幼儿自我解决问题及互助合作的能力（如旅游中，有的小朋友身体不舒服，同伴之间要给予安慰和照顾等）；目标3：通过欣赏家乡独具特色的景观，萌发幼儿爱家乡的社会情感。

（二）幼儿园的教育活动目标的制定要根据本班幼儿身心发展的特点及认识规律

幼儿的发展是有一定年龄特征和规律的，是一个从简单到复杂、从具体到抽象、从被动到主动、从零乱到成体系的发展过程。教育目标如果不符合幼儿发展的规律，不符合幼儿个体发展的需要，教育目标就不可能实现。

美国著名的心理学家格塞尔曾做过一个“双生子爬楼梯”试验，在这个实验中，双生子T和C：T从第48周起每日进行10分钟爬梯训练，连续6周；在此期间，C不作爬梯训练，只从第53周起开始作爬梯训练。根据他的实验结果，C只接受2周的爬梯训练，就能赶上T的水平。

格塞尔的这个实验表明，儿童的成长是受生理和心理成熟机制制约的，幼儿的身心发展是有一定顺序的，这种顺序是由先天因素决定的。例如，到一定年龄，幼儿就会走路、爬楼梯，不到这个年龄，机体这方面的能力没有成熟，即便去提前训练，也是事倍功半。目标过高，超出幼儿的能力范围之外，幼儿因能力达不到，完不成任务不能获得成功感，失去兴趣；如果低于幼儿实际水平，幼儿会觉得枯燥乏味，身心疲劳，而失去了参加活动的积极性。因此制定教学活动目标时要结合本阶段幼儿身心发展的特点，不断去发现儿童的“最近发展区”。如小班上学期活动中的体育游戏“运沙袋”制定的目标之一是激发幼儿运用身体的各个部位来“走”运沙袋，改成“跑”运沙袋，对于身体协调能力发展较差的小班孩子来讲就太难了，孩子会因为沙袋总是在运送的过程中从身上掉下来，失去信心和继续做下去的勇气，从而放弃游戏。又如大班健康活动“小青蛙本领强”的目标之一是使幼儿体验跳跃的动作要领，练习不同的跳法，发展跳跃能力，如果把“练习不同的跳法”去掉，单纯体验跳跃的要领，而平时孩子又经常玩跳跃的游戏，使得孩子失去了长时间练习跳跃的兴趣。

同时，教育活动目标的制定还要遵循幼儿的认识规律。据心理学研究表明，儿童的认识规律一般为：动作——感知——表象——概念。例如小班健康活动“小乌龟爬爬爬”，这次活动的目标首先要建立在认识小乌龟特征的基础上，然后了解小乌龟爬行速度慢，而且是四肢爬行的特点，目标之一则设计为引导幼儿学习手脚着地爬行。

（三）幼儿园教育活动目标的制定要建立在深入分析研究教材和幼儿原有经验的基础上

幼儿园教育活动目标的制定时要建立在充分地研读材料、分析材料，对材料所蕴含的意义和对本年龄段幼儿的发展作用有一个比较深层的挖掘和思考。如果教师对教材分析不够透彻，目标就会出现导向上的错误，如中班主题活动“蛇偷吃了我的蛋”，如果不分析故事内容及其蕴含的意义，教师只把目标定为：能认真听故事，并能复述故事；体验扮演不同角色进行故事表演的乐趣。而不是引导幼儿认识会生蛋的动物，那么孩子只能单纯的学会讲故事，而不是在教师的引导下去认识故事中会生蛋的动物。

同时，还要建立在本班幼儿已有经验的基础上。如中班科学活动“认识扇子”活动目标为一：感受扇文化的魅力，培养幼儿的审美情趣；目标二：激发幼儿了解传统文化的兴趣；目标三：通过观察、比较了解扇子的构成、由来、种类、功能用途。但是我们在以前的活动中曾经讨论过扇子的功能与用途，那么本次活动的目标中就可以改为通过对扇子功能用途的理解，激发幼儿的创造与想象。

（四）幼儿园教育活动目标的制定要因时因地有所不同

由于地域的不同，其气候条件、地理环境、民族风俗文化、动植物都有很大的不同。教育目标要根据本地的气候与文化资源来制定，不能简单地跟随教材。因为各幼儿园使用的教材不同，有的北方幼儿园使用南方编著的教材，南方幼儿园使用北方编著的教材，因此它的教学内容是不一样的，如语言活动“家乡的冬天”，北方冬天最显著的标志是有雪花飞舞，而南方却没有或很少见。如学习《闵农》这首诗，教师给幼儿讲解时所使用的例子也要有所差别，南方农民主要是收稻米，而北方农民主要是收玉米和小麦。

第三节　幼儿园教育活动的原则

幼儿园教育的原则是教师在向幼儿进行教育时必须遵循的基本要求。这些要求是根据幼儿园教育目标、任务和幼儿身心发展的特点，并在总结了幼儿教育实践经验基础上提出来的。

一、幼儿园教育活动原则的依据

（一）《规程》中规定了幼儿园教育工作的原则

（1）体、智、德、美诸方面的教育应互相渗透，有机结合。

（2）遵循幼儿身心发展的规律，符合幼儿的年龄特点，注重个体差异，因人施教，引导幼儿个体健康发展。

（3）面向全体幼儿，热爱幼儿，坚持积极鼓励、启发诱导的正面教育。

（4）合理地综合组织各方面的教育内容，并渗透于幼儿一日生活的各项活动中，充分发挥各种教育手段的交互作用。

（5）创设与教育相适应的良好环境，为幼儿提供活动和表现能力的机会与条件。

（6）以游戏为基本活动，寓教育于各项活动之中。

（二）《纲要》中规定了教育活动内容的选择应体现以下的原则

（1）既适合幼儿的现有水平，又有一定的挑战性。

（2）既符合幼儿的现实需要，又有利于其长远发展。

（3）既贴近幼儿的生活来选择幼儿感兴趣的事物和问题，又有助于拓展幼儿的经验和视野。

二、幼儿园教育活动原则的内涵

幼儿园教育原则包括两部分：一部分是教育的一般原则，是幼儿园、小学、中学教师均应遵循的，它反映了教育对教育者的一般要求；另一部分是幼儿园教育的特殊原则。

（一）教育的一般原则

1．尊重儿童的人格尊严和合法权益的原则

（1）尊重儿童的人格尊严。联合国《儿童权利公约》的基本原则之一就是尊重儿童的人格。幼儿与教师之间的关系是平等的人与人的关系。教师要将儿童作为具有独立人格的人来对待，尊重他们的思想感情、兴趣、爱好、要求和愿望等。如果教师的言行中处处体现对儿童的尊重，注意倾听儿童的想法，尊重他们的意愿，就会使儿童意识到他们是有价值、有能力、不可缺少的，从而建立起自信心，获得良好的自我概念，为自身的继续发展奠定基础。反之，教师如果随意呵斥、责备、惩罚儿童，让儿童常常感受到委屈、羞辱，他们便会认为自己是无能的，被人看不起的，从而丧失基本的自尊与自信。这种消极的自我概念一旦形成，将会影响儿童终身的发展。

（2）保障儿童的合法权利。儿童是不同于成人的正在发展中的社会成员，他们享有不同于成人的许多特殊的权利，如生存权、受教育权、受抚养权、发展权等，这反映了人类对儿童在社会中的地位和权利的认可与尊重。但是，儿童毕竟是稚嫩、弱小的个体，他们对自己权利的行使还必须通过成人的教育和保护才能实现。家庭、学校、社会应当保障未成年人的合法权益不受侵犯。

2. 促进儿童全面发展的原则

促进儿童全面发展的原则指的是教师在制定教育计划、设计教育活动时，应当注意：

(1) 儿童的发展是整体的发展而不是片面的发展。学前儿童体、智、德、美诸方面教育是相互渗透、有机结合、相互制约，应对儿童进行全面发展的教育，不能偏废任何一个方面。

(2) 儿童的发展应是协调的发展。协调发展包括几个方面：

①儿童身体的各个器官、各系统机能的协调发展。

②儿童各种心理机能，包括认知、情感、性格、社会性、语言等协调发展。

③儿童的生理和心理协调发展。

④儿童个体需要与社会需求之间的协调发展。

(3) 儿童的发展是有个性的发展。教育除使每个儿童达到国家统一要求的标准之外，还允许根据每个儿童的特点和可能性，充分发挥他们各自的潜能，让不同的儿童在不同的方面能够实现自己有特色的发展，而不是千人一面。

3. 面向全体，重视个别差异的原则

在教育过程中，教育者在关注全体受教育对象的同时，还应重视儿童的个别差异，因人施教，有针对性地采取最有效、最合理的方式促进每个儿童的发展。

(1) 教育要促进每个儿童的发展。教师不能只照顾优秀的学生，而是要保证每个儿童在学校里有同等的受教育机会，必须平等地、一视同仁地对待所有的儿童。

(2) 教育要促进每个儿童在原有基础上的发展。由于每个儿童的需要、兴趣、性格、能力、学习方式等各有不同的特点，因此，教师必须考虑每个儿童的特殊需要，因人而异地进行教育，使每个儿童都能发挥优点和特长，在自己原有的水平上得到应有的发展。

(3) 多种组织形式促进儿童的发展。集体活动是我国教育机构目前进行教育的主要组织形式，而小组活动、个别活动相对较少，这样不利于充分满足不同儿童的不同需要。

4. 充分利用儿童、家庭、社会的教育资源的原则

教育必须认识到儿童自身、儿童群体以及家庭、社会都是宝贵的教育资源，要充分发挥他们的教育作用。

(二) 幼儿园教育的原则

1. 保教结合的原则

把握这个原则应明确以下几点：

(1) 保育和教育是幼儿园两大方面的工作。保育是为幼儿生存、发展创设环境和提供条件，给予幼儿精心的照顾和养育，促进其身心健康发展；教育则重在培养幼儿良好的行为习惯、态度，发展幼儿的认知、情感、能力，指导幼儿学习必要的知识技能等。这两方面构成了幼儿园教育的全部内容。

(2) 保育和教育工作互相联系、互相渗透。这是由教育工作的特殊性和幼儿身心发展的特点决定的。教育中包含了保育的成分，保育中也渗透着教育的内容。

(3) 保育和教育是在同一过程中实现的。保育和教育不是分别孤立地进行的，而是在统一的教育目标指引下，在同一教育过程中实现的。有的保育员在护理幼儿生活时，忽视随机地、有意识地实施教育，结果，无意识地影响了幼儿的发展。这可能助长了幼儿的依赖思想，也使他们失去了自信，失去了锻炼自己能力的实践机会，也可能在无形中剥夺了幼儿发展自己的权利。

2. 以游戏为基本活动的原则

游戏是幼儿园的基本活动。游戏最符合幼儿身心发展的特点，最能满足幼儿的需要，有效地促进幼儿发展，具有其他活动所不能替代的教育价值。

3. 教育的活动性和活动的多样性原则

幼儿园教育应从幼儿身心发展的特点和水平出发，以活动为基础展开教育过程。同时，活动形式应多样化，让幼儿能在多种多样的活动中得到发展。

(1) 教育的活动性。活动是幼儿发展的基础和源泉。幼儿身心发展的特点决定了他们不可能像中小学生那样，主要通过课堂书本知识的学习来获得

发展，而必须通过活动去接触各种事物和现象，与人交往，实际操作物体，才能逐步积累经验，获得真知。离开了活动，就没有幼儿的发展。

（2）教育活动的多样性。幼儿园的活动不应当是单一的。因为活动的内容、形式不同，在幼儿发展中的作用是不一样的。教师要注意教育活动的多样性，才能有效地促进幼儿发展。

4. 发挥一日活动整体教育功能的原则

幼儿园应充分认识和利用一日生活中各种活动的教育价值，通过合理组织、科学安排，让一日活动发挥一致的、连贯的、整体的教育功能，寓教育于一日活动之中。

幼儿园一日活动是指幼儿园每天进行的所有保育、教育活动。它包括由教师组织的活动（如幼儿的生活活动、劳动活动、教学活动等）和幼儿的自主自由活动（如自由游戏、区角自由活动等）。

（1）一日活动中的各种活动不可偏废。无论是幼儿吃喝拉撒睡一类的生活活动，还是作业课、参观访问等教学活动；无论是有组织的活动还是幼儿自主自由的活动，都各具重要的教育作用，对幼儿的发展都是不可缺少的。因此不能顾此失彼，随意削弱或取消任何一种活动。

（2）各种活动必须有机统一为一个整体。每种活动不是分离地、孤立地对幼儿发挥影响力的。一日活动必须统一在共同的教育目标下，形成合力，才能发挥整体教育功能。因此，如何把教育目标渗透到各种活动中，每个活动怎样围绕目标来展开，就成为实践中应当特别关注的问题。

第二章　幼儿园教育活动组织形式

《幼儿园教育指导纲要》指出，“幼儿园的教育活动，是教师以多种形式有目的、有计划地引导幼儿生动、活泼、主动活动的教育过程”。“教育活动的组织与实施过程是教师创造性地开展工作的过程”。“教育活动的组织形式应根据需要合理安排，因时、因地、因内容、因材料灵活地运用”。从学习者参与活动的规模来看，幼儿园教育活动的组织可分为集体活动、小组活动和个别活动。教师组织教学活动需要将各种形式有机的结合起来。本章将分别讨论这三种教学活动的组织形式及其设计与指导。

第一节　集体教学活动

集体教学活动，即面向全班幼儿的教学活动，也就是全班幼儿在同一时间、同一空间里做基本相同的事情。

一、集体教学活动的组织形式

（一）集体教学活动的价值

集体教学的最大优点是效率高，有利于培养幼儿的集体感和纪律性。在集体教学活动中，幼儿之间的不同经验、不同学习方式可以相互交流、相互补充。教师在特定的时间里，将精选的教学内容准确地集中传授给学生，省时、省力。集体活动中，幼儿集中在一起，进行同样的活动，遵守同样的规则，有利于幼儿归属感的建立，发展幼儿的自我约束力。

集体教学的不足也是明显的。在集体教学中，难以照顾幼儿的个别差异，幼儿的主动活动得不到充分开展，活动效果难以掌控。

（二）集体教学活动内容的选择

首先，适合集体活动，具有集体教育价值。

哪些内容适合集体活动呢？可以从以下几个方面考虑：

(1) 全班幼儿都比较感兴趣。

(2) 不需要幼儿过多地直接动手操作。

(3) 需要全班幼儿都了解和关心。

比如，外出参观活动，节日庆祝活动，音乐游戏活动，作品欣赏活动，故事讲述活动，介绍新朋友或新规则活动，操作后的交流分享活动……

其次，源于幼儿生活，服务幼儿长远发展。

幼儿在生活中已经积累了相应的感性经验，在此基础上的集中教学才能发挥教学的价值，起到帮助幼儿梳理经验，感受知识的系统化，发展思维的严密性，体验相互依存的作用。比如，“我爱我家”，“我的朋友”，“好吃的水果”，“玩具超市”，“美丽的衣服”，“快乐的节日”，“多彩的动物”……

最后，活动内容丰富，利于幼儿全面发展。

幼儿的生活是丰富的，幼儿园的教学内容也要注意多样化。既要注意从幼儿生活的各个方面选择教学内容，又需要在同一主题下进行多领域的教学，使幼儿认识到世界的多姿多彩，发展幼儿多方面的能力，使幼儿学会多种方式表达对世界的认识和感情。以家为例，可以组织各个领域的集体活动，如散文诗欣赏《家是什么》，故事讲述《我爸爸》、《我妈妈》，音乐活动“我的好妈妈”、美术活动“画画我的家”，科学活动“我从哪里来”、数学活动“我家有多少人”……

（三）集体教学活动目标的确定

第一，目标集中，体现核心价值。

所谓核心价值，对幼儿来说就是关键经验，在幼儿生活和问题解决中起决定作用。虽然同样的素材往往蕴含着丰富的教学内容和教育价值，但任何一次教学活动都应该有本次活动所要解决的核心问题，而不能面面俱到。而且不同领域的活动，不同年龄班的学习，学习的关键点是不同的，这需要按照幼儿的需要精选内容，确定活动主题，突出活动目标。比较以下为儿歌《好朋友》设计的活动目标：

✲设计一：

1. 感受朋友间互相关爱、友爱互助时的快乐。
2. 学习并理解儿歌——好朋友。
3. 能根据儿歌中的语言形式进行初步的仿编。

✲设计二：

1. 理解儿歌内容，初步学说对话中的“我们是一对好朋友”。
2. 感知生活中配合使用的东西，尝试为各种物体找朋友。
3. 感受好朋友在一起是很快乐的。

根据设计一，很难看出本次活动幼儿要学些什么，活动的重点在什么地方，也很难区分活动的主体是中班孩子还是大班孩子。设计二就很清晰地表达出活动的目标是针对小班幼儿的。其主要目标就是让幼儿学会说“我们是一对好朋友”，找出物体的朋友，感受朋友在一起的快乐。

再如：某教师为古诗《咏鹅》设计的活动目标：

1. 喜欢古诗，了解这是一首描写鹅的古诗。
2. 了解鹅的外形特征。
3. 仔细观察画面，用较完整的语言描述图画。

古诗是我国传统文化的精华之一，骆宾王七岁时所做的这首千古绝唱如今只是被用来让幼儿了解鹅的外形特征，与其如此，不如让幼儿直接观察真实的鹅更自然、更准确一些。试看另外一种设计：

1. 学会诵读古诗。

2. 喜爱这首诗，能够为古诗创编简单的动作。

3. 感受诗歌的语言美、色彩美和意境美。

第二，目标清晰，体现层次性。

一个好的教学目标，能够引导整个活动循序渐进、层层深入、有条不紊地有效开展。如中班数学活动“数豌豆”的目标设计：

1. 正确数出每个豌豆夹里的豌豆总数。

2. 学习记录每个豌豆夹里的豌豆数量。

3. 乐于比较不同豌豆夹里豌豆数量的多少，能按顺序排序，喜欢秩序感。

再如小班美术活动“小鱼吹泡泡”的目标设计：

1. 学习用糨糊黏贴的方法进行美术创作。

2. 尝试用大小、颜色不同的圆片进行随意组合。

3. 大胆黏贴，体验黏贴作画的乐趣。

第三，目标明确，具有可操作性。

目标是活动的方向，引领活动的开展。目标越具体，越有操作性，说明教师对活动的认识越全面，对幼儿的把握越准确，从而保证活动结果达到预期的目的。如：小班活动“有趣的围巾”：

✽设计一：

1. 认识各种各样的围巾。

2. 了解围巾的用途。

3. 探索围巾的多种玩法。

✲设计二：

1. 看看、摸摸、说话，认识围巾的形状、颜色、花纹、质地等外形特征。

2. 系一系，探索围巾不同的系法。

3. 围一围，看一看，感受围巾的保暖性和装饰性。

通过比较，可以看出设计二的目标更为明确具体，具有较强的操作性，透过目标就可以设想活动的过程，很容易检测活动目标的达成情况，对幼儿来说，可以获得比较具体清晰的认识，将平时零散的经验得到有效的提升。

再如以下语言活动“小猪变形记”的目标设计：

1. 引导幼儿理解故事，喜欢阅读。

2. 激发幼儿阅读图画书的兴趣。

3. 培养幼儿的口头表达能力和想象力。

此设计几乎可以适合任何一本图画书的阅读教学。究其原因，就是目标过于概括，过于笼统。从中既看不出内容的独特性，也看不到幼儿的差别。出现这种情况的另一个原因就是目标的表述主体为教师。如果从幼儿的角度出发来表述目标的达成，就比较容易具体化。如果将本次活动定位为大班语言活动，目标可作如下调整：

1. 了解故事中小猪通过模仿改变自己的多种尝试，感受故事的趣味性。

2. 发挥想象，大胆讲述小猪变形的有趣经历。

3. 初步感受做自己是幸福的事情，喜欢做自己。

第四，目标准确，符合幼儿年龄特点。

目标是否准确，直接关系到教学是否有效。只有适合幼儿并对幼儿有一定挑战性的目标才是准确的目标。做到目标准确，需要注意幼儿的年龄特点。试分析以下大班社会活动“地球妈妈你别哭”的目标设计：

1. 了解地球妈妈哭泣的各种原因。
2. 说出让地球妈妈变干净的各种方法。
3. 利用废旧物品进行想象、创造，拼搭出标志牌。
4. 从自身做起，节约资源，保护地球。

在此活动中，要求了解地球哭泣的各种原因并说出各种办法，即使成人也难以说出所有的原因和办法。如果幼儿在集体活动之前已经有足够的相应经验做铺垫，此目标的表述也欠准确，合理的目标可调整为：了解地球妈妈哭泣的不同原因，说出让地球妈妈变干净的多种办法。

再如中班科学活动“磁铁的秘密”。某教师将目标定位如下：

1. 尝试磁铁对不同物体的作用，了解磁铁吸铁的特性。
2. 探索发现磁铁不同位置磁力的不同，认识磁铁的两极。
3. 积极参与活动，主动探索磁铁的其他秘密。
4. 学会科学表达自己的发现。

在此活动中，目标一了解磁铁吸铁的特性对于中班的孩子来说缺乏挑战性，这一目标完全可以在小班达成，对于中班幼儿来说是进一步探索磁铁的特性，对磁铁有更进一步的认识。因而目标一可以调整为：磁铁名称的由来。至于目标三表述过于含混，其他秘密是什么没说清楚。可以改为：进一步了解磁铁隔物吸铁的特性，活动积极，情绪高涨。

第五，目标全面，体现知情意的统一。

在一个活动中，目标需要有重点，不可能面面俱到，也不需要面面俱到，但是任何一个活动都应该照顾到孩子的和谐发展，能够让孩子快乐地获得发展，既得到知识的累积、能力的锻炼，更要有情感的熏陶、品质的发展。要让孩子从小就懂得真善美的统一，做一个求真、崇善、爱美的人。试比较中班音乐活动“王老先生有块地”的目标设计：

✲设计一：

1. 能初步理解歌词，并学会边表演边唱歌曲。
2. 在学唱歌曲的基础上能对歌曲进行改编。

✲设计二：

1. 知道歌曲的名称，理解歌词。
2. 感受歌曲欢快的旋律及愉快的情绪，学习有表情地演唱。
3. 尝试改编歌词，并有兴趣地进行表演。

很显然，设计二的目标要更全面一些，而且更加符合音乐活动的特点。

再如大班社会活动“爱”的目标设计：

1. 感受不同的爱。
2. 体验爱的美好。
3. 感受爱与被爱是一样的幸福。

此目标设计过于注重感受性。尽管目标很集中，但是有些单一。爱不仅可以被感受，也需要正确表达。因而此活动目标可以调整为：

1. 感受不同的爱，体验爱的美好。
2. 学会不同的表达爱的方式。
3. 知道爱与被爱同样幸福。
4. 学会接受爱，也学会爱他人。

二、集体教学活动设计的依据、原则及一般程序

（一）设计依据

幼儿园集体教学活动设计的依据可以从两个角度考虑。其中一个是教育目标，另一个是幼儿身心发展的需要。其中，教育目标可以参考《纲要》中所做的相关规定。从幼儿身心发展需要进行设计，就需要认真观察、全面了解幼儿的整体情况，同时特别需要注意幼儿的个体差异。

（二）设计原则

1. 主体性原则

主体性原则是指要把幼儿看做活动的主体，在活动内容的选择以及活动形式的安排方面注重激发幼儿的主动性。幼儿可以自由交流和操作材料，在主动探索中，积极地与环境相互作用获得相应的经验，在自己发现和解决问题的过程中发展他们的各种能力和优良品质。

2. 发展性原则

发展性原则是指要着眼于促进幼儿全面的发展。一方面，教育活动要在幼儿现有发展水平的基础之上，不可任意拔高，更不能盲目滞后，而要使幼儿在现有基础上得到提高；另一方面，教育活动要体现出早期教育的特征，促进幼儿关键经验的获得与发展。并且，要注意这种发展应是全面的。

3. 整体性原则

整体性原则是指要将教育活动设计看作一个完整的系统。教育内容在真实生活的基础上体现一定的整合性、各种方法之间具有密切的联系，各个活动环节要有一定的承接。要体现活动内容的整合、活动形式的整合以及活动过程的整合。

（三）一般程序

1. 学情分析

学情分析就是对幼儿的现有水平和发展需要进行的分析。幼儿的现有经验是活动进行的基础，幼儿的发展需要是活动目标的重要依据。因此，必须对幼儿进行全面细致的分析。

2. 目标制定

活动目标的制定是幼儿园教育活动设计的最重要的一环，是幼儿园教育活动能够达到预期的目的，产生良好的效果的重要保证。活动目标一般用幼儿的行为变化来表述。制定活动目标时应考虑以下问题：

（1）目标应着眼于幼儿的发展，包括适应幼儿的已有发展水平和促进幼儿达到新的发展水平。

（2）目标的内容应包含认识、情感态度和能力三方面。

（3）目标的提出要根据幼儿的年龄特征和发展水平，由浅到深、循序渐进，注意从具体到抽象、从直接经验到间接经验。

3. 内容选择

内容选择要注意科学性，要有助于幼儿获得基础知识和关键经验，有助于发展幼儿的智力和创造力，有助于培养幼儿的社会性等，即要注意内容的总体质量。教师在选择活动内容时应注意以下几点：

（1）活动内容的教育价值。

（2）幼儿的经验基础。

（3）活动内容的可行性。

（4）教师的把握度。

（5）时令季节与活动时间。

4. 方法运用

活动方法要根据目标和内容灵活选择。任何方法都需要考虑幼儿的积极参与。

5. 活动准备

活动准备包括情境创设和材料准备。情境创设要根据目标、内容的需要，创设的情景要能激发幼儿的兴趣，能引发幼儿的积极参与。材料准备包括教具准备和学具准备。教具要鲜艳醒目，让每个幼儿都能看得清楚，学具要安全、充足，让每个幼儿都能自由充分地探索。

6. 过程设计

活动过程是实现教育目标而对教育内容的具体展开和教育方式、方法的具体运用。设计活动过程需要注意以下几点：

(1) 在活动过程中综合体现教育目标、教育内容和教育方式、方法。

(2) 要能体现出各类教育活动的特点。

(3) 要为活动的具体实施留有余地，为教师的再创造提供条件。

7. 活动反思

活动反思是活动设计不可或缺的一部分。任何一个活动，都可以有多种方式进行。通过活动反思可以对活动的整体性、多种可能性进行全面而深入的把握，从而保证活动实施过程中的灵活应对，做到游刃有余。

三、集体教学活动设计与指导需要注意的几个问题

(一) 关注教学活动目标，围绕目标进行设计与组织

活动目标是整个活动的灵魂和向导，整个活动内容的选择、方法的运用、环节的安排都要围绕目标进行。

1. 围绕活动目标选择活动内容

活动目标一旦确定，就要考虑选择最能实现目标的内容。比如：

一个小班的语言活动，目标确定为：(1) 安静倾听，理解故事。(2) 学习故事中的语言。(3) 了解小动物的不同特征，热爱小动物。根据这样的目标，在选择内容时要考虑以下几点：故事简单短小，语言活泼，小动物的形象为幼儿所熟悉、喜爱。经过这样的考虑，内容选择的范围就会大大缩小。《小蜗牛的房子》、《小乌龟开店》无疑是非常合适的选择。相比之下，《小兔乖乖》、《三只小猪》、《乌鸦喝水》等小动物的故事则不太适合。

2. 根据活动目标选用教学方法

教学有法，教无定法。教学方法是为教学目标服务的。在选用教学方法时，必须考虑什么样的教学方法能更好地达到目标，促进孩子的发展。如：

大班综合活动“钟表告诉我”的目标设计为：(1) 认识时钟的正点和半

点。(2) 感受钟表在人们生活中的用处。认识时钟的正点和半点就需要幼儿动手操作，拨一拨、认一认，还可以请幼儿通过身体动作来摆一摆，猜一猜，提高幼儿的兴趣，增强活动的效果。感受钟表在生活中的用处，则可以通过谈话法，引导幼儿讨论交流自己的经验认识，丰富和扩展幼儿的认识，通过游戏情境法，增强幼儿的感受，深刻理解钟表给人们带来的方便。

3. 根据活动目标设计活动环节

一般来说，一个完整的活动过程，应包括这样几个环节：导入部分，主体部分，总结评价。

导入环节的目的应该是引发幼儿对活动的兴趣，出示本次活动的主题。此部分应该简洁明了，在实践中却经常会看到十分隆重的导入部分。猜谜语、做游戏、自由讨论等，十分热闹，看似幼儿在积极活动，实际上对幼儿的发展和目标的实现并没有多大意义。

如中班的语言活动古诗欣赏《静夜思》，在导入环节花了 10 分钟的时间让幼儿自由讨论自己所在的城市，有哪些好吃的，哪些好玩的。

在讨论的过程中幼儿很容易就把注意力放在了自己爱吃的东西、爱玩的玩具上面了。本来教师的意图是引出“故乡”这一主题，感受故乡的美好，为《静夜思》的欣赏做好经验铺垫。殊不知，教师在导入环节并没有抓住本次活动的主要目标，在导入环节没能为本次活动做好情绪上的铺垫，从而导致活动的失败。

活动的主体部分是幼儿主动活动获得发展的关键。在此环节，要体现活动的重点，切忌只追求形式上的花哨。

例如大班语言活动“春天来了”目标确定为：(1) 了解春天的显著变化。(2) 感受春天的绚烂多彩和蓬勃生机。(3) 学习词语“红灼灼、绿莹莹、蓝晶晶”等。在活动过程中，首先请幼儿欣赏春天的视频资料，接下来请幼儿说一说自己对春天的认识和感受，然后请幼儿欣赏并朗读诗歌“春天来了”，最后请幼儿画一画自己感受的春天。

虽然我们提倡整合教学，各领域的综合，但是这并不意味着每次活动中出现的领域越多越好，形式越丰富越好。在本次活动中，最后一个环节显然有画蛇添足之嫌。对活动目标的意义不大，而且这一环节需要时间，孩子们既不能充分投入到作画中去，而且使得前面的环节因时间不够而比较仓促，不能很好的达到所要的目标。

在实践教学中，教师最容易忽视最后的总结评价环节，认为孩子们在活动过程中已经得到了相应的锻炼，评价不评价对幼儿发展关系不大。这种想法暴露了两个问题，一是没有认识到总结评价的重要价值，二是对总结评价形式的认识有偏差。事实上，总结评价部分既可以是教师对整个活动及幼儿表现作出评价，使幼儿对本次活动进行回顾，产生一个总的认识，引导幼儿产生进一步探究的兴趣和对下一次活动的期待；也可以由幼儿主动发言，总结自己本次活动中的收获，今后努力的方向等。需要注意的是，评价一定要是正面的，具体的，多鼓励，多肯定，并指出进一步活动的方向。

（二）适合幼儿的学习特点，引导幼儿积极主动学习

在幼儿园阶段，也就是儿童的3～6岁期间，是个体一生发展中最重要的转折期，在此期间，幼儿表现出了极强的学习能力。教育需要抓住这一有利时机，尊重幼儿的学习特点，为幼儿提供适宜的教育。幼儿阶段，思维发展水平较低，尤其是抽象思维的发展处于萌芽阶段，幼儿需要通过直接感知，亲身感受，获取大量的直观形象和直接经验。幼儿的学习主要是通过主动参与实践活动，与环境中的人、事、物进行接触，不断吸收各种信息，并进行加工整理，从而获得发展。因而在集体教学中，需要为幼儿创设生活化、真实性的环境，提供丰富适宜值得探究的材料，促进幼儿的主动发展。

1．充分利用自然和社会生活中的真实情境，使幼儿获得真实经验

在幼儿教育阶段，主要是起教育启蒙的作用，使幼儿快乐、健康的成长，形成善于观察、乐于探究的兴趣，养成良好的行为习惯，为幼儿一生的发展

打下良好的基础。因此，在教育实施的过程中，要注意充分挖掘幼儿生活中有关自然和社会中的教育价值，充分利用大自然、大社会这一活教材，而不是教给幼儿系统的学科知识。即使在教给幼儿必要的知识与技能时也要充分利用自然和社会中真实的情境与事物。正如陈鹤琴先生提到过的，教师在课堂上一味使用图片，致使孩子们难以知道老虎真实的大小，也难以体会老虎的凶恶。比如，美术活动，教师可以引导幼儿观察实物、感受实物，在此基础上再请幼儿自主画画，而不是将美术课变成涂色的机械动作。音乐活动，可以请幼儿充分感受自然界的各种声音，体会声音的奥秘，再让幼儿学习歌唱。欣赏诗歌《雪》，为什么不在下大雪的时间进行呢？数学分类活动，完全可以利用幼儿自身的特征进行各种分类，如幼儿的性别、服饰、发型、生日、爱好……这样既可以让幼儿学会分类，感受多种分类的方法，还可以提高幼儿的观察能力，锻炼幼儿的思维能力，还可以增加幼儿对自己以及幼儿之间的相互认识。

充分利用真实的情境，既可以减少教师为模拟情境而花费的时间和精力，又可以使幼儿获得直观、真实而全面的经验。

2. 提供丰富的材料，引导幼儿运用多种感官进行探索

直接经验的获取离不开各感觉器官和各种动作的团结合作。因此，在教学中，需要根据不同的内容，提供相应的操作材料，让幼儿看一看、听一听、摸一摸、闻一闻、尝一尝、试一试，充分发挥幼儿活泼好动、喜欢尝试、乐于亲身感受的特点，让幼儿在主动探索中获得主动发展，同时也使幼儿的这种兴趣和能力得到保持和发展。

例如，数学活动“比较三个物体的长短，”可以让幼儿目测，也可以让幼儿闭着眼睛摸一摸，比一比，还可以让幼儿用其他工具量一量，这样幼儿就不仅知道了三个物体的长短，而且知道的更精确了，更重要的是幼儿知道了解决一个问题可以有多种方法。再如，综合活动“味道”，就可以为幼儿提供不同味道的食物和相应的工具，先请幼儿用不同工具将食物放入口中，再以游戏口吻“为幼儿照相”，使幼儿定格在尝试某种食物的强烈感受中然后请同

伴快速将其嘴部表情画出来。

这样的活动，需要幼儿有相关经验做准备，更需要教师精心组织，恰当引导，以达到提升幼儿经验的目的。

（三）充分预设、适时生成，提高集体教学活动的效果

成功的集体教学活动，不仅需要精心准备，进行充分的预演设计，而且要对正在进行的活动随时评价，凭借教育智慧灵活应对活动中临时出现的种种情况，保证教学效果达到理想化。

1. 充分预设

集体教学活动，需要面对全班幼儿，保证每个幼儿都能在本次活动中得到提升，这需要教师既充分考虑全班幼儿的共同需求，又要照顾每个幼儿的接受方式，同时还要考虑幼儿在活动中出现的种种可能。在设计中，每一个环节，具有什么样的目标，如何组织，如何操作，如何要求，如何引导，怎样总结，都需要十分清楚。因此，成功的集体教学需要教师进行充分的预演设计。

如科学活动“有趣的泡泡”，教师目的在于通过为幼儿提供充分的材料，引导幼儿自制泡泡水，探索泡泡出现的原理，欣赏七彩的泡泡。应该说，教师的想法很好，材料也较适宜，但是由于准备不充分，要求不明确，孩子们随意选取材料，可劲搁洗涤剂，唯恐泡泡出不来，导致洗涤剂不够用。而后的环节中，吹出泡泡的幼儿只顾起劲地吹，根本无暇欣赏泡泡的美丽；吹不出泡泡的幼儿，显得很着急，也有些丧气，甚至个别幼儿干脆放弃，无所事事地坐在一边。可以说，这次活动没有达到预想的效果。

2. 适时生成

集体教学活动一般计划性较强，然而“计划赶不上变化”。即使预设再完美，在实际活动中，也会出现诸多的问题。此时，教师就要凭借教学经验和教育智慧随机应变，灵活调整，适时生成新的教育内容，充分发挥幼儿的主

体作用，提高教学的有效性。

例如：一位教师正在与孩子们津津有味地讲着蝴蝶美丽的故事，这时正好有一只蝴蝶飞了进来。孩子们被真实的蝴蝶所吸引，都忍不住去看。这位教师适时引导孩子们观察这只美丽的蝴蝶，欣赏蝴蝶美丽的外形和翩翩的舞姿，又引导孩子们将蝴蝶送出屋外，然后继续给孩子们讲蝴蝶的故事，孩子听得更认真了，发言也更积极了。这次活动后教师又引导孩子们继续注意观察生活中遇到的蝴蝶，查找蝴蝶的故事和知识，还组织孩子们去蝴蝶馆参观，使孩子们获得了对蝴蝶整体而深刻的经验。

（四）学会提问、巧妙回应，在高效互动中共同成长

集体教学中，良好的师幼互动，有利于幼儿的发展。从教师方面说，就是要学会提问和应答。

1．学会提问，让幼儿在探索中发展

首先，精心设计问题，注意目的性。例如，特级教师应彩云在执教“猜猜我有多爱你”时所提的问题：“‘爱’字在哪里？红色的第几个字？”“‘爱’的后一个是什么字？“‘我’字是第几个？”为什么提这样的问题？原来，这三个字合起来就是“我爱你”。由此可以看出教师的教学艺术。

其次，提的问题要针对幼儿，具有启发性。教师经常会问类似这样的问题，“小朋友，今天老师给你们讲个故事好吗？”“你们去过海洋馆吗？”“海洋馆是不是有很多种鱼？”“他回答得是不是很对呀？”……这类问题根本就不需要幼儿思考，对幼儿来说，或者太容易，或者无从知道。无论对幼儿的思维还是表达，都没有任何意义。对此，教师应注意提一些开放性的问题，发散幼儿的思维，锻炼幼儿的观察力、表达力，可以让幼儿从自己的生活经验中寻找合适的答案。比如，“有哪些办法可以帮助小鸭子找到妈妈呢？”“谁能告诉我，水有哪些用处？”“谁能说说，这种弯弯的形状都像什么？”……

再次，提问要注意全面性和多样性。既要有结果性的问题，也要注意孩子的思维过程；既要有知识性的问题，也要有情感、态度方面的问题。比如，我们除了要问，“这是什么?”，还要问“你是怎么知道的?”既要问“你喜欢哪个?”还要问“你为什么喜欢?”提问的方式可以面向个别幼儿，也可以面向幼儿整体，还可以面向部分幼儿。

最后，要注意面向全体幼儿，吸引所有幼儿积极参与。避免只提问某几个幼儿，忽视冷落了其他幼儿。否则，被忽视的幼儿会认为教师不喜欢自己，在以后的活动中即使会的问题也不积极回答，不仅挫伤这部分幼儿表现的积极性，更严重的是挫伤他们所有活动的积极性，甚至对教师或自己产生偏见，阻碍幼儿今后的全面发展。

2. 巧妙回应，让幼儿在指引中前进

教师的回应是建立在幼儿的反应之上的。因此，学会等待，给幼儿足够的反应和思考时间，也就给自己的回应准备了丰富的空间。无论幼儿何种反应，教师都要积极回应，正面引导，绝对不可以视而不见，听而不闻。具体来说，教师的回应方式，有以下几点。

首先，针对幼儿的沉默或者回答“不知道”的情况，教师需要进行安慰，再根据实际问题，或者直接告知，或者进一步启发诱导。最好不请其他小朋友回答，以免幼儿产生自卑或妒忌心理。例如：

教师问一位小朋友，“你知道小狗为什么喜欢和小兔做朋友呢?”幼儿回答“不知道”。教师要先安慰幼儿，说一句“没关系”消除幼儿的紧张不安。然后引导幼儿，“你可以找一找小狗和小兔子有哪些地方是一样的？想好了再回答好吗?”如果教师直接告诉幼儿，需要注意避免将自己的想法强加给幼儿，让教师的答案代替了幼儿的思考。教师可以说，“老师觉得呢，他们在一起可以跑跑跳跳，玩得很高兴。还可以有别的想法。”

其次，针对幼儿回答中的不全面、不具体、不完整的问题，教师要注意启发引导幼儿寻找其他的方法和答案，或者听听其他幼儿的回答。比如，下面一段师幼之间的对话就很好。

（师）“怎样表示我们很高兴呢?”

（幼）“笑出来。”

（师）“还有呢?”

（幼）“说出来。”

（师）“怎样说，说什么?”

（幼）“大声地说‘我很高兴!’”

（师）“还可以怎样?”

（幼）“用好听的声音说‘我好高兴啊!’”

（师）“用美妙、动听的声音笑出来、说出来，表示我们很高兴。想一想，还有没有其他的方式?”

（幼）“唱一首动听的歌”

（幼）“跳一支欢快的舞”

（幼）“转一个快乐的圈”

……

孩子们的思路一下子打开了，而且用词准确，句式工整。

最后，教师要丰富自己的应答语言，对幼儿的评价和鼓励语言要明确、具体。如果对幼儿的评价全是“很好”、“不错”、“真能干”之类，开始幼儿会觉得很好，自己很棒，时间长了，幼儿就会麻木，因为教师先麻木了。教师对幼儿的表现一定要敏感，并适时用明确的语言表达出来。根据幼儿的实际表现，教师可以选择这样说：

“你想的办法很好，回家后动手试一试，看看结果会怎么样?”

“你的声音很好听，回答的很对，声音再大些，所有的小朋友都会听见。来，用大点的声音再试一次!”

“你的做法真新奇，老师都没有想到，一会儿给大家演示一遍好吗?”

……

第二节　分组教学活动

分组教学活动，就是根据一定的情况，将幼儿分成若干小组，教师按照各小组的不同特点进行分别教学。

一、分组教学活动的组织形式

（一）分组教学活动的价值

分组教学活动与集体活动相比，没有统一的要求，不必采取统一的步骤和统一的方法，幼儿可以按照自己的速度和方式进行探究，同时，组内幼儿可以有更多的机会进行交流和讨论，幼儿之间可以产生更多的合作与分享行为。对教师来说，可以更方便更清楚地观察幼儿的发展状况，了解幼儿的个别差异，而且教师有更多时间与幼儿进行个别交流，从而进行更有针对性的指导。

（二）分组教学活动的几种方式

1. 同一时间、同一内容、同一要求的分组教学

这种分组活动与集体活动的本质差别不大。

如小班数学活动“给物体分类”，教师将幼儿分成几个小组，每组的操作材料相同，要求一样。在活动过程中，教师主要观察幼儿的活动，必要时给予个别指导。操作结束后，教师请每组代表说说自己的想法和做法，教师再做最后的总结评价。

这种活动形式在幼儿园中普遍存在。一方面，它具有集体教学的优点，可以在特定时间里保证所有幼儿学到一样的东西。另一方面，体现了分组教学的优点。幼儿可以自由操作，没有时间和方式的限制，可以寻找自己合适

的方法，幼儿之间还可以自由交流，互助合作，增进友谊。

2. 同一主题、不同内容、灵活要求的分组教学

这种形式真正体现了分组活动的实质。在同一个主题下，全班幼儿按照自己的兴趣和需要组成几个小组，每个小组探究主题的某一个方面，最后各小组交流分享自己的发现，从而获得关于此主题的较完整的经验。

如中班主题活动“奇妙的水果”。经过前期的准备，决定进行这次分组活动。按照孩子们的兴趣，自由结组。一组给水果进行分类，提示幼儿可以有多种分类方法；一组给水果画像，提示幼儿认真观察，画出自己的特色；一组负责介绍水果，让人们更喜欢水果；还有一组制作果汁，让小朋友们把榨出的果汁全部喝光。

这样的分组活动，可以充分照顾孩子们的不同兴趣，调动孩子的积极性，促进孩子的主动思考，自由表达，对孩子的发展非常有意义。

3. 同一内容、同一要求、不同时间的分组教学

这种形式相当于教师将同样的内容重复了多次。教师在面向一组幼儿进行教学时，其他幼儿进行其他的活动，然后再将同样的内容以同样的方式教给另一组幼儿。

例如，蒙氏教学，一般来说，一次活动参与人数不超过 15 人。这就需要教师将全班幼儿进行分组，轮流进行教学。

事实上，在班容量较大，材料较少时，经常会运用这种形式。这样的话，由于人数较少，每个幼儿都有操作的机会，自由表达的机会，从而保证教学效果的有利完成。同时，人数较少，气氛就会比较融洽，教师和幼儿之间，幼儿和幼儿之间的近距离互动多了，关系会变得比较密切，情感也会随之加深。

（三）分组教学活动的正确理解

分组教学，利用了小组的形式，使同一时间内的师幼比大大缩小，有利

于教师对幼儿的观察指导，也有利于幼儿的主动学习。在这里需要弄明白的是，分组教学与区域活动有什么区别？只要分了组就是分组教学吗？

先说第一个问题。分组教学不等于区域活动。分组教学是教师有计划有目的进行教学的一种组织形式。它强调的是教学，对教师来说就是指导，对幼儿来说就是学习，每个小组是一个合作团体。而区域活动，更强调它是一种活动形式，虽然活动区的设置、材料的提供需要教师按照幼儿的兴趣有目的有计划地进行，但更加强调幼儿的自主性，幼儿在其中有更多自由，更多乐趣，它更像是幼儿在游戏而不是学习。在活动区中，虽然有很多幼儿一起活动，但这种活动往往是幼儿自发的，缺少组织性，活动没有同一主题，更没有统一要求，幼儿之间有一定交流，却很少带有合作的性质。所以说，分组教学不等于区域活动，但分组教学可以利用区域活动。在区域活动中，为每个活动区确定一个主题，幼儿的活动与幼儿之间的交流都围绕活动目标进行，这样区域活动就变成了分组教学。

再说第二个问题。分了组并不一定就是分组教学。分组教学，旨在根据幼儿的不同兴趣和需求恰当分组，提供相应的材料，注意发挥小组的优势，引导幼儿学会交流与合作，充分调动每个幼儿的积极性，为每个幼儿提供恰当的指导，做到照顾差异，因人施教。如果只是采取分组的形式，仍然同一内容，统一要求，同一材料，统一方法，这样的活动就不能称为小组活动，而是集体活动。由此可见，小组教学的关键在于小组内是否有分工合作，小组间是否有交流分享。

需要说明的一点是，分组活动是教学活动的一种组织形式，是不是需要分组，如何分组，怎样使分组教学取得最好的效果，这是教师需要认真考虑的问题。

二、分组教学活动的设计与指导

（一）全面充分了解幼儿，恰当分组

分组教学的前提是分组。怎样分组，需要教师在对幼儿的充分了解基础上按照教学目标和教学内容灵活恰当地进行。在这里简要介绍几种。

1. 同质分组

所谓同质分组，就是按照幼儿的相同点进行分组。主要有按照幼儿的兴趣和能力来分。按照幼儿的兴趣，将同样兴趣的幼儿分在一组，或者根据幼儿的能力，将同样水平的幼儿分在一组。这样做有利于教师的集中指导。由于每组幼儿的兴趣和能力基本相同，可以将一个组看作一个整体。同时，每组的幼儿在组内有较强的归属感，幼儿间感到平等，有利于幼儿自信心的树立。但是，这样做，容易使幼儿产生“标签效应”，不利于幼儿多方面的发展，而且容易打击能力弱的幼儿的积极性。

2. 异质分组

所谓异质分组，就是按照幼儿的特征，将不同兴趣、不同能力的幼儿分在一组，使每组幼儿都可以优势互补、强弱搭配。这样做，可以使幼儿的兴趣得到多方面的开发，能力强的幼儿带动能力差的幼儿，发挥幼儿之间的影响作用，发展幼儿之间团结合作的意识。这样做需要精心组织和引导，否则，极易使小组活动变成自由活动，幼儿各做各的，或者出现强者急于表现，弱者无所适从的局面，达不到预期效果。

3. 随机分组

随机分组，就是自然分组。这是幼儿园较常用的一种分组方法。一个组内，往往有不同兴趣、不同爱好、不同水平的幼儿。

4. 自由结组

自由结组，就是完全让幼儿自主自愿选择同伴进行活动的一种分组方式。在这种情况下，会有以下状况：选择与自己的朋友在一组；选择与能力强的幼儿在一组；选择跟谁在一起都无所谓，只要选择自己感兴趣的活动。对此，教师也要加强引导。如注意小组人数的均衡，引导幼儿找到自己合适的小组，引导幼儿接纳其他小朋友加入等。

（二）准确把握教学内容，灵活教法

采用小组教学的形式，需要安排合适的内容。可参考以下几点。

1. 值得用不同方法和材料进行探究

比如，科学活动“物体的沉浮”、“磁铁的秘密”，数学活动中物体的分类、排序、比较等。

2. 需要幼儿分工合作完成

比如，自制图画书“大和小”活动。幼儿可以每组制作一页，也可以有其他分工。

3. 难度的层次性比较分明

比如，体育活动“走平衡木”。需要为幼儿提供不同宽度和高度的平衡木，而不能统一要求。

4. 需要小组间竞争与分享

比如，综合活动“自制饮料”。每组幼儿制作一种饮料，最后大家一起分享。

（三）转变观念，精心组织，体现分组教学的价值

在分组教学中，教师一般都会注意为每组幼儿提供相应的材料，但仍需教师对分组的意义有明确的认识，精心安排设计，充分利用适宜的环境和材料的价值，调动幼儿活动的积极性，促进幼儿的发展。否则，就会导致活动失败。试看一次综合活动“奇妙的疏菜”。

教师先带领幼儿到厨房参观，然后请几名幼儿帮忙将五种蔬菜运到活动室。在活动室里幼儿早已习惯性地坐在了自己的位子上。教师把蔬菜随意放在每个桌上，然后请每桌幼儿观察自己桌上的蔬菜，想想蔬菜的名称、颜色，形状、营养。最后请每桌幼儿代表就这些方面进行回答。

在这次活动中，教师虽然运用了分组的形式，为每组幼儿提供了不同的探索材料，但是没有抓住分组教学的核心，调动幼儿的活动积极性，没有挖掘多方面的教育价值，使得这次活动变成了单纯的知识灌输，既没有体现探究的价值，也没有发挥小组的优势。

事实上，这次活动蕴含着丰富的教育契机。比如，在运蔬菜之前，就可以请幼儿自由领取蔬菜，完成分组并为自己的小组命名。然后引导幼儿想办法将自己组的菜运到活动室。请幼儿观察蔬菜并自由讨论蔬菜的形状、营养、吃法……而不是让幼儿坐着想。在这期间，教师还可以给幼儿提供纸和笔，让他们将讨论过程用自己的方式记录下来。最后各组交流分享自己的探讨结果，而不是轮流回答教师的问题。

（四）积极尝试，循序渐进，让分组教学更有效

分组教学对幼儿和教师提出了更高的要求。需要按照幼儿的发展特征提出不同的要求，安排合适的内容，还要注意从小班起就尝试分组教学，有针对性地引导，使幼儿不断积累小组学习的经验，也不断丰富教师的指导经验。如，小班幼儿可以安排诸如角色表演、科学探究等内容的分组活动，简单易操作，要求明确具体，幼儿之间的互动较少，教师的指导较多。中班可以适当增加难度，内容比较丰富，幼儿之间交流较多，小组内有适当的分工合作。大班就可以充分发挥幼儿的积极主动性，开展主题下的分组活动。幼儿自主选择，自由结组，小组内和小组间都体现明显的分工合作，交流与分享。在这方面，我们可以参考意大利瑞吉欧的方案教学。

第三节　个别教学活动

个别教学活动，主要是教师针对幼儿的个别活动进行有意指导，使幼儿获得某种进步的一种教学组织形式。

一、个别教学活动的组织形式

（一）个别教学活动的价值

个别教学活动的最大价值在于它能够针对每个幼儿的独特特征进行有针对性的指导，有利于幼儿个性的发展。个别教学活动，主要是幼儿在个别活动时，通过与环境和材料、与同伴和教师发生直接作用而产生学习效果。这种方式，能够促进幼儿对事物的真实认识和全面理解，没有压力，能获得更多乐趣和信心，更好地发展自己的个性。同时也有利于教师观察，更全面更真实地掌握孩子们不同的兴趣需要和发展特点，为进一步的教学相长打好基础。

（二）个别教学活动的存在形式

个别教学活动是在幼儿个别活动时进行的，因而个别教学活动主要存在于幼儿的自选活动时间，即幼儿的自由活动时间。在幼儿的一日活动中，幼儿有很多自由活动。如果根据保教结合的原则，根据一日生活都是课程的理念，除去专门的集体教学活动，其他所有活动基本上都是非常个体化的活动，都存在大量个别教学的时机。这样讲主要是为了强调个别教学的时机很多，方面很广，需要引起格外注意。

（三）个别教学活动的正确理解

正确理解个别教学活动的含义，需要弄清两个主要关系。一是个别教学活动与集体教学活动中的个别指导的关系，二是个别教学活动与幼儿的个别活动的关系。

先说第一个问题。个别教学活动与集体教学活动是从活动组织形式上说的。个别教学活动是一个教师用一种方法面对一个幼儿，而集体教学活动则是一个教师，一个内容面对全体幼儿。在两种形式中都需要既面向全体又照顾个别差异。在集体教学活动中，需要照顾个别差异，进行个别指导，而在个别教学活动中也需要考虑全体幼儿的需要，而不是只对某个幼儿进行指导。这样说，是为了防止在集体活动中，将所有幼儿当成一个幼儿，没有差别，没有个性，所有孩子说出来的话，画出来的画，全成为教师的复制品。同时，也是为了预防在个别教学活动中，教师只关注某个孩子，或某几个孩子，而其他孩子则成为活动的背景。

再说第二个问题。个别教学活动与幼儿的个别活动应该说是被包含与包含的关系。虽然幼儿的所有在园活动都是在教师有计划有目的的安排下进行的，但在幼儿的个别活动中，教师所进行的教学指导毕竟只是其中一小部分，而游戏才是幼儿的基本活动。游戏就是幼儿的第二生命。所以，教师不能剥夺幼儿的游戏时间。如何掌握幼儿的学习与游戏之间的平衡呢？这一点应该由幼儿发展的目标来决定。如果幼儿通过游戏已经达到了相应的目标，成人为什么不能让幼儿游戏反而去游戏幼儿呢？一般来说，游戏是幼儿学习的一种特有方式。但是，游戏也需要成人指导才能玩得深入，而且有一些内容是幼儿无法通过游戏获得的，比如，强烈的探究兴趣、有效的探究方法、良好的行为习惯等。所以，个别教学活动是很有必要的。

二、个别教学活动的设计与指导

（一）尊重幼儿个性，促进幼儿全面发展

个别教学活动的目的是为了充分照顾个别差异，让每个幼儿都按照自己的方式获得相应的发展，体现幼儿的个性。因此，从观念上，教师要承认幼儿的差异，从行动上照顾到幼儿的差异。每个幼儿都是独特的个体，都有不同于其他幼儿的特征。这些特征只有通过教师细心观察、全面了解才能发现。幼儿的差异，不仅是幼儿的学习速度有快有慢、学习方式有视觉型、听觉型、触觉型、运动型等的不同，而且是在不同遗传及生活经验的作用下，幼儿的需要、兴趣、气质、性格、能力等各方面都存在不同。教师不仅要看到幼儿表现出来的不同结果，更要关注同一现象背后的不同原因。

例如，班上有几名幼儿在自选活动时，从来不到数学区活动。经过多次观察和交谈，教师了解到他们各自有不同的理由。其中，一名幼儿数学能力较差，对数学有厌烦情绪；一名幼儿则觉得数学区的材料缺少变化而不感兴趣；还有一名幼儿更喜欢做手工，每次都抢先到美工区活动。

在个别教学活动中，要促进幼儿全面发展，需要为幼儿创设丰富的环境，提供丰富的材料，为幼儿提供多种感官参与活动的机会，提供多方面展现的情境。充分利用区角、幼儿园、农村及社区的资源，利用大自然的丰富变化，促进幼儿的全面发展。

（二）利用各种方式，灵活进行个别教学

个别教学活动需要与主题计划配合，在各个活动区和活动场所安排相应的材料供幼儿自主探索。

比如，将活动主题确定为“冬天”，各个活动区的材料就要注意体现冬天的特色。可以在阅读区中安排一些关于雪、冬眠的故事；在美工区，准备一些冬天的图画，铲雪车模型；在种植角插几束腊梅；在科学区，用棉套包几块冰；在室外放几瓶不同的水……

充分利用各种环节，随时发现教育契机，灵活地进行个别教学。个别教学具有随机性的特点，因而需要教师做个有心人，利用各种环节对孩子进行指导。

比如，早晨来园时表现异常，列队前进时走走停停、东张西望，课外活动时表情木然，课间加餐时挑挑拣拣，午间休息时翻来覆去，便后洗手时玩水打闹……所有的这些情况都需要加以关注，采取灵活的方式加以引导。

个别教学与集体教学和分组教学有机结合，实现活动效果的最优化。集体教学、分组教学和个别教学不是截然分开的，更多的时候是相互交错在一起的。因此，组织教学活动时，要根据实际情况和教学内容灵活使用不同方式。一般来说，活动中全体幼儿都要遵循的集体要求、注意事项、介绍新事物等宜采用集体教学的形式，而幼儿的具体操作和探索则宜采用小组、个别的形式。

（三）选择有利时机，抓住关键问题适时有效地进行个别教学

个别教学活动有着教师的教学计划和教学目标在其中，因而不同于幼儿自由游戏。但是，个别教学活动，强调幼儿的自主性，真正体现幼儿在前、教师在后的理念，教师的教学计划和目标主要体现在为幼儿提供的环境和材料之中。因而，教师在指导时，要注意隐性指导，适时介入。教师的游戏介入要选在幼儿无法继续游戏时，为的是帮助幼儿将游戏更深入生动地玩下去。幼儿自主学习时，教师同样要把握好时机，抓住关键问题，切不可盲目打断幼儿的自主活动，自以为是地将自己认为的正确答案强加于幼儿。为此：

首先，要多听听幼儿自己的想法。

比如，一名幼儿正兴致勃勃地为小动物送食物，一边口中念念有词地说着什么。教师看到幼儿为小猫送的小草，为小狗送的小鱼，为小羊送的骨头，感到非常遗憾，赶快对幼儿说，“小猫喜欢吃什么，好好想一想?”幼儿没有理会。教师又问：“小狗喜欢什么?”幼儿还是没有回答。最后，幼儿按照“标准”答案做好了，教师满意地说：“你真棒。”教师的目的是通过为小动物送食物练习配对，学习对应概念。殊不知，教师的好心指导并没有起到积极的作用。因为幼儿当时正在自己编故事，他并非不知道如何对应。

由此可见，教师要学会倾听幼儿的心声，切不可因为自己的一厢情愿破坏了幼儿活动的积极性和创造力。

其次，教师的指导要灵活机智，富有启发性。

比如，两名幼儿各自完成了自己的搭建作品后开始讨论起来，一个说，“我的比你的高。”另一个说：“高就高，高有什么了不起!”前一个又说：“就是比你的高。”……眼看两个孩子就要打起来，这时就需要教师及时介入，既不能粗暴地喝令两个孩子安静下来，更不能粗暴地将两个孩子分开。教师要敏锐地发现其中的教育价值，引导幼儿学会多角度欣赏自己和他人的作品。在这种情况下，教师可以说：“让我来看一下好吗？这件作品是比较高，不过，我们找找看，这两件作品还有哪些不同呢?”教师还可以引导幼儿为自己的作品起个好听的名字，想一想这件东西有哪些作用?

从上例可以看出，教师要注意引导幼儿从当前矛盾的焦点中摆脱出来，启发幼儿多角度看问题。

最后，教师要善于抓住关键问题，促进幼儿长远发展。在进行个别教育时，尤其要善于发现制约孩子发展的关键问题。作为幼儿教师，心里应该很清楚，对于一个孩子的发展来说，掌握方法比掌握知识重要，探索的兴趣比方法的掌握重要，理解规则比遵守纪律重要……只有分清轻重缓急，为孩子的终身发展打下坚实的基础，才能体现幼儿教育的真正价值。

比如，有个孩子，比较严格的教师 A 在的时候，表现特别好，活动时很专心，吃饭不挑食不剩饭，懂得照顾其他小朋友；可是比较温柔的教师 B 在的时候，就像换了一个人，活动时东张西望，吃饭时挑挑拣拣，还经常欺负别的小朋友。

这说明什么？孩子面对教师 A 比较害怕，故而表现出对规则的服从；面对教师 B 比较放松，故而表现出对规则的敌视。表现虽然不同，却共同证明着幼儿对规则的不理解。这难道不值得引起重视吗？即使在深夜，路上没有一辆车，一对德国老人仍然等待着绿灯亮起后再通行，而我们的孩子有多少会在无人注意时随手扔一把垃圾；一边滚瓜烂熟地背诵着感恩父母的诗文，一边理直气壮地呼爹喝娘。“不能让孩子输在起跑线上”，我们首先需要搞清楚，什么可以输，什么不可以输？

第三章　幼儿园阶段教育计划的设计与指导

幼儿园教育是基础教育的重要组成部分，是学校教育和终身教育的起始阶段，更是有目的有计划地对3～6岁幼儿实施身心全面发展教育的关键阶段。

培根说："习惯是一种顽强的巨大的力量，它可以主宰人生。因此，人自幼就应该通过完美的教育，去建立一种好的习惯。"

曾有人问一位诺贝尔奖获得者："你在哪所大学、哪所实验室里学到了你认为是最主要的东西呢?"老学者回答出人意料："是在幼儿园。""把自己的东西分一半给小伙伴们，不是自己的东西不要拿，东西要放整齐，吃饭前要洗手，做了错事要表示歉意，午饭后要休息，学习要多思考，要仔细观察大自然。从根本上说，我学到的全部东西就是这些。"这位学者的回答代表了到会科学家的普遍看法。他们认为，终生所学到的最主要的东西是从小家长和老师给他们培养的良好习惯。而制定各阶段幼儿园教育工作计划，使得幼儿园各项工作有条不紊按计划有序地进行，则是幼儿良好习惯的养成教育的重要保障。

幼儿园生活内容和教育内容有计划地按一定的时间和顺序合理安排，可使幼儿知道什么时间做什么事情。如，到了就餐时间，他们就会有食欲吃得香；认知活动时，能集中精力投入观察探索；游戏时精神饱满，尽情玩耍等。经过幼儿园有规律的生活和教育，可以初步培养幼儿学习兴趣、爱心、秩序感和良好的行为习惯。因此，幼儿园各项工作计划的科学制定，各项活动的合理组织与安排，是幼儿身心全面和谐发展的必要保证。

第一节　制定幼儿园教育计划的内容与要求

幼儿园阶段教育计划的基本内容，包括学期教育计划、月教育工作计划和周教育工作计划以及日活动安排。

一、学期计划

学期工作计划包括全园学期计划（通常由园领导成员制定）和幼儿班级学期工作计划。这里介绍各年龄班幼儿教师集体参照全园学期计划，并结合本班实际情况共同制定的本班学期计划。下面以某园大一班的学期计划为例，说明班级学期计划的制定。

××幼儿园大班第一学期（秋季）工作计划

教师：×××　　×××

一、班级情况分析

本学期我们班在原来的基础上增加了一名男孩，共43名幼儿，男孩23名，女孩20名。经过2年来在幼儿园的生活与学习，孩子们的常规动手能力有了很大提高，在上课和游戏活动的时候，都明显懂事了很多，但是不可否认，幼儿在一日生活中的各环节中仍然存在着很多的问题：比如上课做小动作，坐姿随便，喜身体活动不喜欢动脑筋思考；孩子之间缺乏互相关心、互相理解的良好风尚……因此本学期将在这几个方面加以重点培养。农村幼儿活泼好动，动作发展较好。但生活卫生习惯的养成教育方面比较欠缺，也是本学期工作重点。此外，班里男孩子文博，家中父母离异，无暇顾及他；爷爷奶奶年老，只能勉强接送，也无力去教育关心他。缺乏家庭温暖的文博，在班级里是个出名的“调皮大王”，总喜欢与其他小朋友捣乱，攻击行为时有发生。人都有得到他人尊重和关注的需要，幼儿也不例外。因此，我们分析，文博正是由于缺乏家庭关心，总感觉自己是被忽略的个体，于是用与别人捣乱来引起老师、幼儿对他的关注。虽然是批评，但那样他会感觉到自己的存在。因此，对文博的关爱及对他父母的家中关注也是这个学期的重点。另外，文博渴望融入集体，但缺乏正确的与同伴交往的语言和行为。因此，可结合集体教育活动、个别教育，教会文博与同伴交往，关注文博是本学期个别教育的重点。

二、具体目标

（一）健康领域

1. 跳跃：立定跳远，跳距不少于40厘米；能手脚熟练并注意安全的情况下，在攀登架爬上爬下。

2. 可以两人相距3～4米抛接球。

3. 做到精神专注地做操，动作准确到位。

4. 懂得在体育活动中合作、宽容、谦让、遵守规则。

5. 能养成良好的饮用开水的习惯，少吃或不吃冷饮，不买小摊零食。

6. 早睡早起，按时午休，保持良好的作息习惯。

7. 培养良好的个人卫生和环境卫生习惯，勤洗澡、勤剪指甲，不随地吐痰、不随地大小便和乱扔杂物。

8. 做到饭前便后、游戏后洗手，并知道节约用水，洗完后及时关水龙头。

9. 爱护牙齿，养成早晚刷牙的习惯，并注意刷牙的方法。

（二）语言领域

1. 逐步培养幼儿对识别汉字的兴趣，能在活动中始终保持正确的看书、写字、画画的姿势。

2. 培养早期阅读的兴趣，养成良好的阅读习惯。

3. 能集中注意听课，有较好的倾听习惯和能力。

4. 在游戏中学习准确用词，并能说完整的合成句。

5. 不断提高幼儿倾听的习惯，迅速把握和理解游戏中比较复杂的指令。

6. 能在愉快的环境中学习一些结构简单的汉字，并对其产生浓厚的兴趣。

7. 知道图画书画面和文字的对应关系，开始有兴趣阅读图画书中的简单的文字。

（三）科学领域

1. 能在老师的帮助下进行归纳、概括一些数学经验；学习从不同的角度、不同的方面观察与思考；能运用观察、比较、类推等方法解决简单的数学问题。

2. 能积极主动地参加对自然角科学桌的护理；学习有条理的摆放、整理活动材料。

3. 能较专注地参与室内外科学观察活动；能主动探索周围自然环境中感兴趣的事物，并能发现问题、提出问题、积极主动寻求答案；学习关心、爱护自然。

（四）艺术活动

1. 进一步学习利用自然材料自制乐器的基本方法，并能在集体活动中，按指挥的手势迅速、准确地做出反应。

2. 引导幼儿根据需要学习色彩的搭配，培养幼儿对色彩的敏感性，引导幼儿学习均衡、对称的安排画面。

3. 引导幼儿学习使用多种自然材料，丰富造型能力，表现自己独特的思想，能根据需要，恰当地运用各种颜色，引导幼儿创造性地造型。

（五）社会领域

1. 引导幼儿初步了解本地农作物、主要物产，激发幼儿对家乡的热爱。

2. 引导幼儿使用正确的礼貌用语，以恰当的方式与他人进行交往。

3. 引导幼儿了初步了解家乡的自然环境，引发幼儿爱家乡、爱祖国、爱自然的美好情感。

4. 培养幼儿分享、互助、互爱的良好品行。

5. 引导幼儿用恰当方式表达情绪，并以适宜的行为宣泄情绪。

（六）家长工作

1. 认真做好家长工作，办好家长园地，宣传大班幼儿年龄特点、新的幼教理念、家教方法，并做到及时更新。

2. 召开家长会，听取家长意见，及时调整工作，真正做到家园配合一致的教育。

3. 坚持经常性对每位家长热情接待，认真解答家长询问。

4. 在农闲时召开家长开放日，请家长参加幼儿的半日活动。

5. 对文博进行家访，积极与文博父母、爷爷奶奶沟通，请他们不要因为家长间的事情处理不好而忽略了对文博的关心和教育。从根本上取得文博家长对我们工作的配合、支持，从而共同关爱文博的健康发展。

6. 利用家园联系册，及时进行家园沟通，双方了解，共同做好每位幼儿的个别教育工作。

三、具体实施

9 月份：

（1）针对刚开园幼儿的表现，采用小组谈话、个别谈话等方法进行鼓励，以稳定幼儿开学来园的情绪，使幼儿能够继续遵守并巩固日常规范。

（2）开展主题活动“可爱的家乡”早期阅读活动，培养幼儿用完整的合成句进行表达；提醒幼儿握笔姿势和坐姿，渗透较简单的识字教学。

（3）教师引导幼儿自制植物粘贴画，注意造型与色彩搭配，活动中提倡幼儿分享材料，互相帮助。

（4）办好家长宣传工作栏，宣传大班幼儿年龄特点及教育方法。

（5）利用本地乡土资源建立并丰富自然角。

（6）在日常生活中时刻关注幼儿作息、饮水、洗手、进餐等良好习惯的培养。

10 月份：

（1）进行迎国庆的相关环境布置，并结合国庆节，进行爱家乡、爱祖国的教育活动。

（2）结合中秋节，运用生活中的材料（如红薯、胡萝卜、白萝卜、瓶盖、泥巴等）自制月饼模具，进行“我来做月饼”活动。

(3) 利用农村现有资源（芦苇杆、高粱杆、葱叶、竹子、泥巴以及饮料瓶、易拉罐等材料）组织引导幼儿进行自制乐器并尝试演奏。

(4) 与文博父母联系，做好与文博父母的沟通交流，反馈文博在园内的情况，尽量取得他们对工作的支持与配合。

11 月份：

(1) 教师和幼儿一起，积极准备全园幼儿故事比赛。

(2) 组织家长来园观摩幼儿在园的半日活动。

(3) 认真做好迎接上级幼教相关检查的准备工作。

(4) 开展“我的表情”谈话活动，引导幼儿学会恰当表达自己情绪的方式。

(5) 数的分解合成教学，注重幼儿在直观有趣的游戏中进行学习。

12 月份：

(1) 充实并更换自然角、科学桌的内容，更换具有冬季特色的植物。

(2) 实施“冬天的田野——蔬菜大棚”主题，参观农民的蔬菜大棚，并进行主题谈话活动和环境布置。

(3) 观察幼儿的活动，捕捉幼儿兴趣，适时适宜地生成主题活动。

(4) 体育活动中组织幼儿进行抛球比赛。

(5) 召开家长会，做好幼儿班级阶段工作的沟通和交流，听取家长会反馈。

元月份：

(1) 设计并进行迎新年活动，并作好适当的节日环境布置。

(2) 开展户外体育活动，组织幼儿玩攀登架。老师注意安全保护。

(3) 认真填写并整理家园联系册，对幼儿进行综合能力评价。

(4) 对文博等个别幼儿的情况，详细总结经验，并适时与幼儿家长交流。

分析以上学期计划不难看出，幼儿园学期教育工作计划有以下内容：班级情况分析、本学期幼儿要达到的目标、各项教育教学工作的内容安排、具体工作步骤和措施、家长工作等等。

班级情况分析是谈全班幼儿基本情况，包括总人数、各方面现有发展水平、不足，个别幼儿情况等，是确定本学期培养目标和选择教育教学内容、方法的依据。根据本班的具体情况，班级情况分析可详可略，也可有所侧重，但务必反映本班幼儿真实情况。如，《××幼儿园大班第一学期（秋季）工作计划》，依据幼儿生活卫生习惯欠缺，将此列为学期关注重点；农村孩子动作发展较好，可不作为重点；个别幼儿的教育更具针对性，特别是文博的特殊家庭环境，作为本学期家长工作和个别教育的重点。

对班级情况进行分析后，要提出本学期全班幼儿在身心全面发展方面应达到的目标，并确定相应的教学内容和方法途径。

教育教学内容和方式方法是学期工作计划的主要内容：生活卫生习惯、品德、各领域教育等。各项内容要具体。如生活卫生习惯，就要求写明教给幼儿哪些简单的卫生常识，培养他们什么样的卫生习惯和生活自理能力，什么环节时间、通过什么途径来教授。

家长工作要写明召开家长会的大概时间，会上主要谈什么内容、什么方面的问题；对家访也需要有具体的安排。

可见，制定班级学期工作计划需遵循以下要求：

（1）计划制定要实事求是，必须从本班幼儿的实际情况出发，不可照搬文件或其他班级计划。上述计划即是教师分析本班幼儿现状，结合不足与各领域目标的基础上制定的。

（2）幼儿园教育是一个较大的系统和较长的过程，不可孤立地看待本学期、本班的各项教育工作，而应充分考虑到实际上的纵向联系和空间上的横向交往。上述计划结合大班孩子在园教育的基础水平，考虑各领域的系统教育及纵向与横向发展需要，计划科学合理。

（3）要发挥季节性、地区性优势，利用当地农村特色的自然资源，为幼教服务，因地制宜地开展幼儿园教育工作。上述工作计划中充分体现了农村季节性、地域性，利用农村特有的自然资源优势，组织幼儿利用各种植物叶子、秸秆和果实等，进行自制乐器；冬季开展“冬天的田野——蔬菜大棚”参观和谈话活动等等。

(4) 结合本学期期间的节日，安排有针对性的、各种形式的有教育意义的活动。如上述计划中结合国庆节进行相关的爱国教育活动；结合传统的节日中秋进行做月饼活动。

二、月计划

月计划是幼儿教师依据学期计划制定的又一阶段工作计划，它将学期计划中的内容和要求更加具体化。因此，月计划比学期计划更为详尽。月计划通常不用写明班级情况分析，其余项目和学期计划一致，但有所侧重。月计划的侧重点放在组织幼儿实施各领域目标的落实上。下面以实例说明月计划的撰写。

××幼儿园大班10月份工作计划

制定教师：×××　×××

本月工作要点：

(1) 爱国教育：结合十一国庆节，进行爱家乡、爱祖国的教育活动。进行迎国庆的环境布置；采用户外观察家乡面貌，说儿歌、听故事、表演游戏等方式。

(2) 美术造型与传统文化教育：结合传统的“中秋节”，进行主题活动“我来做月饼”，让幼儿了解中秋节，鼓励幼儿达到想象并造型。

(3) 音乐制作与表现能力：组织引导幼儿进行自制乐器并尝试演奏。

(4) 个别教育：对文博进行家访，尽量取得家长对工作的支持与配合。

(5) 数的分解合成。

(6) 继续进行日常生活卫生习惯的教育培养。

常规教育活动重点：

1. 一日生活中加强卫生习惯培养，时刻提醒幼儿个人卫生习惯与环境卫生习惯的养成。

2. 取得家长支持，监督幼儿在家的个人良好习惯的保持。

3. 良好作息习惯的培养。幼儿不住宿，因此要取得家长配合支持，早睡早起。

主题活动及主题环境创设

1. 主题活动“欢度国庆”：观看电视及大街上的欢度国庆的景象；外出观看家乡的田野，进行“秋天的田野”谈话活动。

2. 利用各种自然材料布置可爱家乡、欢度国庆的喜庆画面。

3. 美术造型主题活动“我来做月饼”。让幼儿利用花生壳、红薯、土豆、胡萝卜、白萝卜、各种形状瓶盖、彩泥、面团等材料，制作月饼，发展幼儿艺术造型能力。准备一幅嫦娥奔月的墙饰画面、烘托中秋节日气氛。

4. 将制作的月饼放到角色游戏区，供幼儿观看和自由游戏使用。

5. 游戏区与自然角科学桌：教师和幼儿一起收集家乡正生长的蔬菜、成熟的果子、各种粮食作物等，用来观察；各种饮料瓶盖子、橡皮泥、彩泥、粘合剂等，放在手工区供幼儿开展动手游戏。

家长工作：

1. 热情接待每位幼儿家长，耐心解答家长的咨询；利用入园接待和接孩子的时间与家长短暂交流，认真填写并阅读家园联系册；

2. 请家长配合支持主题活动的开展：有意识地带领幼儿观看大街上、电视里欢度国庆的的画面；和幼儿一起买月饼、观察月饼、吃月饼，收集提供各种材料，为“我来做月饼”活动做好准备。

3. 对文博小朋友进行家访，回馈文博在园的各种情况，取得家长对工作的协助支持。

可见，月计划要比学期计划详尽很多。计划越详尽，就越能够将工作落到实处，做到每步工作、每个环节有条不紊，有的放矢。教师制定月计划有如下要求：

1. 根据学期计划的要求，确定本月的工作要点

工作要点具体，不可笼统，应该切合本班幼儿实际和教育需要，否则不能保证计划的完成。“××园大班10月份计划”首先依据本班学期计划的工作

目标，确定了10月份各方面工作的目标。包括艺术领域“我来做月饼”、语言与社会综合主题，以围绕“欢度国庆”进行爱国教育，观看“家乡的田野”之后进行谈话活动、落实文博的家长工作等。每项内容都是以学期计划为依托的。

2. 各种活动和各科教学活动互有联系，有机结合，使幼儿所学的知识、技能、体验、情感等，都有复习巩固和进一步实践体验的机会

如春天到来时，科学领域活动可组织幼儿到田野观察大自然田野、河流里的变化，可与社会活动结合，同时组织观看农民劳作耕种的活动；然后组织幼儿在语言领域进行春天为主题的谈话活动；也可以选择春天的儿歌、春天的故事的；艺术活动中唱春天的歌，跳春天的舞蹈，画美丽的春天等用春天把各领域教育贯穿起来。上述月计划中，将观察田野、爱家乡、爱国教育等科学活动、社会活动与语言谈话活动有机结合；将美术造型活动与游戏区结合，有助于幼儿自然地接受多方面教育影响。

3. 利用季节特点和当地农村特色的教育资源进行幼儿教育，使教育内容更加具体生动，易为幼儿接受

如月计划实例是10月份，是农民开始进入秋天收获的季节，因此设计“家乡的田野”外出观察活动；结合国庆节布置迎国庆的相关环境，渗透爱国教育；结合传统的中秋节到来，选取具有农村特色的植物及废旧材料，引导幼儿开展美术动手操作“我来做月饼”的活动内容等。

三、周计划

周教育工作计划安排的是一周中每天对幼儿的教育内容和要求。周计划的制定较月计划更为详细，通常将各项内容列成表格，使之一目了然。下面结合周计划实例予以说明。

××幼儿园大班周工作计划

表 2-1 教师 ××× ××× 时间 2010 年 10 月 4 日—8 日

主题	家乡的秋天真可爱				
主题目标	让幼儿了解家乡秋天生长、成熟的主要农作物，激发热爱自然的兴趣；萌发爱家乡的情感。继续幼儿生活卫生习惯的养成。				
	周一	周二	周三	周四	周五
上午	户外科学观察活动（复习活动）：秋天的田野 体育游戏活动：运水果	操作活动： 好玩的花生壳	数学活动： 5 的分解合成	谈话活动： 家乡的农作物	绘画活动： 家乡的秋天
下午	区域活动	幼儿阅读活动	户外自由游戏	自选游戏区活动 幼儿卫生习惯检查	复习幼儿歌曲表演唱 小树叶的歌
环境与材料	请家长配合，和幼儿共同收集各种作物的果实，正在生长的水果、蔬菜；作物秸秆、叶子；橡皮泥、彩泥、粘合剂等。布置秋天田野的墙壁。		游戏与区域	美术区的动手制作材料（投放各种作物的种子、玉米皮、叶子、花生壳、豆子等）；语言区放置成熟的水果、粮食等农作物卡片、图画书等。	
家长工作与个别教育	1. 热情接待家长，耐心解答疑问；入园接待和离园时，及时与家长交流，沟通情况； 2. 对文博进行家访； 3. 填写家园联系册。				

制定周计划时，新教师要写详细，新接班级也应该详细写。除了写明本周幼儿教育工作重点，按日程安排好教学内容外，还应将幼儿游戏区活动、

户外游戏活动、外出参观或户外观察、幼儿劳动及一日活动（包括晨间活动、早操、教学活动、盥洗、进餐、午睡、散步、离园等）的内容、要求、准备、组织指导方法和过程一一写清楚。必要时还应写明注意事项。

制定周工作计划要考虑与上一周教育内容、要求的衔接，还要明确本周教育工作计划在学期工作中的位置。幼儿教师周计划工作安排应注意如下要求：

（一）注意一周中每天的差异

星期一，是幼儿在家度过双休日后又来幼儿园的第一天。为了让幼儿较为平静地度过这一小小的转折期，在周一不宜向他们提过严的要求，要多关注每个孩子的言语、行为表现和精神状态；教学内容应是复习性的和游戏性的，比如上周已经观察了田野的农作物，但经过双休日，幼儿记忆可能不够深刻了。那么，周一活动时可以组织复习性的活动“秋天的庄稼”；活动形式也应多种多样、生动活泼，可以采用游戏“庄稼熟了”，以此方式帮助幼儿重新唤起对上周观察内容的回忆。此后便可逐渐提出要求，增加教学内容的难度了。较为复杂的教学内容或新授内容最好安排在周三、周四。如，动手操作的美术造型活动“我来做月饼”，需要幼儿发挥动手、动脑能力，大胆选取并利用手头材料，进行独特构思，难度较大，即可安排在周三、周四进行。而到了周五，幼儿的疲劳感会逐渐产生，可以安排些较为轻松的教学内容和活动，如“我喜欢的月饼”谈话，话题轻松，让幼儿吃月饼并分享吃月饼后的感受；还可以采用想象画“嫦娥玉兔过中秋”，让幼儿发挥自己的想象，大胆游戏并表述自己画面内容。

（二）相同科目的活动之间有适当间隔

为了让幼儿有消化所学科目内容的时间，又不使他们遗忘，相同科目的教学活动应有适当间距。如周三有艺术领域“我来做月饼”教学活动，第二次美术教学活动可放在周五，进行“嫦娥玉兔过中秋”绘画活动。

（三）注意动静交替

动静交替能够有效地防止幼儿身心疲劳。因此，一天的教学活动和其他活动的安排要注意动静交替。因为幼儿的兴奋过程难以抑制，假如一个活动量较大的教学活动，第二个活动就很难使幼儿安静集中注意力听讲。第一个活动是静的、动脑较多的教学活动，第二个活动就应该是身体动作为主的活动。动静交替，最好是先静后动。而且，一天内的两个教学活动，不应全都是新授内容。一个是新授的，另一个就应为复习性质的。不同年龄班的教学活动数量要区别对待。例如，大班的新授教学活动一般可以多设置一些，小班和中班相对少些。在上例的大班周计划中为 4 个。

四、日安排

日活动安排是学期计划、月计划和周计划的更加直接具体的体现。学期计划、月计划以及周计划中的目标是否能够科学合理地落实到位，能否保证幼儿身心全面和谐发展、是否有益于幼儿学习、生活等良好习惯的形成，关键在于日活动安排、实施是否科学合理。

幼儿园一日生活活动的科学合理安排，包括各项活动作息时间安排和根据一日生活和教育的情况，制定上午、下午的半日活动计划。

（一）时间安排

××幼儿园一日作息时间表（秋季）

7：30～8：00	入园接待、自选工作
8：00～8：20	早餐、自选工作
8：20～8：35	早间阅读
8：35～9：15	走线、线上活动
9：15～11：15	蒙氏工作/户外体育游戏
11：15～11：30	餐前准备
11：30～12：30	午餐、餐后散步
12：30～14：00	午睡（中、大班）
12：30～14：30	午睡（小班）
12：30～15：00	午睡（托班）
14：00～14：30	起床、盥洗、午点（中、大班）

14：30～15：00	起床、盥洗、午点（小班）
15：00～15：30	起床、盥洗、午点（托班）
14：30～15：30	主题教育活动（中、大班）
15：00～15：30	主题教育活动（小班）
15：30～16：00	主题教育活动（托班）
15：30～16：00	体操（小中大班）
16：00～16：20	户外活动、做操（托班）
16：00～16：30	主题教育活动（小中大班）
16：30～16：50	离园、户外活动（托班、小班）
16：40～16：50	离园、户外活动（中、大班）
16：50～17：00	晚餐准备
17：00～17：30	晚餐
17：30～18：00	打扫卫生、离园、摆放区域

注：农村幼儿园可以根据农忙季节特点适时调整入园、离园时间。不设早餐的幼儿园，其晨间活动和时间安排也需作调整。

（二）幼儿教师一日活动安排

一、上岗：7：00

1．准时到岗位，换好工作服，不穿高跟鞋，不浓妆艳抹，不披长发。

2．打开活动室、寝室、厕所门窗通风，注意对流风不要太大。

3．把太阳能出水温度调到适宜，以免烫伤幼儿。

4．备好饮用水，冬天要注意保温，夏天要注意防烫。

二、晨间接待

1．热情接待家长和幼儿，主动向家长及幼儿问好，指导幼儿使用礼貌用语，简单了解幼儿在家情况。

2．指导并帮助幼儿把脱放的衣帽摆放整齐。

3．按晨检要求做到一问、二摸、三看、四查，并指导幼儿插好保健卡。

4．提醒并指导幼儿盐水漱口。

5. 指导幼儿愉快、自主、有序地进行室内活动。

(1) 根据计划组织幼儿室内或室外活动。

(2) 为幼儿提供各种游戏材料，引导幼儿愉快、自主、有序参加游戏。

(3) 按周计划进行重点指导。

(4) 注意进行个别教育、安全教育、正面德育教育，培养幼儿良好的品德行为习惯。

(5) 给值日生戴上标记，指导值日生协助老师整理自然角、浇花、收拾玩具。

三、餐前准备

1. 进餐前20分钟让幼儿停止剧烈的或情绪过于激动的活动。

2. 清点幼儿人数，做好考勤记录。

3. 进餐前10分钟提醒幼儿收拾玩具，放好椅子。

4. 组织幼儿用肥皂流水洗手，教幼儿正确洗手的方法：在水龙头下接水，把手淋湿，搓上肥皂，按手心、手背、手指、手腕顺序洗，冲掉肥皂沫，在水池里抖掉水珠用毛巾擦干。提醒幼儿节约用水，洗净手的幼儿就座进餐。

四、早餐

1. 创造愉快安静的进餐气氛，幼儿进餐时教师要全力以赴，不做与开饭无关的事，不说与开饭无关的话，不离岗、不坐下、不训斥幼儿，使幼儿情绪安静、注意力集中。

2. 要求幼儿安静进餐，培养良好的进餐习惯，随时纠正不良姿势，提醒幼儿坐好，扶好碗，正确使用餐具。

3. 进餐时不挑饭菜、不偏食、不剩饭、不浪费饭菜，保持饭桌、地面、碗盘干净，保证半小时进餐时间，不催食，咽下最后一口饭再站起来，用筷子将饭桌残渣拔进碗里，后把碗盘勺放到规定的器具里。

4. 教会幼儿使用餐巾，养成饭后漱口的好习惯。

五、早操准备

1. 带操教师，一律不准穿高跟鞋，不准穿长工作服。

2. 检查幼儿衣裤、鞋带是否整齐。

3. 按时列队带幼儿到活动场地，上下楼梯的班注意从右侧走，不抢不挤、安静有序。

4. 不能做早操的幼儿要有专人负责。

六、早操

1. 领操教师要精神饱满、动作到位、口令清楚，起示范作用。

2. 配班教师要为幼儿准备好做操器械用品，要积极配合领操老师做好检查、督促、纠正、照顾个别幼儿。

3. 要求幼儿做操认真、情绪愉快，队型、队列整齐，动作到位、运动量适度，达到锻炼身体的目的。

4. 上下楼队前、队后各一位教师带队，要求幼儿整齐有序、不吵不乱。

七、早点

1. 教育幼儿吃早点时注意坐姿和饮食卫生。

2. 提醒幼儿用自己的水杯按时和随时饮水，不浪费开水，喝完水把杯放回原处。

八、主题教育活动准备

1. 按活动要求安排活动场地。

2. 按计划要求准备好活动教具。

3. 配班教师协助活动教师完成场地布置和教具准备工作。

九、主题教育活动

需要说明的是，不同幼儿园对新老教师一日活动计划的书写比较灵活。有经验的老教师可以写的比较简单明了；而年轻的新教师要求详写。

第二节 评价教育计划执行过程的关键要素分析

幼儿园各阶段教育计划的制定只是开展幼儿园教育工作的第一步。要更好地开展各项工作、完成对幼儿身心全面发展的教育任务，幼儿园教育计划的执行和落实是至关重要的。这直接取决于计划执行过程中几个关键要素：幼儿能力水平、目标的达成度、教育活动内容选择的合理性、幼儿的主动性、教师的能动作用。

一、幼儿能力水平分析

教育计划的执行效果是以幼儿能力水分发展变化或幼儿在教育计划执行过程中的表现为着眼点的。幼儿能力是评价教育计划设计是否科学合理、是否有效促进幼儿发展的首要因素。这也是幼儿园教育的主要目标之一。幼儿能力水平在计划实施过程主要体现在对五大领域所涉及的幼儿各方面发展。

（一）运动能力

无论哪个年龄班，幼儿的运动能力都是居于五大领域中主要地位。教师应依据幼儿现有运动能力，安排适宜的运动内容，以发展幼儿动作能力。要制定不同年龄班的各项动作能力应达到的水平。如小班身体大动作发展内容主要有走、跑、跳、钻爬等；细小动作主要是手指动作方面，能够完成穿珠子、能按要求撕纸等任务。

（二）生活能力

主要是生活自理能力的发展。不同年龄班级在生活能力方面也有不同要求。比如小班，在生活能力上主要是达到：能在成人帮助下，按次序穿脱衣服、鞋子、袜子，并将衣物放在固定的地方。

（三）认知能力

幼儿认知能力包括感知观察能力、记忆力、想象力、空间、时间、数、语言等多方面能力。依据不同年龄幼儿水平，在各项能力的发展要求有别。例如，小班的感知观察力主要是简单、明显的事物特征；中班则稍增加难度，不仅可以观察出画面的特征或欠缺之处，而且可以说出画面不合理之处。

（四）社会适应性

社会适应性发展是幼儿从小与人交往、适应集体环境的开始。同时还包括识别他人情绪、表达与宣泄自己情绪等情绪情感方面的不同能力。

(五) 艺术方面

主要是幼儿在音乐、美术、舞蹈、表演游戏等方面体现出的理解力、模仿力和表现力。

二、计划目标的达成度

幼儿园教育计划的达成度是衡量教育计划执行效果的关键因素。全面而谨慎地分析工作计划的达成，既是检查已有计划的科学合理，从而总结经验，又是制定下阶段工作计划的依据。教育计划的达成度的评价是多层次的。园领导需评价全园学期目标的达成，幼儿教师评价本班各阶段计划的达成。而直接影响计划达成情况最具体的也最根本的是班级计划的达成情况。如果班级计划落实得有条不紊，井然有序，那么全园工作计划的目标也得以实现。幼儿教师班级计划的达成度评价首先应从基础的半日计划的达成、一日计划的落实，再到周计划、月计划和学期计划的逐步达成情况来进行的。正是通过逐层有具体计划的不断达成，保证了整个计划全面而有效的执行，确保了整体幼儿教育工作的有序开展。

三、教育活动内容选择的合理性问题

幼儿教师对教育活动内容的选择是否合理，直接影响到计划的执行过程中幼儿的学习兴趣和参与活动的积极性、主动性。教育活动内容的选择应注意以下要求：

(一) 可接受性

任何领域的教育活动内容的选择，都应考虑到幼儿的水平和接受能力，应是在幼儿的“最近发展区”。即，活动内容是幼儿通过教师补助和引导，能够为幼儿学习和接受的范围内。活动内容不能难度过大，增加幼儿畏难心理，对所学内容不感兴趣，而且容易产生对学习的反感，同时浪费了宝贵的学习时间。活动内容也不可以过于简单，这样会让幼儿觉得没有新意，缺乏好奇心，同样难以萌发学习的热情，还可能影响幼儿注意的发展。比如，大班的综合主题教育活动“我来做月饼”，是考虑了幼儿刚过中秋、吃月饼，对月饼的话题比较了解，也感兴趣；而大班幼儿动手能力较好。设计这样的主题，将月饼拿到活动课上，组织幼儿谈论月饼、吃月饼、做月饼则是十分生动、新鲜的内容。所以小朋友们有话可说、有能力来做。总之，教师要选择难度适宜幼儿接受水平的内容。

（二）趣味性

幼儿的学习很大程度上受兴趣支配。因此，教师选择的活动内容应是幼儿感兴趣的，例如“我来做月饼”主题活动。

（三）发展性

教育活动内容应是有益于促进幼儿发展的。主题活动“我来做月饼”不仅是幼儿感兴趣的内容，而且有助于幼儿在谈论月饼中发展语言能力，在动手自作月饼中发展创造想象力，同时促进幼儿动手能力发展。

（四）全面性

幼儿园教育是对幼儿实施全面的身心和谐发展的教育。因此，教育活动内容应是全面的、多学科、多领域的。既有促进幼儿动作发展的体育游戏活动，又有帮助孩子学习语言的各种语言教育活动；既有开发幼儿动手动脑的科学探索活动；又有发展创造想象的艺术教育活动；等等。此外，即便是同一领域的教育活动，也应考虑教育内容的全面性。比如，语言教育活动中，不仅要有培养倾听和表述的谈话、讲述活动；还有培养早期阅读习惯的早期阅读、文学作品等教育活动。

（五）地域性

教育活动内容应结合当地资源、自然环境以及人文环境、社区环境等地域性。比如，地处农村的幼儿园，可以结合本地乡土资源、种植的作物、民俗等内容，选取适合幼儿的又有教育意义的内容。又如，某幼儿园与某部队营房距离较近，园中不少幼儿是军人子女。该幼儿园利用这一有利资源，不定期地请部队官兵到幼儿园进行各种教育活动，比如讲革命传统故事、爱国教育、战士与幼儿一起体育游戏、联欢等，充分发挥了社区资源的优势，丰富了幼儿园的教育活动。

（六）实时性

教育活动内容应紧密结合本班幼儿教育的实际，如某小班幼儿经常发生争抢行为，教师安排了语言故事《孔融让梨》并进行故事复述、表演活动，幼儿从中学到了与人分享的道理。另外，教育活动内容应结合幼儿生活实际，如，中秋节前后组织“我来做月饼”的主题活动；国庆节期间组织“欢度国庆”的主题活动。

（七）生成与预成结合

教育活动的内容通常是教师预先为实现教育目标预先选取的，比如“秋天的田野”是完成幼儿对秋天特征的认识，知道本地秋季生长和成熟的作物。但同时也要注意适合幼儿兴趣的生成内容。如，教师看到许多幼儿自由活动时经常谈话自己喜欢的动画片《喜洋洋和灰太狼》，于是组织设计了“我喜欢的动画片”谈话活动，活动内容源自幼儿生活，幼儿感觉有趣，同时也体现语言教育的目标。

四、教育过程中幼儿的主动发展问题

教育过程中幼儿的表现是积极主动参与活动，还是消极被动地跟随教育活动进行，同样是教育计划执行效果的关键因素之一。通常，如果教育计划科学合理，那么在教育过程中，幼儿有足够的兴趣、饱满的学习热情，对活动的参与也就积极主动。这样，幼儿是在教师组织的活动中，获得积极主动的发展。相反，若教育过程中幼儿表现出兴趣不高，对活动不配合、不积极参与的现象，说明教育过程存在问题。在这种情况下，幼儿是被动的，被教师牵着，甚至是被教师压着去学，教育过程丝毫体现不出幼儿的主动性，幼儿完全是被动接受，谈不上主动学习，更没有发展可言。

五、教师在计划执行中的能动作用发挥

在计划执行过程中，幼儿教师是否较好地发挥能动作用，是评价教育计划执行情况的重要因素。《幼儿园工作规程》指出：“幼儿园的教育活动是有目的、有计划引导幼儿主动活动的，多种形式的教育过程。”师幼双方在教育

计划执行中各自的作用是不可低估，不可相互替代和不可或缺的。幼儿是活动的主体；教师在活动中居主导地位，对计划的执行发挥着能动作用。这就要求幼儿教师在计划执行中始终如一地关注教育计划的全过程。教师要在研究了解本班幼儿发展水平之后，有目的的制定教育活动计划。在此过程中，教师要设计环境，选择内容、方法。这时教师就发挥了对计划的能动作用。比如实例中“我来做月饼”，从教育活动目标的确定、内容的选择、开展的方式、各种活动材料的选择与投放、教育方法的使用、幼儿活动中的参与指导等，都是教师能动作用的体现。相反，如果教师在计划执行中未发挥能动作用，而只关注幼儿，那么教育计划就很难实现，教育活动也容易流于一片散沙。

第四章　幼儿园主题教育活动的设计与指导

幼儿园主题教育活动贴近幼儿的生活，把多方面的教育内容有机地整合在一起，能很好地调动幼儿的学习积极性，适应幼儿的学习特点。

第一节　主题教育活动的设计与指导

一、主题教育活动的概念

主题教育活动是以一个单元（时间单元、知识单元、技能单元等）突出一个主题而设计的系列活动，它的主题具有“短、平、快”的特点，也就是说在一段较短的时间内连续进行。围绕主题组织的活动也是联系十分密切的一些相关的知识和技能。

二、主题的选择

（一）主题要贴近幼儿生活

主题的来源不在于学科，而在于幼儿周围的生活、幼儿的经验及幼儿活动与发展的兴趣和需要。应考虑活动主题是否蕴含丰富的教育活动资源，是否有可能围绕主题组织多样化的活动。如可以玩具、快乐的幼儿园等为活动主题。

（二）主题要有时代性

一方面，随着时代的发展和科学技术的不断进步，新的、适合幼儿认知和展开活动的文学作品、音乐作品和科技作品等层出不穷，因此，幼儿园应适当补充或更新教育内容，以适应时代发展变化的要求；另一方面，现时代的幼儿，无论是知识经验还是技能能力，较之以前的幼儿已有较大的变化和提高，因此，在选择活动主题时，应考虑现时代幼儿的特点，而不能够墨守成规。

（三）主题要因地制宜

我国地域辽阔，各地经济发展的状况和教育条件不尽相同，且各地区的教育资源也有较大的差异。因此，幼儿园在选择活动主题时，应尽量反应幼儿周围环境和社区的特点，充分利用当地的教育资源和条件，使活动主题区域化、本土化。

农村幼儿园活动主题的选择，要充分利用当地的自然资源，服务于新农村建设的大主题，并与当地的产业化主题相联系，山区和平原地区也应有一定的差异。

三、主题系列活动安排

系列化主题教育也是主题教育的一种，它有时是按儿童身心发展的顺序在一年或两年内有计划地安排的，是相互间联系较为密切的一系列教育活动，如“我又长大了一岁”、“快乐幼儿园（小班、中班、大班）”等。有时也会围绕一个主题横向展开、组织涉及多方面教育的系列活动。如中班主题活动“有用的鞋子”，包含下列活动设计：

活动一：参观鞋店

活动目标：

1. 感受各种鞋子的美。
2. 能大胆地和教师、同伴交流关于鞋子的经验。
3. 丰富幼儿的生活经验，为开展角色游戏做准备。

活动准备：

教师事先联系好鞋店，请商店人员配合做好介绍和咨询工作。

活动过程：

1. 向幼儿介绍活动内容，引起幼儿兴趣。

2. 到商店后，引导幼儿观察鞋柜里各种各样的鞋子，看一看它们有什么不同？哪种鞋子最漂亮？最喜欢的是什么鞋？鼓励幼儿大胆与同伴交流。

3. 回到幼儿园后，引导幼儿说说商店的鞋子是怎么摆放的？阿姨是怎么接待我们的？为开展“鞋子专卖店”的游戏做好生活经验准备。

活动二：鞋子用处大

活动目标：

1. 懂得鞋子能保护自己的脚，喜欢穿鞋。

2. 自己学习穿脱鞋袜。

3. 懂得爱护自己的鞋。

活动准备：

各类型的地面（塑胶、沙地、草地等）、擦脚布

活动过程：

1. 引导幼儿说说鞋子有什么用处？（此处幼儿自由回答，教师不做小结）

2. 以带小脚丫旅行的形式，引导幼儿学习自己脱下鞋袜，到各种地面去感受不同的感觉，教师重点引导幼儿在这一过程中认真体验各种不同的感觉，并与同伴交流。

3. 集中谈话。

（1）刚才小脚丫踩在不同的地面上，有什么感觉？

（2）如果我们的脚丫踩在有玻璃渣的地方，会怎么样呢？

4. 引导幼儿讨论：怎样保护我们的小脚丫？

5. 教师结合幼儿的讨论进行小结，让幼儿懂得穿鞋子能保护我们的脚，并教育幼儿要爱护自己的鞋子。

6. 鼓励幼儿将脚擦净，学习自己穿鞋袜。

活动三：鞋子兄弟

活动目标：

1. 倾听故事，理解故事内容。

2. 知道鞋子有左右脚之分。

3. 学会自己正确穿鞋。

活动准备：

故事录音、幼儿每人一双鞋子。

活动过程：

1. 教师以谈话直接引入课题：今天，老师带来了一个关于鞋子兄弟的故事，我们来一起听一听。

2. 幼儿倾听故事，教师通过提问的方式帮助幼儿理解故事内容。

(1) 鞋子兄弟为什么要换位置?

(2) 小主人是怎么说的?

3. 教师小结故事内容，让幼儿知道鞋子有左右脚之分。

4. 引导幼儿观察自己的鞋，区分左脚和右脚的鞋。

5. 组织幼儿进行脱鞋、穿鞋比赛。

活动四：我是小鞋匠

活动目标：

1. 尝试运用各种颜色、材料和工具，学习表现鞋子的突出特征。

2. 学习使用剪刀的技能。

3. 体验创作的乐趣。

活动准备：

1. 纸皮、各色蜡光纸、蜡笔、鞋带、透明胶等美工材料。

2. 幼儿已学会《鞋匠舞》。

活动过程：

1. 以“我是小鞋匠”的情景表演引入课题。

2. 教师向幼儿介绍所提供的美工材料，鼓励幼儿根据自己的兴趣、需要选择材料，设计、制作各种各样的鞋。

（1）制作组用纸皮做出鞋底，用长条蜡光纸粘上当拖鞋鞋面。

（2）泥工组用橡皮泥以搓、压、挖等技能制鞋。

（3）装饰组把可乐瓶、纸皮等制成的鞋面、鞋底用各色即时贴进行装饰。

3. 幼儿自由制作，教师巡回观察指导，重点指导幼儿正确使用剪刀，剪下鞋子样板，打洞或粘贴成型，并帮助个别能力较差的幼儿完成作品。

4. 引导幼儿将自己制作的鞋摆放在展台上，与同伴相互交流与分享自己的作品。

5. 播放《鞋匠舞》音乐，幼儿随音乐即兴表演。

附故事

鞋子兄弟

鞋子兄弟是世界上最亲密的一对兄弟了。每天早上老大在左边，老二在右边，跟着主人一同出门。傍晚，又和主人一起回家。晚上，主人睡觉了，兄弟俩头挨着头，脸对着脸睡在床底下，真让人羡慕。

有一天夜里，鞋子老大和老二觉得生活老是这么一成不变，真没意思，就商量着怎样改变一下。讨论了大半夜，兄弟俩决定从换位开始。于是，鞋子老大睡到了右边，老二睡到了左边。

天亮了，小主人起床了，他穿上鞋子，正准备出去跑步。咦！今天的鞋子怎么那么不舒服，他低头一看，哈哈！原来是鞋子兄弟在捣鬼，小主人脱下鞋子，换了过来。并说："鞋子老大、老二，你们都是按脚的形状做出来的，有各自的位置，一换就不合脚了，知道吗？"

听了小主人的话，鞋子兄弟俩明白了，以后再也不乱换位置了。

四、主题教育活动的环境创设

幼儿园主题教育活动的环境创设，包括物质环境的创设和精神环境的创设。

（一）物质环境的创设

物质环境的创设主要指可见的有形的环境，幼儿园主题教育活动的物质环境主要包括为幼儿园主题教育活动所提供的物质材料、设备、活动场地设施等。

1. 物质材料、设备的提供

(1) 自然物质：沙、石、土、水等，幼儿通过倾倒、触摸、混合、摆弄，可以认识各种物质的属性。

(2) 大肌肉运动的材料和设备：包括车胎、木板、树桩、大型积木、绳子、秋千、滑梯、跷跷板、攀登架、小推车、小三轮车等。这类材料可使幼儿大肌肉群得到锻炼的机会，发展幼儿的体能，也可以鼓励幼儿探索并发展空间概念。

(3) 结构性材料：包括积木、胶粒、插塑、拼板等，可以提供幼儿表达对事物的认识，发展幼儿的想象力、创造力和小肌肉运动的协调能力。

(4) 角色游戏的材料：服装、道具、头饰等，可提供幼儿在假想的情境下表达他们对社会的认识和情感。

(5) 艺术活动的材料：包括各种颜色、笔、剪刀、糨糊、纸盒等。让幼儿表达他们的情感认识，并发展艺术活动的能力。

(6) 科学探究活动的材料：如天平、磁铁、小灯泡、电池等，提供幼儿思维活动发展的机会，培养科学探究的精神。

(7) 图书类：包括幼儿喜欢的各种图书、画册、图片等，培养幼儿阅读的兴趣。

(8) 认识和操作活动的材料：如分类、排序等，发展幼儿数的概念的材料，以及其他如穿珠、编织、套盒等操作活动的材料等。

农村幼儿园可以因地制宜，就地取材，充分合理地利用自然资源及废旧材料。

2. 活动场地的创设

活动场地的创设，主要包括室内活动室和户外活动场。

(1) 室内活动室。从活动室环境创设的要求来看，活动室的布置要做到美观、整洁、宽敞、实用。环境材料的提供应考虑是否适合幼儿年龄特征，并与活动主题相契合。应考虑怎样投入新材料或变换玩法以保持幼儿的兴趣，满足幼儿不断探索的需要；材料和设备提供多少才是适宜，既丰富又不单调；

材料和主题活动如何搭配才有利于促进幼儿多方面发展；所提供的活动和设备的位置如何，是否能引起幼儿的注意，是否相互干扰等。

从室内活动室环境创设的内容来看，主要包括墙壁的装饰、自然角、各种活动区、专用教室的设置等。

①墙壁装饰：可以充分利用幼儿园的走廊、活动室内的墙壁丰富主题活动的内容，创设情境，展示幼儿的作品等。

进行墙壁装饰与美化时，应注意以下几点：

第一，壁面设计要主题突出、色彩鲜明、结构明快。墙壁布置还应和室内空间、光线、色调相适应，使幼儿感到轻松、舒适。

第二，壁面设计要合理、有趣、可变。利于幼儿灵活使用。可设计成立体的、活动的，便于幼儿拿上、拿下，可采用留、变、添、减的方法，为幼儿提供想象、创造的机会。

第三，要鼓励幼儿动手、动脑一起参与设计、布置，幼儿通过参与墙壁装饰的选题、制作、布置过程，获得极好的观察、探索、学习的机会，使他们从多角度受益。

②自然角的布置：自然角就是在幼儿园的室内、窗台或活动室的一角，种植一些植物或饲养一些小动物，为幼儿提供观察、劳动、探索、学习的机会。设置自然角时应注意以下几点：

一是自然角应根据主题活动的要求精心设计，为主题服务，如果单纯为了美化环境摆放一些花花草草，就失去了设置自然角的意义。

二是自然角的内容应随季节变化和活动需要及幼儿的年龄增长不断充实和更新，这样，可增添幼儿新鲜感，激发兴趣。

三是设置自然角要从实际出发，因地制宜，农村幼儿园可充分利用当地的自然资源，尽量选择生活中常见的动植物。

③活动区：利用活动室、睡眠室、走廊、门厅，提供、投放相应的材料和设施，为幼儿创设分区活动的场所。幼儿可以自由地进出各个区域，开展游戏活动。

幼儿园可设置的活动区有社会活动区（娃娃家、医院、市场、马路等），科学活动区（天文、地理、生物、化学、物理等自然现象的观察、试验及数学活动区等），艺术活动区（音乐、美术），语言活动区（阅读、表演故事等），建构操作区（拼、插、搭、小制作等），表演区等。场地大一些的，可设置大的活动区，场地小的，可设置小的活动角，如数学角、图书角、自然角、娃娃家等。有条件的幼儿园可设置共用的大型活动区或专用活动室。

各个活动区的材料应该尽量丰富，种类齐全，投放在幼儿看得见、摸得着的地方。在“医院”区里，有医生和护士的外衣、帽子、手套、口罩、听诊器、药箱和各种娃娃；在“家庭”区里，有适合儿童的桌椅、炉子、冰箱、镜子、橱柜、扫帚、炊具和餐具、抹布等。在科学区里，可以有种类繁多的动植物模型或标本、量杯、勺子、天平等。图书区有沙发、垫子、椅子、录音机、耳机及大量图书等。艺术区应该有塑料布、油漆刷、剪刀、胶水、沙子、镜子、肥皂、纸张、羽毛、毛线、吸管等，显示可塑性和创造性的特点。建构区应有颜色、大小、形状各不相同的空心积木和实心积木、交通工具及交通灯等，反应社会性的特点。

（2）户外活动场地。幼儿在户外活动，可以经常接受空气的温度、湿度的刺激和阳光的照射，呼吸新鲜空气，能够增强对外界环境的适应能力，促进生长发育。户外活动场地可以设置沙池、戏水池、种植园、饲养场、假山、大型玩具等。

①沙池：玩沙区的材料除了装沙用的杯、碗、盆、铲子外，还可有雕塑、组合体、圆环等。

设置沙池时应注意：第一，沙池的设置应大一些，太小的沙池不能满足孩子们玩乐的需求。第二，沙池可方可园，不受地形的限制，只要有幼儿活动的场所就可设置。第三，沙池还要考虑到及时排水，防止沙板结，小型池底边可开排水孔。

②戏水池：戏水也是幼儿非常喜欢的一项活动，它不仅有益于幼儿的身心健康，还能锻炼幼儿的毅力和胆识。设置戏水池时，应注意：第一，水池的深浅要适宜，大小合适，根据幼儿的年龄特点分出深水区和浅水区；第二，要注意水池的安全防范措施，确保幼儿生命安全；第三，要对池水定时进行

消毒，更换，保证用水的清洁卫生。

③种植园和养殖角：种植园应种植易于管理、易见成果的植物，要选择病虫害少、飞絮少、无毒、无刺、无怪味的植物，并要注意植物间的高低搭配，错落有致。还可开辟一些孩子们直接动手管理的小菜园、小花园、小农场等。

在种植园附近，可设置动物饲养场，喂养一些孩子们喜爱的小动物。如兔、鸽子、刺猬、鸟等。引导幼儿细心饲养，注意观察，既为主题活动服务，又使幼儿体验劳动的快乐和收获。

④大型玩具区：这里是孩子们自由选择、自由结伴、自由转换活动内容的场所，幼儿可以尽情地玩耍、嬉戏、娱乐，锻炼了身体、发展了动作，增进了相互交流，获得愉快和满足。大型玩具区可设置滑梯、攀登架、跷跷板、秋千、钻圈、转椅和组合玩具等。这些玩具应造型新颖、色彩鲜艳、结构合理，美观实用。

（二）精神环境的创设

幼儿年龄小，自主性较差，加之善于模仿，辨别能力不强，易受周围环境的影响和感染，所以，良好精神环境的创设，对幼儿的成长有着不可忽视的作用和影响。创设良好的精神环境主要有以下几方面的内容：

1. 树立正确的儿童观和教育观

树立正确的儿童观和教育观就是要对幼儿有真挚的爱，与幼儿有良好的沟通，知道幼儿的需要和想法，并让幼儿理解教师的要求及标准，在教师的正确引导下，愉快地健康地成长。

(1) 热爱、尊重并了解幼儿。只有爱孩子、与孩子建立起亲密的情感关系，才能赢得孩子的尊重和信任，才能获得预期的教育效果。幼儿在爱的环境中可以得到快乐，产生积极的情感和自信，从而转化为接受教育的内部力量。但这种爱应是一种理性关怀，应是原则的、公正的、有理智的和有分寸的。爱幼儿也包括了对幼儿的严格要求，不能任其所欲，迁就放纵。

尊重幼儿就是尊重他们的自尊心，幼儿教师能否保护幼儿的自尊心，将影响到幼儿以后性格的形成。幼儿教师在教育活动过程中，应尊重每一个幼儿，以平等的态度对待每一个幼儿，发挥他们的主动性和积极性，心里充满阳光地健康成长。

（2）为人师表、以身作则。幼儿阶段是奠定人生基础的关键时期，爱模仿是幼儿的天性，教师的举止言行对幼儿时时刻刻都起着潜移默化的影响。在幼儿心中，教师是知识丰富、品德高尚的人，他们把教师当成崇拜的偶像，作为行动的榜样。因此，幼儿教师必须做到心灵美、行为美、语言美、仪表美，时时处处为幼儿做表率。

（3）采用正面教育的方法。幼儿阶段，还处在道德发展的他律阶段，自己不会给自己提出任何要求，不会很好地判断是非，而是成人的行为规则提出来之后，他就去遵守，道德判断也常常依从于成人的要求。因此，幼儿的品德教育也必须是正面的、具体形象的、日积月累、潜移默化的。因此，采用积极鼓励、正面引导是培养幼儿良好品德行为的重要方法。

（4）调动幼儿的主动性和积极性。应使幼儿真正成为活动的主人，让他们亲自动手、动脑、动口，多种感官参与活动。唤起幼儿的注意力和学习兴趣，使幼儿得到一种愉快、成功的体验，并保持一种积极的学习状态。

2. 营造宽松、平等、愉快的精神环境

（1）善待犯了错误的孩子。善待孩子的错误，就意味着宽容和接纳。一个宽容和接纳的心理环境，有助于孩子良好自我意识和个性的发展。而良好的自我意识和个性，又可以鼓励他们形成良好的社会认知、情感和行为。善待孩子的错误，很重要的一点就是要求我们要从孩子自身发展的角度，看待孩子的行为。请看下面的案例。

案例 4－1

让小鱼歇一歇

一天，自由活动的时候，我正在指导美工区的孩子们做折纸。突然，洋洋大声喊道："老师！林丽捞小鱼了！"我应声望去，只见林丽正从鱼缸里往外捞小鱼，而且，已经有一条小鱼被放在了鱼缸外面！

"林丽！你在干什么?!"我大声制止林丽的行为，同时快步走到她的身边。林丽怔怔地站在那里，眼睛惊恐地看着我，很显然，她被我吓着了。

她的眼神使我意识到了自己的态度，我调整了情绪，蹲下身来，降低了声调问：“林丽，你为什么要把小鱼捞出来呢？”林丽怯生生地说：“小鱼游泳游累了，我想让它歇歇。”原来如此！多么可爱的孩子呀！

“可是，小鱼离开了水会死的。”洋洋说。听了洋洋的话，林丽又把目光投向我，仿佛在向我求证。“是的”，我说：“小鱼是生活在水里的动物，它离开了水就像我们人离开了空气一样，会死掉的。你看，小鱼离开了水多难受呀！”

听到这儿，林丽飞快地拿起那条被捞出来的小鱼，把它放在了水里。“林丽真是个好孩子”，我在小朋友们面前表扬了林丽：“她很有爱心，想让小鱼歇一歇，只是不知道小鱼不能离开水，现在知道了，她又把小鱼送回到水里去了。”

林丽听了我的话，不好意思地笑了。

（沧州市第二幼儿园小五班——张　伟）

像林丽小朋友这样，由于生活经验欠缺所犯的错误，在孩子们成长过程中是很常见的。案例中的老师及时调整了自己的情绪，蹲下身来倾听孩子的诉说，给了孩子正确的认知经验和自我纠正错误的机会，赞扬了孩子美好的用意，保护了孩子幼小的心灵。

如果我们每一位老师都能像这位老师一样，学会善待孩子的错误，给孩子一个宽容的心理环境，就能让孩子健康快乐地成长。

（2）和孩子多亲近。孩子对家长有着很强的依恋心理，他们在父母的身边，会感到幸福、快乐、有安全感。当孩子来到幼儿园，顺利地度过分离焦虑期后，他们会本能地将这种依恋向老师身上转移。老师可以根据孩子的这一心理特点，用爱心建立师生之间亲密的情感，这样，孩子们会非常乐意接受老师的教育，而教育也会收到更好的效果。

案例 4－2

老师，抱抱我

“老师，我洗干净了！”“老师，看我的手！”“老师，抱抱我！”看着孩子们高举着洗干净的小手，看着孩子们着急让我抱抱的样子，我的心里充满了幸福感！

过去，每次户外活动回来后，尽管我总在不断地提醒孩子们把手洗干净，可每次总会有些孩子“应付差事”，并设法逃避我的检查，为此我很伤脑筋。怎样才能让孩子们主动洗手呢？我想，孩子们在幼儿园一天，缺少在爸爸妈妈跟前撒娇的机会，如果能得到老师的拥抱，他们肯定会高兴得不得了，所以，户外活动回来后，我告诉孩子们：如果谁把手心、手背、手腕洗都干净，老师就会抱抱他。孩子们听完后，高兴地跳了起来，嘴里还大声喊着“哇塞！”

于是，就出现了文章开头的那一幕。

（沧州市第二幼儿园小三班——冀　敏）

一个拥抱，既满足了孩子们的心理需求，增进了师生间的情感，又达到了教育的目的，的确是一举多得。

(3) 帮孩子学会交往。当一个人融入集体当中，他会体验到被集体接纳和包容的安全感和幸福感，这是一种良性的心理体验。作为老师，我们应当多为孩子提供交往的机会，适当地加以引导，帮助孩子学习交往的技能，优化交往行为，促进孩子健康和谐地发展。

案例 4－3

不受欢迎的孩子

小强年龄偏小，但处处不让人，他喜欢的玩具，别人碰都不能碰一下，入园第一天，他就打哭了班上好几个小朋友，批评过后，他仍旧是我行我素。时间长了，孩子们都不喜欢他，也不愿跟他一起玩。

一天，孩子们用不同的材料尝试垒高。由于所用的材料不同，孩子们分成了四个小组，小强属于第一组。小组长冰冰组织小朋友们用易拉罐和硬纸板搭配垒高，大家都在认真地摆放着。但是小强来回地跑跳，刚垒起来的易拉罐被他踢得乱七八糟。冰冰他们非常生气，说："你别捣乱了。"可小强就是不听。冰冰跑来向我告状："老师，我们不想跟小强玩了。""那好吧。"我同意了冰冰的意见，把小强从第一组叫了过来。

小强从第一组出来后，我请他到其他的组去问一问，看他可以去哪个小组。小强依次问过，结果没有一个小组欢迎他。他很失落，怏怏地回到我的身边。我没有说话，小强也没有说话。我在有意识地让小强体验一下失去朋友的孤独和寂寞。

过了一会儿，我问他："你猜一猜，小朋友们喜欢不喜欢小强？"他说："不喜欢。"我装出疑惑的样子问："嗯？为什么呀？""因为我打人、抢玩具、跟他们捣乱……"小强给自己列举了一大堆"罪状"，而且句句在理，看来小强对自己的行为是有正确认识的，只是缺乏自控力。"那怎样让小朋友们喜欢你呢？"我追问。"我不打人了，也不捣乱了。"小强说。"那好吧，"我说，"你试着跟冰冰他们去说一说，看他们能不能原谅你。"

小强快速来到了第一组，对小组长冰冰说："我不捣乱了，你们还跟我玩吗？"冰冰想了想，又看了看其他小朋友，没有人反对，就说："行！"于是，小强认真地和小朋友们一起活动起来。

（沧州市第二幼儿园中二班——程　野）

让每一个孩子融入集体，体验被集体包容的幸福感，是老师的职责。在这个案例中的老师没有急于批评小强的行为，而是引导他通过体验，尝试、内化，有效地帮助他掌握了交往的规则，提高了他的交往能力，最终帮助他融入到集体当中。

五、主题的预设和生成

主题的预设是指在一学年的开始，依托于一套课程，草拟出一系列长期或短期的相关活动方案，根据对幼儿的了解，以前的经验、对儿童活动的观察、倾听等记录资料，充分讨论方案发展的多种可能性，多种方向，并预留应对临时变化的空间，尽量对主题活动做出周全的设计。

主题的生成，则是超越事先的计划性，诞生于即时的情境中，突发的事件中，也可以根据幼儿在活动中的兴趣、需要和提出的问题，适时向有利于幼儿发展的方向延展。这种生成式主题，是教师和幼儿互动合作的结果。通过自由地发表想法、建议，提出问题，相互启发，在思维的碰撞中产生新的火花、新的主题。

六、主题活动的一般流程

设计主题的活动流程一般包括：

（1）列出主题名称，选择这一主题的理由和大体需要的时间。

（2）确定主题活动总目标。

（3）拟定主题活动纲要。

（4）逐一设计每个活动。

（5）检验或评价方案。

第二节　主题教育活动的改革趋势——主题探究活动

幼儿园教育活动要激发和发展幼儿对周围世界的好奇心、探索周围世界和学习科学技术的兴趣，培养幼儿热爱大自然、关心环境、保护环境的积极情感、态度和行为。主题探究活动能很好地实现这一目标。

一、主题探究活动的概念及特点

（一）幼儿园主题探究活动的概念

探究是一种多层面的活动，它包括：进行观察；提出问题；通过浏览书籍和其他信息资源来了解什么是已经知道的知识；制定调查研究计划；根据实验方面的数据，评价已经知道的知识；用多种手段来搜集、分析和解释数据；提出解答、阐述和预测；交流结果。

美国《国家科学教育标准》中写道：科学探究指的是科学家们用以研究自然界并基于此种研究获得的证据提出种种解释的多种不同途径。科学探究也指学生们用以获取知识、领悟科学的思想观念、领悟科学家们研究自然界所用的方法而进行的各种活动。

幼儿园的主题探究活动，是在教师和幼儿共同组成的学习环境中，让儿童亲身经历科学探究的学习过程。它大致包括：

（1）根据实际情景，观察到的现象和可以获得的信息，从儿童已有的知识、对问题的了解和已具有的科学概念（想法）出发，提出问题。

（2）对问题的解答进行推测。

（3）为证实推测而进行观察或设计实验。

（4）收集证据和整理数据。

（5）得出结论和进行交流。

（6）提出新问题。

（7）将学到的科学知识与日常生活相联系。

（二）幼儿主题探究活动的特点

幼儿的探究需要与自然接触，与真实对话，科学教育应使孩子面对真实，向真实发问，与真实接触。幼儿的科学探究还具有很大的试误性，他们通过探究寻求答案的过程常常需要反复多次，因此要给幼儿充分的时间让他们进行探究。幼儿对事物及其现象的解释受其认知特点和思维水平的限制，常常具有自我中心主义和拟人化的色彩，被成为天真幼稚的理论，具有“非科学性”。幼儿的探究与科学家的探究相比，有以下一些特点：

（1）从探究的兴趣来看：儿童有与生俱来的好奇心，探究的热情与科学家一样强烈。

（2）幼儿和科学家都在一定结构限制内自由探索，但自由的性质和结构的程度不同，科学家处于一定的历史阶段，选择自己熟悉的、感兴趣的研究内容，而幼儿则处于教师设定的环境和材料之中，自由地按自己的想法去支配材料。

（3）他们经历了大致相似的探究和发现过程，但每个环节都有程度上的差异，他们都面对无知，但科学家面对的是人类的无知，而幼儿所面对的是人类已知而他们无知的。他们都运用已有经验提出假设，科学家是在前人研究和自身观察基础上进行推论和假设，文献资料具有重要的意义。而幼儿是在自身经验和观察基础上进行假设。他们都对自己的假设进行验证，但科学家经历漫长的科学发现过程，甚至几代人的努力，而幼儿只是简约式地重演科学发现的过程。他们都要与他人交流和分享发现，但科学家将成果公之与众，供他人分享与验证，他们的成果是人类共同的财富，而幼儿只是在同伴之间、师幼之间进行交流与分享，相互质疑。

二、主题探究活动设计的步骤

韦钰院士将探究式科学教育分为七个步骤：并分别阐述了不同步骤中的教学策略：第一步：提出问题。教师将学生引入情境，让他们观察和获得有关信息，逐步聚焦话题。第二步：进行第一次集体讨论。学生提出对问题答案的推测，经过教师与学生之间、学生与学生之间的讨论，得出学生或小组对问题答案的预测并记录下来。第三步：经过第二次集体讨论，完成实验设计，以进行调查研究，以每个学生或小组为单位，设计如何通过实验或观察来证实自己的预测。第四步：进行实验和观测。鼓励学生直接接触真正的客观世界，运用多种感官去感受现实世界。第五步：处理信息和数据，并把他们转化成实证。第六步：表达和交流。第七步：集体讨论，进行回顾，联系生活实际，提出新的问题。

根据幼儿阶段的年龄特点和教育要求，主题探究活动的设计，可分以下几个步骤：

（一）确定探究的主题，提出问题——幼儿关注问题，进入探究的情境之中

这一阶段主要是让幼儿关注问题，进入探究的情境之中。教师首先要选择适合于幼儿发现的知识经验，这些知识经验必须能反映出某一领域的关键概念，具有方法论意义；同时，又符合幼儿年龄特点和经验水平，能引起幼儿的探究兴趣。

促使幼儿关注问题，进入探究情境的途径有两条：一是对幼儿的兴趣点

和关注点进行教育价值判断，即顺应——生成途径；二是创设既有教育价值又能引起幼儿兴趣的情境，教师将幼儿引入情境，让他们观察和获得有关的信息，逐步明确要探究的问题，即预成——转化途径。

一般而言，幼儿教师多用顺应——生成途径引入科学探究活动。主要指导策略是：在幼儿关注和感兴趣的问题基础上判断、选择和确定适合于幼儿探究的问题。例如，幼儿提出了一系列关于蚂蚁的问题：

（1）蚂蚁住的家有多大？

（2）蚂蚁搬家是怎么回事？

（3）蚂蚁喜欢吃什么？是爱吃豆子吗？

（4）蚂蚁怎样传递信息？

（5）蚂蚁怎样搬运东西？

（6）蚂蚁怎样生宝宝？……

以上这些问题来源于幼儿，是他们的关注点和兴趣所在。教师可以从生物与非生物的区别的角度，引导幼儿建构一些关键概念和经验：如蚂蚁的生长变化、蚂蚁如何适应环境，如何繁殖后代等。从而生成以下要探究的问题：

1．蚂蚁的生活习性

它喜欢住在什么地方？喜欢吃什么味道的东西？怎样搬运食物和储存食物？

2．蚂蚁的繁殖

蚂蚁怎样生宝宝？

要了解幼儿的关注点和兴趣点，教师要激励幼儿多提问题，尊重、鼓励和赞赏幼儿的提问，并多观察幼儿之间的讨论和对话，帮助幼儿理清思路，组织问题，清晰地进行表达。

（二）推测与讨论——孩子们主动建构知识的前提

确定了探究的问题之后，教师要鼓励幼儿对问题的答案进行推测。经过教师与幼儿、幼儿与幼儿之间的讨论，得出小组或自己的预测，并说明依据，用不同的方式记录下来。

教师要积极调动幼儿的原有经验，引导幼儿有依据地预测，而不是胡乱遐想，还要鼓励幼儿同伴间观点的相互碰撞，形成小组间一致的设想。最后形成预测并记录和表征。

（三）进行实验和观测——幼儿学习获得事实依据和实证材料

教师要尽可能让幼儿直接接触实际的客观世界，运用多种感官去感受客观世界；实验要在可重复可控制的情况下进行，对于年幼的孩子来说，变量要尽量单一和容易观测；鼓励幼儿使用简单的定量测量工具。在实验过程中，教师要观察幼儿的做法，思考和判断幼儿的需要和已经达到的水平；要为幼儿提供材料上的支持和帮助；在幼儿遇到挫折和困难时，给予必要的安慰、支持和鼓励。要记录重要的信息，如幼儿的操作特点、主要的观点等，要进行必要的提问，以建议、提问等方式引导孩子们向科学概念和原理迈进。

（四）处理信息和数据，并把它们转换成证据——幼儿学习对事物的客观描述

整理和分析获得的数据和信息，以归纳出现象后面的规律，是科学研究的重要步骤。孩子们可以用图画、符号、表格、简单的文字、照片等多种适宜的方式，记录活动的主要过程和关键步骤，教师要指导幼儿把握好记录的时机和内容，以免错过重要信息。

在观察和实验结束后，幼儿要尝试着将记录的信息进行整理，用适当的、简明的形式把数据、信息转化成证据，这样，更容易看出规律。一定要培养幼儿对事物客观描述和对事实尊重的态度，使幼儿从小养成实事求是、讲求诚信的科学探究精神。

（五）表达和交流——幼儿学习表达自己的发现和感受，并学会倾听别人

在这个阶段，幼儿要组织合理的语言或其他表达方式，设法向别人说明，或是设法说服别人，这是一种重要的思维过程。要让每个幼儿都表达自己的观点，无论观点对与错，要鼓励幼儿之间的争论、补充和切磋，加深他们对所经历的丰富而复杂的实际科学探究过程的感受。

教师的作用是倾听、鼓励并重复幼儿的关键陈述；发现并引导幼儿关注自身探究结果的矛盾和不一致；发现并引导幼儿关注同伴间的差异和不同，勇于提出质疑。学会以开放性的思维接纳别人好的想法和建议。教师综合幼儿的观点，可以选择幼儿的表述方式作为结论的描述，也可以以幼儿的实验为背景，使用比较准确的、幼儿能理解和接受的语言来描述概念和原理。

在这一阶段，教师要引导孩子们把最后的结论和自己最初的想法作对比，从而改进原有的想法，并鼓励幼儿用不同的形式记录下全班最终的结论。一定要让幼儿感受到：结论的得出要以观察和实验中看到的事实为依据。同时，教师也要认识到：幼儿原有观念的改变需要有一个过程，需要一系列的活动和经历才能实现。

三、主题探究活动的环境创设

主题探究活动的环境创设要以能引起幼儿探究的兴趣、便于幼儿操作为原则，突出趣味性和形象性的特点。

（一）投放科学现象明显的材料

在小实验“不塌的纸桥”中，教师提供厚薄不同、折叠成“扇形”或弯成“拱形”的纸张，让幼儿与积木配合搭成一座桥，往桥上放重物，观察哪种“纸桥”力气最大。由于该活动提供了多种材料，各种材料所引发的现象差异不明显，致使幼儿不知道先做什么，后做什么。对纸的厚薄、折叠形状与所放物品多少之间的关系几乎没有察觉。很快转移了注意力，去玩搭积木、折纸飞机等与实验无关的活动。

而在小实验“吹气袋”中，教师提供了小号的保鲜袋，将吸管伸入保鲜袋中，用橡皮筋扎紧，使袋子与吸管的衔接处密封，幼儿通过吸管往袋中吹气，袋子因吹气而膨胀、因漏气而干瘪的现象十分明显。孩子们很感兴趣，他们一会儿吹气，一会儿放气，从而感知与体验到空气的存在，并理解了空气的多少与气袋大小的直接关系。

通过以上两个案例，可以看到幼儿的观察能力处于较低水平，经常只关注到事物的表面特征和非常明显的现象，对多种材料的比较探究和细致观察有困难，因此，应为幼儿提供简单、直观、有趣的材料，以引发幼儿与材料的充分互动，探索事物间的简单关系。

（二）注重材料的生活性

幼儿新经验的获得建立在已有的经验基础上，由于幼儿知识经验较为贫乏，实验和探究的材料来源于他们所熟悉的生活，更容易引起幼儿探究的兴趣和注意力，并建构新的经验。

如小实验“变一变”，选择以“醋”为实验的主要材料开展活动，醋遇苏达粉变出“会冒泡的水”，用醋浸泡鹌鹑蛋变出“没壳儿的蛋”，用醋涂抹PH试纸变出“红色的纸”等。选择以碘酒为材料开展活动，碘酒遇糨糊变出“蓝色的画”，地瓜雕刻的小人。遇碘酒变成“蓝色小妖怪”，再用苏达水洗一洗颜色又消失了等。

上述小实验所选择的材料都是幼儿在生活中所熟悉的，因此，他们倍感亲切，都敢大胆操作，并为这些习以为常的东西能变出那么多有趣的现象而感到惊讶，并在原有认识与新问题的冲突中建构新的经验。

（三）突出材料的操作性

幼儿的思维一定程度上还依赖于自身对物体的动作操作和直接感知，离开了动作操作，他们的注意和思维容易转移。因此，幼儿开展科学小实验活动应更多地选择操作和游戏性强的材料，通过操作和游戏激发幼儿探索的兴趣，支持幼儿持续地感知操作与现象变化间的关系，进而实现科学探究活动的教育目标。

（四）材料的数量要充足

幼儿自我意识的扩展，使生活在集体中的幼儿很容易因玩具、物品的归属而引起争执。

如在小实验“会变色的胸牌”活动中，因“水溶液”是共同使用的，在操作中，幼儿出现了争抢“水溶液”的现象，由于争抢还容易将三种不同性质的“水溶液”混用。影响了实验的效果。教师改进了材料的提供方式，将三个小瓶子用透明胶捆成一排，分别装入三种不同的“水溶液”，并贴上不同颜色的标签加以区分。提供的棉签也贴上与瓶子对应的标志，让每个参与实验的幼儿都有一排属于自己的“神奇的水”和棉签，这样，不仅解决了“争抢”的问题，同时，也避免了因棉签混用而影响实验效果的现象，使幼儿将注意力更多地放在专注操作和观察现象上。

（五）投放的材料要保证幼儿的安全

由于幼儿操作控制能力和自我保护能力都较差，安全意识薄弱，需要教师对幼儿的操作材料做更细致的安全处理或选择替代品，既确保幼儿安全，又支持幼儿的自主探索。

如小实验：“我做汽水”活动中，为避免幼儿将“水”喝入口，教师可不用生活中常见的吸管做搅拌器，而是用塑料棍或筷子代替。小实验“搅泡泡”中所选用的透明鱼缸，选择厚重的、矮胖形状的，以避免碰碎、碰翻。

四、主题探究活动的组织

（一）有效的环境支持——材料与工具

活动前应做好充分的预知设计，首先明确自己将要对“哪类幼儿”提供“哪些支持”以及“怎样支持”，然后创设和提供具有针对性的环境，使幼儿可以根据自己的需要来选择和准备材料与工具。

（二）必要的方法支持——猜想与验证

教师可以通过猜想游戏、谈话、讨论、观察、实验等活动培养幼儿的猜想与验证能力。在科学探究活动中，尽量为幼儿设置适宜的问题情境，鼓励幼儿利用已有经验进行大胆的猜想与假设，与同伴互相质疑，并在操作活动中进行验证。在这个过程中，幼儿不断用观察到的新现象强化、丰富和调整原有认识，从而建构起新的知识经验。

（三）生动的情感支持——认同与惊异

教师应以接纳的态度为幼儿创设平等、自由、充满惊异的探索氛围。一方面，教师在提供帮助之前应首先向幼儿表示认同和理解，使他们明白教师懂得他此刻的感受，并且教师也曾经有过类似的感觉。另一方面，当教师对某一事件表现出惊异时，则会使教师和幼儿处于一种开放的状态，进而引发师幼情感的共鸣和幼儿的认知冲突，促使幼儿敢想、敢说、敢做。

（四）多向的行为支持——关注、参与和交流

教师应对每位幼儿都保持积极的关注，对幼儿的每一次发现、失败、冲突都保持较高的敏感性，使幼儿有一种被支持感。活动中，教师应适时参与幼儿的活动。当幼儿遇到困难时，可给其独立面对问题的时间，同时，观察他们寻求解决问题的途径和资源；若幼儿遇到的困难确实是他们力所不能及的，教师就可以及时介入，通过提问、提供类似经验、提出可供选择的建议等方式对幼儿的行为进行适当的调整和点拨。或者以幼儿伙伴的身份为其做出表率和示范。教师要善于倾听和体验，真正地理解和包容幼儿的不同观点，并通过及时且具有针对性的反馈，帮助幼儿理清思路，为幼儿提供一些新线索，使幼儿有充分的时间和空间去思考和行动，保持探索的信心。

（五）网络化的信息支持——整合与共享

幼儿的主题探究活动需要丰富的信息资源，他们周围的每个角落、每个人，都是其进行科学探索的信息源，主要包括物质资源（如电脑、电视、互联网、光盘、图片、书籍等）和人力资源（如教师、同伴、家长等）两个方面。教师应有意识地帮助幼儿对这些信息源加以整合，使其成为一个立体的网络系统，针对不同时间、不同幼儿的需要帮助他们获取有效的信息。

第五章　幼儿园区角活动的设计与指导

幼儿的成长是个性与共性并行发展的过程。个性与共性共同构成幼儿发展的内容，两者缺一不可。对此，北师大的冯晓霞教授曾做过生动的比喻："共性就像是我们所遵守的交通规则，而个性则是路面上跑的一个个小汽车。"《幼儿园教育指导纲要（试行）》在总则中也明确指出："幼儿园教育应尊重幼儿的人格和权利，尊重幼儿身心特点的规律和学习特点……关注个别差异，促进每个幼儿富有个性的发展。"

毋庸置疑，无论是共性还是个性的发展，都必须通过一定的教育形式来完成。长期以来，我国幼儿园以班级授课制为主要教学组织形式。这种集体教学在促进幼儿共性发展方面具有非常显著的效果。而幼儿的个性发展则成为我国幼儿园教育在很长一段时间内的短板。区角活动由于其自由性、自主性、个性化和指导的间接性等特点，被给予了因材施教、培养幼儿丰富多样个性等方面的许多期待。如何认识、设计和实施区角活动，使其与集体教学形式互相补充甚至相互促进，以最大程度地发挥区角活动这一教学组织形式的价值，是我们在本章所探讨的主要内容。

第一节 幼儿园区角活动概述

场景一：

上午10：00，大一班王老师刚组织完了集体主题活动“绿色家园”。然后把小朋友们5人一组，分别分配到了“娃娃家”、“积木区”、“图书角”等区角进行活动，要求小朋友们开动脑筋，想想自己所在的区角怎么做到“绿色环保”。

场景二：

下午16：30，中一班李老师组织完科学活动“区分生熟鸡蛋”后，宣布小朋友们可以自由活动了。小朋友们进入幼儿园的各个区角，开始自己的活动。而李老师和另外一名配班老师开始收拾教室里的物品，开始为幼儿离园作准备，两人都没有进入区角进行指导。

请问：以上两个场景中的活动是区角活动吗？为什么？

要回答这两个问题，就让我们首先来学习一下区角活动的涵义吧！

一、区角活动的涵义

区角活动是教师利用游戏特征创设环境，让幼儿以个别或小组的方式，自主选择、操作、探索、学习，从而在与环境的相互作用中，利用、积累、修正和表达自己的经验与感受，在获得游戏般体验的同时，获得身体、情感、认知及社会性等各方面发展的一种教育组织形式。

由此，我们可以从这样几个方面来认识区角活动：

（一）区角活动首先是幼儿园教育的一种组织形式

从组织形式上来说，区角活动与集体活动、个别活动一起构成幼儿园的教育组织形式。每种教育组织形式都有自己的优势和不足，对幼儿产生的教育影响也是不同的。区角活动是幼儿园的一种重要的教育组织形式，不是可有可无的。

作为一种教育组织形式，区角活动就必然有着教育的特征：目的性和计划性。但区角活动的目的性与集体活动的目的性在幼儿园的教育中体现是不一样的。区角活动没有全班统一的活动目标，它是根据幼儿的个别情况来设计目标的；此外，区角活动并不为每次活动都设置目标，它的目标比较笼统、宽泛，是方向性的目标。

（二）区角活动充分体现了幼儿在活动中的自主性

区角活动是幼儿“自主选择、操作、探索、学习”的活动。教师不再是“制造兴趣”，把幼儿“填充”进区角，而是提倡幼儿自由选择。活动内容、活动节奏、活动顺序、活动伙伴、活动规则由幼儿自己决定、商量、协调。

但需要注意的是，自主并不意味着不需要教师的指导。自主性指主体能够支配自己的行为，对自己的行为结果负责。自主性的前提是对自己与周围事物的正确认识。自主性行为是通过后天的教育培养而形成的，是社会规范的内化，是主体的一种较稳定的行为特征。教师应有意识地引导和培养幼儿的自主性，如引导幼儿在区角活动中“学会倾听”、“不干扰别人”、“做事有始有终”等。

（三）教师对区角活动的指导具有间接性特点

区角活动是让幼儿“在与环境的相互作用中”获得各方面发展的一种教育组织形式。《幼儿园教育指导纲要（试行）》指出：“环境是重要的教育资源，应通过环境的创设和利用，有效地促进幼儿的发展。”所以，区角环境设计的好坏对于区角活动的效果至关重要。这要求教师重视幼儿的个体体验与感受，减少对区角活动的权威性干预，将自己的主导作用通过环境创设、材料投放、活动内容与形式的建议、伙伴间的影响来加以渗透。

二、区角活动的基本类型

幼儿园的区角活动包括“学习性”区角活动和“游戏性”区角活动两

大类。

“学习性”区角活动更多是以具体物为对象的实物操作活动，其活动目标偏重于发展幼儿对客观事物的好奇心及动手操作探索的愿望、行为与能力，它主要有生活区、表达表现区、探索区等组合而成。

“游戏性”区角活动是基于幼儿对已有生活经验的模仿与创造而展开的，它不仅以物为操作对象，而且在很大程度上可以同伴为对象进行交往活动，因此，其目标也就侧重于发展幼儿的创造性想象及人与人之间社会性交往能力，它主要由角色游戏区、结构游戏区、表演游戏区等组合而成。

三、幼儿园区角活动的意义

（一）区角活动是幼儿园课程不可或缺的组织形式

集体性教育活动长期以来是幼儿园课程的主要载体或唯一载体，虽然它具有便于系统知识的学习和掌握、教育资源的高效利用等特点，但其弊端也显而易见，如不能因材施教，教师的主导作用被夸大或滥用，不利于幼儿的个性发展等。全美幼教协会（NAEYC）在2000年出版的《幼教绿皮书》中指出当前幼儿教育的最大问题是对儿童个别差异的关注不够，一味要求每个孩子在同一时空、以同样的方式学习，教育方式没有真正重视到儿童个别差异的存在，也没有配合儿童的差异去调整教育方式。可见，集体教育活动形式在促进幼儿健康发展中难以“独支大厦”。

（二）区角活动有助于幼儿的个性发展

区角活动之所以受到幼儿的喜欢，其中最大的原因就是它能为幼儿提供较宽松的自由发挥的空间，幼儿可以根据自己的喜好，自由地选择活动区，自由地选择活动材料，自由地操作。对于教育者来说，就是要尊重幼儿的人格和权利，从儿童的需要出发，通过创设更多的区角活动，给幼儿一定的自由的发展空间，让他们自由地去活动，发展自主性。《幼儿园教育指导纲要》指出：“幼儿园应为幼儿提供健康、丰富的生活和活动环境，满足他们多方面发展的需要，使他们在快乐的童年生活中获得有益身心发展的经验。”区角活动正符合这一要求。

（三）区角活动能促进幼儿社会性的发展

社会性是作为社会成员的个体为适应社会生活所表现出的心理和行为特征。即人们为了适应社会生活所形成的行为方式，如对传统价值观的接受，对社会伦理道德的遵从，对文化习俗的尊重以及对各种社会关系的处理等。

社会角色游戏是幼儿园最为常见的区角活动。在角色游戏中，角色的身份不同（如在“娃娃家”中扮演爸爸、妈妈、爷爷、奶奶、孩子等），所说的话、做的动作也各不相同。而家庭成员要进行各种活动，游戏情节也在不断变化。幼儿在游戏中需要不断调整自已，应对各种事件，使自己在游戏中能胜任角色。这样可以使幼儿逐渐摆脱“以自我为中心”，了解和掌握社会行为规范，同时也能学习到不同角色间的交往方式。如“娃娃”与“长辈”的交往、“医生”与“病人”的交往、“营业员”与“顾客”的交往等。此外，幼儿通过在游戏中扮演各种角色，可以逐步认识和理解角色的义务、职责，从中了解到社会交往的行为准则和方式方法，进而增加同情心、责任感，形成良好的品德。例如：“公共汽车”的售票员会把娃娃家中的“爷爷”“奶奶”扶下车，超市里营业员会主动说出“请、谢谢、再见”等礼貌用语。

第二节　幼儿园区角活动的设计与指导

一、区角活动内容的设计

（一）从幼儿的日常生活中寻找题材

《幼儿园教育指导纲要（试行）》指出：“教育活动内容的选择既贴近幼儿的生活来选择幼儿感兴趣的事物和问题，又有助于拓展幼儿的经验和视野。”幼儿在日常生活中的认识、感受、体验是我们组织教育活动的基本依据。此外，现实生活中存在的才是真实的，才容易被幼儿理解和掌握，这是由幼儿的认知发展特点决定的。所以，我们应从幼儿生活的区域、家庭、幼儿园中寻找具有教育价值的符合幼儿兴趣和需要的区角活动内容。如“盖瓶盖”、“买东西”、“盖房子”等。

（二）选择能给幼儿带来操作机会的内容

幼儿的神经系统特点是神经过程兴奋和抑制不平衡，兴奋占优势、易扩散，而抑制过程不完善，所以幼儿活泼好动，注意力不集中。幼儿的这一特点，要求我们在区角活动中，多提供一些使幼儿的大肌肉和小肌肉“动起来”的活动。让幼儿在区角活动中多做一做、动一动、说一说。这样可以使幼儿的大动作和精细动作都能得到锻炼，使幼儿的基本动作能得以训练、巩固、娴熟。这反过来又可以促进幼儿的神经系统发展和思维发展。

操作是幼儿主动学习的重要方法，当形形色色的操作材料呈现在幼儿的面前时，他们能主动与材料发生交互作用，在触、摸、摆弄的过程中有所发现，有所探索，并在发现、探索中有所收获。例如，在玩建构游戏时“小小建筑工们”根据材料的特性变戏法地运用土豆、蒜、萝卜搭建出一座座高楼大厦、蜿蜒的山路；还会用“沙、泥土、石头”修筑一道道战壕，领略一番解放军的风采。

同时操作活动也有利于充分发挥个别幼儿的才能，尤其是一些平时不爱说话易被教师忽视的幼儿，有的往往在实际操作过程中表现出善于思考，动手能力强，并富于创造性。

（三）与主题活动内容相结合

主题活动是一种整合性的活动，具有开放性、综合性、整体性的特点。而区角活动作为幼儿园活动的重要组织形式，也具有开放性、多样性等特点。因此，可以将区角活动与主题活动有效地结合起来，以最大程度挖掘两种活动形式的教育潜能，促进幼儿的自主学习与成长。

1．把区角活动作为主题活动产生的源泉

区角活动是幼儿以个别或小组形式，根据自己学习的兴趣水平、能力、自主选择活动内容和进度的活动，因此，区角活动是观察幼儿兴趣的重要场所。如果在区角活动中，大多数幼儿对某一活动感兴趣，就可以考虑将这一活动形成全班幼儿参与的主题活动，这样区角活动就为主题活动奏响了“序曲”。如在探索活动中，教师发现幼儿对方形圈、半圆形圈、三角形圈会吹出什么样的泡泡产生了兴趣，于是就在主题活动中加入了这些材料，供幼儿探索，幼儿在玩中得出结论：“不管什么形状的器具，吹出来的泡泡都是圆的”，这样幼儿就自然而然地在玩中获得了知识。

2. 将区角活动作为主题活动的组成部分

在以往的主题活动中，教师往往要求全班幼儿围绕内容来开展，事实上，主题活动的目标可以是一个，但活动内容与方式可用区角形式来呈现，这样，区角活动就可成为主题活动的一个组成部分，从而使教师能充分地观察每个幼儿。

3. 将区角活动作为主题活动的延伸

区角活动还可以作为主题活动的延伸而持续发挥其重要的功能。围绕主题活动，教师还可以激发幼儿开展进一步的延伸活动，如：角色游戏、童话剧、故事续编、体育游戏等等，此外，教师还可以组织各区域的活动者进行充分的交流与点评，因为良好的讲评会引发幼儿强烈的学习与模仿兴趣，从而达到有感受共分享，有经验共交流、有问题共探讨。

二、区角活动材料设计

（一）确保活动材料的安全性、丰富性

《幼儿园教育指导纲要（试行）》指出：“幼儿园必须把保护幼儿的生命和促进幼儿的健康放在工作的首位。”在区角活动中，根据教育目标与幼儿的学习活动情况分别提供必备材料与补充材料，同时注意材料的无毒无害、卫生使用，特别是提供废旧材料与自制玩具更应把好消毒关。如创设“小医院”绝不能用废旧医疗器械，“服装厂”里所用的旧挂历、报纸、旧碎布，“餐厅”里用的餐具必须用紫外线消毒，才能提供给孩子们使用。

活动材料过少，会导致幼儿争抢玩具的现象发生。所以，教师应根据区角的活动内容，提供足量的材料和玩具。但注意丰富性对于不同的年龄班有着不同的含义。在小班，为幼儿所提供玩具、材料的种类可以少一些，但同一种类玩具或材料的数量一定要充足。而在大班，为幼儿提供的玩具或材料

的数量可以适当少一些，但种类一定要丰富。

（二）投放材料要有层次性

首先，为不同年龄幼儿，投放层次不同的材料。如在图书角，小班幼儿阅读的图书要画面简单，颜色鲜艳。以家庭生活、幼儿园的生活、小动物的内容为主。情节不宜复杂，篇幅不宜太长。中班幼儿可以阅读一些有关日常生活和人物方面的图书。图书的篇幅可以增加。大班幼儿则可以阅读配有简单文字的图书，图书内容的科学性可有所增加，可以提供较多的知识书和一些寓言故事。

其次，为相同年龄幼儿，投放层次不同的材料。如：中班幼儿的动作更灵活有条理，能积极运用各种感官探究周围世界，理解能力增强等等。但每个孩子的发展是存在差异的，个人的能力、兴趣、学习方式等各不相同。这要求教师在投放材料时根据每名幼儿的发展需要和兴趣爱好分层次的投放。

如：科学区《图形拼拼拼》中，教师投放了三个层次的材料，第一层次的材料有现成瓶盖、小棍，用瓶盖和小棍拼简单的图形，可以满足第一层次幼儿的发展水平，学习拼摆；第二层次的材料有各种不同形状的图形，可以满足达到第二层次的幼儿的发展水平，用不同图形拼摆，发现图形中的组合变化；第三层次的材料是在此基础上添加白纸，鼓励孩子们把自己拼摆的图形记录下来，可以满足达到第三层次幼儿的发展水平，有目的的拼摆并进行简单的记录。

再次，为同一幼儿，也应投放不同层次的材料。

如大班探究“斜面”的活动，教师可以根据幼儿的认知发展规律，细化和分解材料，分三个层次进行投放。第一层次是最基本的材料投放层次，目的是要引导幼儿发现球在平面和斜面上的不同运动方式，因此只需投放平面、斜面和小球；第二层次是在第一次发现的基础上衍生的，应投放可以变换角度的斜面、长度不同的斜面和表面是不同材料（摩擦系数不同）的斜面，引导幼儿比较并发现它们的秘密；第三层次则是鼓励幼儿到“百宝箱”中自主选择除了球体以外的其他物品，如盒子、积木、石块、罐子等，让幼儿尝试比较它们在斜面上的运动方式，将对斜面的研究引向更高层次。

（三）注意调动幼儿使用材料的情趣

情绪和兴趣在幼儿的心理活动中起着重要的动机作用。愉快的情绪往往使幼儿愿意操作材料，不愉快则导致各种消极行为。区角活动中的大量材料，往往是教师和孩子共同收集准备的，它们平常、普通，对现在“玩具几大箱”、“见多识广”的孩子来说，没有多大的诱惑，再加上许多活动都是孩子某一技能的操作练习（如扣扣子、穿线、沿边沿线剪纸等），孩子很容易丧失操作材料的兴趣。所以在材料投入和使用上应注重情趣化，使孩子在区角活动中玩得兴趣盎然。

如在“绕线线”的活动中，练习按一个方向绕线的技能，训练幼儿的手眼协调能力和对颜色的认知能力。教师投入了几个绒毛小动物，以“天冷了，给小动物穿毛衣”的形式展开活动。参与活动的孩子们好像一个个“能工巧匠”，从“穿毛衣”衍生出“戴帽子”、“戴围巾”等活动。活动的游戏化、情节性，淡化了操作活动的单一和枯燥，使得活动饶有趣味地进行。

再如在穿珠子活动中，教师投放了几个大型娃娃，让幼儿把穿好的珠子套到娃娃的脖子上，给娃娃“戴项链”。在分豆豆的活动中，教师投入了房子外形的小盒子，请小朋友给豆宝宝找个家。孩子们边玩边说：“豆宝宝可不要走错门呀！”这些情趣化的材料让孩子们充分体会到了活动的乐趣。

（四）尽量使用自然、环保型材料

农村自然资源丰富，取之不尽，用之不竭，而且自然物没有固定的使用方法，可被用于多种活动，而且能按照个人意图作灵活变通，时时玩出新花样。

1. 自然物

大自然中的材料收集方便，用途广泛，价廉物美。如绿豆、黄豆用来学习数的加减乘除，芦苇杆用来比较长短、粗细，麦杆可以吹画等等，虽然这些都是不起眼的自然物，但却别有一番用途，深受幼儿喜欢。

2. 废旧物

许多废旧材料只需稍做加工，就会变成孩子喜欢的玩具，如让幼儿在雪碧瓶、可乐瓶上贴上眼睛、嘴巴、胡子、尾巴等就会变成一只有趣的小动物。废旧的棉布可以做成布娃娃。水果网兜可以做房子、鱼网、肉串等。

（五）投放能激发幼儿探索性的材料

有意识地将问题隐含在材料中，形成一定问题情境，从而使幼儿在操作材料的过程中感受自然界和社会生活中的现象，发现事物间的简单关系。这样，材料就起到了激发幼儿的探索欲的作用。

如，在科学活动“沉与浮”中，教师投放了积木、弹珠、棉花圈、纸、石头、可乐罐等多种玩具材料，让幼儿操作、尝试，一样样地放进水里，发现规律。在“观察盐水和清水里的鸡蛋”的活动中，教师则准备了两杯水（一杯盐水、一杯清水）、一小撮盐、鸡蛋等，让幼儿自由操作和探究。这样的材料提供了一种探究的环境和气氛，幼儿在没有压力的情况下认识事物、发现规律，他们会情不自禁地叫起来：“为什么我的可乐罐沉了，你的可乐罐却是浮的呢？”“同样是水，为什么一个杯子里的鸡蛋沉下去了，一个却浮在水里呢？”“放一点盐和放多点盐，鸡蛋还会一样吗？”……随着问题的不断涌现，幼儿的探究兴趣会高涨，探究也就会更深入。

三、区角活动空间设计

（一）充分利用农村的自然环境来作区角

农村是天然的大区角，可供幼儿自由嬉戏。广袤的田野、果园是幼儿天然的植物角，教师可以带领幼儿在大自然中观察植物的生长状况，在挖野菜活动中寻找春天的秘密；可以带领幼儿到小河边玩耍，利用河滩上大堆的沙子，进行爬沙比赛，用石头做画，画下可爱的家乡，河边探究“沉与浮”等；爬山爬树活动，在发展幼儿动作的同时，还可以培养坚韧不拔的意志品质。

（二）系统设计幼儿园内部空间

由于幼儿园的空间有限，所以在设置活动区角时必须总体规划，全盘考虑。首先要使各活动区既相对独立，又方便幼儿进行活动的转换。这就需要考虑哪些区角可以放在一起、哪些不可以放在一起。如图书角要求周边环境比较安静，光线好，所以须设置在光线充足的地方，而且不能与比较嘈杂的积木区、音乐表演区、娃娃家等相邻。表演区需要较大的空间，考虑到活动时音量较大，所以安排在走廊的角落里。积木区靠墙设在一个固定的角落，既给幼儿提供了可以充分利用的空间，又可以避免来回走动破坏搭建的物品。资料库的位置与美工区相邻，位于主要道旁，便于各个区角的孩子们查阅。这样动静分割地设置区域，减少了不同活动区幼儿之间的影响，为顺利开展区角活动奠定了基础。

其次，立体设计各个区角。幼儿由于年龄特点，会在地面上趴一趴、椅子上坐一坐、墙角边跪一跪、地中央爬一爬等。所以区角的地面、桌面、墙面既要有安全方面的设计考虑，又要整体和谐，为幼儿营造立体的区角环境。

最后，注意美观、实用。区角活动环境在支撑区角活动顺利开展的同时，还承担着美育的功能。分隔可以直接利用储物柜、桌子、椅子等的不同造型或走向，利用泡沫地块、地毯等不同材质，给人以一种视觉上的自然区分，突破“桌子、椅子排排队”的僵硬布局。这样，既方便幼儿选择与确认自己喜欢的活动，同时便于教师的观察与指导。

四、区角活动的指导策略

（一）营造宽松氛围，发挥幼儿的自主性

区角活动中的活动是幼儿自由选择的游戏，在这样的活动中，幼儿更多的按照自己的兴趣、能力来进行活动，他们自主的选择游戏材料，选择活动内容和合作伙伴。教师在活动中应充分尊重幼儿的主体地位，放手让幼儿创

造性地、主动地活动，推动和激励幼儿在活动中发现问题、解决问题。

案例 5－1

八月的一天，中一班的孩子们在玩“做月饼”的游戏。孩子们用多种工具做了各式各样的月饼。有的用牙签在月饼上画花，有的用模子扣月饼。在做月饼的过程中，充分发挥了幼儿的的创造力。有一种方法启发了教师，如：教师为做月饼的孩子们准备了油，是为了做好了月饼放在模子里好倒出来。在玩的过程中，旭旭没有按照教师的方法去做，他想出了一个好办法，用小棍沾点油，往做好的月饼上抹，然后放在模子里，这样既快又省力。这种方法超越了老师的想法，教师及时地给予他鼓励，树立了他的自信心。在这种宽松的气氛中，发展了幼儿的思维和创造力，使教师也深深体会到教师的指导不能用自己的想法限制幼儿，要充分让幼儿体现角色，投放的材料及指导要体现教育目标。

（二）把握指导的时机，适时介入

幼儿的发展是内因与外因相互作用的过程，而且外因必须通过内因才能起作用。幼儿的发展首先是一个主动发展的过程。所以，幼儿的发展并不是需要教师一直“相伴左右”，而是需要教师的“适时指导”。

案例 5－2

“老师，我还要玩”（中班）

区角活动前，我对孩子们提出了不乱扔材料的要求。区角活动开始了，孩子们自由选择区角玩耍。我发现结构区里的孩子有拿着材料敲打的，有拼了又拆的，有拿着材料到处跑的……不一会儿，材料扔得满地都是。这还了得，怎么能对我的要求置之不理呢？我不满地说：“你们在玩什么？别把材料弄坏了，快把材料收好！”孩子们流露出胆怯的眼神，急忙把材料收进篮子里。虽然没有了刚才的喧闹，但活动也就这样结束了。这时，一直在旁边不愿收材料的皓皓插了一句：“老师，我还要玩！”一语惊醒梦中人，原来我在无意的“做主”中扼杀了孩子们的活动。

孩子的探索学习需要得到老师的支持、帮助，但这并不意味着教师可以不分情况地随意提供帮助。其实只有当幼儿确实因其本身经验与能力的局限，致使探索活动难以继续的时候，才给予一定的支持。所以这就要求老师一定要具有敏锐的观察力和判断力。比如当孩子在很专注、很顺利地进行制作活动时，老师最好不要在此时去打扰他，以免中断孩子的思维、影响孩子的活动。

案例 5－3

“分发天线宝宝”（中班）

实录：益智区内新投放了两盒天线宝宝拼图，引来了许多小朋友关注，大家都争着要拼天线宝宝，区角内乱哄哄的……

分析：新玩具总能得到孩子们的关注，何况是他们很熟悉的天线宝宝。活动一开始就引起了他们的争执，这时教师如果不介入，可能会出现三种情况：

1. 将玩具抢坏；

2. 被较强的孩子霸着玩；

3. 相互协调，合作玩。但三种情况都会使区域活动进入状态的时间延长。

策略：“唉呀！天线宝宝在哭呢！”我用伤心的口吻说，“天线宝宝喜欢你们才来跟你们一起玩的，可是你们这样抢，会把它弄伤的，大家就没得玩了，对吧？”孩子们纷纷点了点头。“那怎么办？我们只有两盒拼图，那么多人想玩？”我问。有孩子说：“我们轮流玩。”“那谁先玩？”一听我这话，孩子们又争着要先玩。“这方法不好，还有什么办法?”我又问。“我们一起玩，放中间，不抢！”“对，可以每个人拼一个，拼完再换。”“这方法不错，可是，你们能保证不抢了吗？”我问，孩子们纷纷点头。“好吧，不能再弄痛天线宝宝了！”我提出了要求。孩子们最后决定一起拼，每人拼一个。很快，一盒天线宝宝的拼图完成了，他们又倒出来重新拼，拼完再弄乱再拼，玩得不亦乐乎。

从上述两个案例，可以看出，教师什么时机介入区角活动，离不开对幼儿区角活动的观察、分析和判断。干预的时机正确，可以扩展和提高孩子的活动内容和层次，反之可能会抑制他们的活动。我们在实践中发现的以下6种情形，可以为教师寻找介入区角活动最佳时机提供参考：

（1）当幼儿并不投入自己所构思的活动想象情境时。

（2）当幼儿难以与别人沟通互动时。

（3）当幼儿一再重复自己原有的活动行为，进一步延伸和扩展有困难时。

（4）当幼儿缺少材料，使活动难以继续时。

（5）当幼儿发生活动技能的困难时。

（6）当游戏中出现负面行为效应时。

（三）适时转换教师角色

《幼儿园教育指导纲要（试行）》指出："教师应成为幼儿的学习活动的支持者、合作者、引导者。"在活动区中教师扮演什么样的角色取决于幼儿的需要。所以在活动区要先观察、再指导。这样可避免教师因不了解活动情景而产生的不合适的干扰幼儿活动的指导行为。

当幼儿操作发生困难时，教师可以以指导者的身份介入。

比如：在超市中，孩子们制作棒棒糖，他们遇到了困难，兴趣大降，教师及时发现并介入和他们一起制作棒棒糖，并示范做的方法，幼儿学会了兴趣也就高了。

当游戏无法深入时，教师就要以引导者的身份介入。

如，一次，当老师看到娃娃家的孩子无所事事，很无聊的样子，老师马上以"客人"的身份进入到娃娃家，原来孩子们觉得每天都是做饭，抱娃娃，收拾房间，太无聊了，于是教师马上介入：今天小舞台有一场非常精彩的表演，孩子们就忙着抱好娃娃去车站坐车到剧院看表演了，看完表演后，又到超市里买食品与零食，参观建筑角的建筑等等，游戏的内容又丰富了起来，老师适当的指导，不仅深入了游戏的开展，还让他们走出家门，加强了与其他游戏区域的联系。

活动中，教师更多地是扮演鼓励者、支持者的身份。有时为了调动幼儿积极性，不管成功与否都要给予积极的鼓励。幼儿之间存在着差异，只要幼儿是主动参与，积极思考的，那不管结果如何，都要给予表扬与鼓励。否则，能力弱的幼儿总是失败，会产生畏惧情绪和自卑感，最后导致对整个游戏失去兴趣。对于这种幼儿，老师一方面对他进行个别指导，帮助他掌握一定的技能，有进步就进行表扬，使他对自己的表现有信心，另外可请能力强的幼儿与他共同游戏，让他也体验游戏的成功。

（四）重视对区角活动结束后的评价

总结评价是区角活动的结束环节，老师首先要明确评价的目的是为了激励，为了导向，也是为了因材施教。评价方式有很多，可以全班进行，也可以分组讨论，也可让幼儿自己评价，不论何种形式的评价，都不应只侧重于结果，而更应侧重于活动的过程。

1. 运用多种形式，帮助幼儿整理零散经验，巩固本次活动的结果，同时激发再次活动的欲望

幼儿的身心发展特点决定了在区角活动中，这次通过探索解决的问题下次可能还是问题，一些错误会重复发生。在区角活动结束后，引导幼儿开展讲述、讨论、分析，帮助幼儿整理获得的零散经验，修正错误经验，可以强化幼儿参与活动的体验和感受，掌握解决问题的多种途径，进而提高下次解决类似问题的效率。如：教师以鼓励性言语来引导幼儿“你的画真漂亮，可以向大家介绍一下你的画吗？你刚才讲的故事很好听，讲给大家听好吗？”这样既能增强幼儿的自信心，又能增加幼儿介绍或展示各种成功的经验。

2. 选择适宜的讲评内容

一般来说，选择的讲评内容是重点观察的内容、观察中发现的显性问题等，但不同年龄段有不同的选择，如小班可从“怎样做”入手，帮助幼儿学

习基本操作方法；而大班可从“为什么这样做、还能怎样做”入手，引导幼儿举一反三。

在活动中若有以下情况出现，一般可将其作为讲评内容：

(1) 投放新材料后，只有部分幼儿发现。

(2) 全体幼儿都已经操作过，即将更换材料。

(3) 幼儿操作时出现观点不同，结果不同。

(4) 幼儿的操作、发现达到某一层次，而材料本身具有多个层次。

(5) 合作活动结束，有显性效果。

(6) 合作活动时发生纠纷，已解决或未解决。

(7) 操作过程出现多途径、多方法。

(8) 不怕困难耐心坚持、反复实践的个案。

(9) 超出原有目标，发现新秘密或作品具有创造性的个案。

(10) 操作中个体遇到困难不能解决。

(11) 活动或游戏规则与操作发生矛盾，需要修改。

(12) 较长时间未出现在讲评中的活动内容和幼儿。

(五) 指导幼儿制定并遵守活动规则

“没有规矩，不成方圆”。活动区是幼儿自由活动的场所，但自由不等于放任，为所欲为，而应该是掌握规则之后的一种自主游戏。活动规则是区角活动顺利进行的保障。区角活动规则往往是不可能一步到位的，而是需要逐步完善、逐步到位的。活动规则制定出来后，应加强宣传教育，在每次活动中都提醒幼儿去遵守，让每个儿童都了解活动规则，并形成遵守规则的习惯。

1. 在活动前提出规则

有些活动规则具有一定的强制性，要求幼儿在活动中务必要遵守，对于这类规则，我们可以在活动前就向幼儿提出来，比如：使用玩具时需要注意的卫生、安全问题，游戏结束后的整理、归放。活动中遇到问题应开动脑筋想办法等。

2. 在自然活动中形成规则

小班的孩子经常会带一些自己的玩具到幼儿园，当区角活动时，他们就在一起玩玩具，有时玩自己的，有时和别的小朋友交换着玩。过了一段时间，通过老师和孩子们一起讨论，班上就逐渐有了一个全体认定的规则：无论是谁，不一定要将自己的玩具给别人玩，但是在玩别人的玩具时，一定要事先征求别人的同意。

3. 在解决问题中建立规则

幼儿在活动中遇到问题时，教师不要急着帮忙解决问题，而应当引导幼儿自主的寻找解决问题的措施，并建立起相应的活动规则。比如，在建构游戏中，孩子们玩得很尽兴，可到最后却没有多少作品展示，这是为什么呢？当教师把问题抛给幼儿后，得到了多种答案。有的说：“我搭了一间漂亮的房子，但被别人捣乱推倒了”，有的说：“收玩具时，我们自己拆掉了”，还有的说：“我快搭完时，自己倒下来了”等等。“那怎么才能让老师看到你们的作品呢？下次玩的时候你来告诉老师好吗？”经过多次玩后，孩子们把发现告诉了我：“玩的时候搭牢一点，建房子时旁边修一条路，别人就不会不小心踩坏了。不要太多人挤在一起，以免撞坏。”在大家的建议下，孩子们掌握了保护作品的方法，同时玩游戏的规则也在不知不觉中产生了。

第六章　幼儿园教育活动的评价

幼儿园教育活动是一种有目的有计划的活动。这个活动是否围绕活动目标而展开，是否能满足社会经济发展的需求，是否反映了正确的儿童观和教育观，有没有达到预期的效果，能不能促进幼儿按照社会对人的要求而健康发展……这一切都需要通过评价来获取答案。因此，评价是幼儿园教育活动整体机构的一个重要组成部分。

案例 6－1

在“认识纸制品”的教育活动结束后，老师进行活动小结，评价所有参与的小朋友说：“小朋友今天讲的真好，通过活动我们知道了纸的用途、生活中有哪些是纸制品以及纸制品与人们生活的密切关系，活动时大家都能大胆发言，希望小朋友们下次继续努力。”

反思：这种评价方式是对所有参与小朋友总的评价，是一种静态的评价。它只是评价了幼儿的表现，幼儿活动的结果，提出下一次的希望。缺少对幼儿活动细节的评价，给幼儿的感觉是空洞、冷漠，对教育活动的内容印象不深，而且只是获得了知识，没有培养幼儿动手、思维、学习的兴趣。

在上述活动案例中，显然对教育活动评价的形式和方法有待进一步完善。那么，在幼儿园的教育活动中，如何进行科学和全面的评价，是需要我们每一位幼教工作者认真思考的问题。掌握一定科学合理的评价理论，了解一些实际的活动评价方法，是新时期幼儿教师的必备能力之一。

第一节　幼儿园教育活动评价的作用和原则

一、幼儿园教育活动评价的作用

对幼儿园教育活动进行评价，可以了解教育活动的目标、计划、内容、过程、方法以及环境、设备、材料等是否适合幼儿的发展水平，是否促进幼儿的身心发展；可以了解幼儿是否达到了预定的教育目标；观察幼儿的兴趣、能力、智力、道德行为、情感和态度；发现每个幼儿的长处和短处，超常儿童和有障碍的儿童；还可以了解幼儿教育活动的过程、方法等存在的问题。从收集的反馈信息中进行分析，不足不利之处，可立即进行调整、修改，以期重新获得良好的教育教学效果、成绩等有利因素，有助于形成教师的成就感，可鼓励教师再接再厉，不断激发教师新的工作情趣，形成教师良好的工作情绪，同样有利于教育教学的效果。

通过教育活动评价，还可利用反馈机制，使幼儿看到自己已有的进步，哪怕是细微点滴的进步，同样能使幼儿感到喜悦，影响到他的自我评价，从而进一步激发幼儿的活动动机和参与教育活动的兴趣和信心，激励幼儿继续学习，从而在教育活动中取得更大进步。

通过评价，还可向家长、幼教工作者和社会人士提供可靠的信息，以促进社会各界对幼儿教育工作的关心。还可以为教育决策部门提供科学而有效的参考资料。

二、幼儿园教育活动评价的原则

（一）一致性

一致性包括两方面的含义：其一是指评价和教育活动的目标是一致的；

其二是指在同一范围内，对相同的评价对象必须用同一的评价标准。

坚持一致性原则是由我国幼儿教育的目的决定的，是和《幼儿园工作规程》（试行）的要求相一致的。《规程》规定的通过体、智、德、美几个方面的教育，“促进每个幼儿的发展”，是我们进行教育活动评价工作的依据、出发点及归宿点。

一致性原则还要求我们对相同的评价对象要用统一标准，体现在一致性原则的不同层次上。对大、中、小班的幼儿应有不同的标准，但是对同一年龄班或同一地区的幼儿教育活动评价，标准必须是一致的。

（二）可比性

可比性是指在一定范围内（如一个区或一个市）进行评价时，要有统一的标准，使本范围内的教育活动都能根据这个标准进行评价，并能进行横向和纵向的评价。可比性原则和一致性原则是相联系的，但一致性原则强调的是一致，而可比性原则强调的则是比较。

要贯彻可比性原则，必须对幼儿园教育活动的各个方面提供具体的明确的可检查的标准，然后各个幼儿园之间及各幼儿园内各班之间才可能互相比较。同样，对评价对象自身以前的状况和现在的情况也可进行比较。

在进行横向比较时，同类幼儿园之间的幼儿进行比较，可以看幼儿各个方面的发展指标。如，考察幼儿的认知发展情况，可把两个或多个幼儿园幼儿认知发展具体达到的指标加以对比。横向比较有助于评出先进，找出差距，促进发展。

纵向比较时，要求注意起点，要看基础，看发展，看提高的幅度，而不能只看与最高水平的距离。这样可以看出一个幼儿或一个班的发展进程。

（三）目的性

目的性是指在进行评价时要有明确的目的。任何一次评价都要有具体的目的，由此才能决定采用什么样的评价标准和评价的具体方法。

目的性原则是由评价本身的性质决定的。我们可以把评价理解成一种管理手段，每一次具体的评价都是对教育系统进行的一次调控。如果评价的目的在于增强教师的责任感，那么在评价时，无论是评价标准的选择，还是评价过程的掌握，都应突出幼儿教师的职责标准。

（四）全面性

全面性是指评价收集的信息要全面，不能片面强调某一项，更不能偏听偏信。只有这样，才能使评价工作更科学、更准确。如对某一教育活动效果的评价，不能只听某个领导或某个专家的意见，还要听取同行的意见，听取广大家长的意见，更要考察所评班幼儿的发展水平，收集方方面面的信息进行分析和归纳，最后作出恰当的评价。

评价的全面性原则还应体现在要全面、充分地反映教育活动目标，反对过分强调某一些因素而忽视其他的因素，以免因为评价的导向性而引起教育教学工作的偏航。

案例 6－2

在音乐游戏过程中，老师对小朋友说："××小朋友动作做得真美。""××小朋友的歌唱得真好。""还有其他小朋友也表现得很好。"

反思：随着新课程的改革实施，赏识教育和激励性评价得到强化，批评成份遗失。活动中出现了教师表扬过多，以致于忽视了教学评价与幼儿全面发展相结合，使评价失去了针对性，影响到幼儿受挫力的培养。没有考虑到"兼顾群体需要"，只一味地运用了正面评价，忽视了负面评价和其他方面的评价。其实，负面评价对幼儿来说，也是非常重要的。如果一个人只想听好话，只想得到表扬，不能承受批评又怎能不断获得进步和发展呢？正确的负面评价有助于幼儿发现、改正自身缺点，培养正确的社会认识。教师应当注意的是在进行负面评价时，"批评时机"的把握以及如何在批评后给予帮助，战胜困难，建立自信等等。

（五）客观性和主动性相结合

客观性是指在评价中，评价者要采取客观的实事求是的态度，科学地确定和使用评价标准。在遵循客观性原则的同时，要注意发挥评价者的主观能动性。

（六）定量和定性评价相结合

定量评价是对活动过程和结果从量的方面进行分析，通过数量化的说明对所评价的现象作出解释。如对幼儿智力发展的评价，就常需用数量化的智力商数来表示。定性评价是对活动过程和结果从质的方面进行分析评价，是通过对现象进行质的深层次的分析做出评价。如对教师的教学责任心评价，就是从质的角度去考察和评价。

（七）评价与指导相结合

评价是按照一定的标准对被评价对象已完成的行为做出判断，评价的结果可以使被评价对象受到启发和教育，从而学有榜样，赶有方向，或吸取教训，引以为戒。如评出一个好的教育活动，可以提供给其他教师学习，甚至可以进行宣传推广。若判断一个教育活动失败，也可以使教师明确自己失败在何处，从而重新研究，争取成功。

要使先进更先进，后进赶先进，就需要将评价和指导工作结合起来。指导是评价的继续和发展，它把评价的结果上升到一定的理论高度加以认识，并根据评价对象所具有的主客观条件，从实际出发，帮助评价对象掌握自身在今后一个时期内发展的方向，扬长避短，争取更大的进步。应该说，在幼儿园教育活动的评价中，有对什么问题的评价，就有对什么问题的指导；从评价到指导，从指导再到评价，循环往复，是提高教育活动质量的有力保证，一个必需的过程。

第二节　幼儿园教育活动评价的范围和类型

一、幼儿园教育活动评价的范围

（一）目标评价

目标评价包括对终极目标、阶段目标和具体活动目标的评价。如课程目标是否符合幼儿园的教育目标，具体的单元设定及目标是否适宜等等。这里主要指具体活动目标的评价。一般从幼儿的身体、认知、社会性等三个方面的发展情况搜集资料，作出个别的和整体的判断。上述三方面的发展，具体是指：

(1) 身体的发展。包括大肌肉动作、小肌肉动作、自我保健和生活能力。

(2) 认知的发展。包括智力、数概念、自然概念和语言的发展。

(3) 社会性发展。包括品德行为、情感与态度、社会交往和个性特征。

(二) 内容评价

包括对数学教育活动、语言教育活动、健康教育活动、科学教育活动、社会教育活动、美术教育活动和音乐教育活动等的评价。这里是指对上述七个领域中的某一个领域或某一个具体教育活动内容的评价，分析它（它们）是否适合该年龄段幼儿的学习。

(三) 过程和方法的评价

一般从对幼儿、教师、环境、材料等方面因素是否积极调动及达到的实际效果等方面进行评价。可以从以下几个方面具体评价。

(1) 活动是否符合幼儿身心状况、时令季节、偶发事件及阶段教学目标的需要。

(2) 幼儿能否积极参与活动。

(3) 活动过程和方法能否激起幼儿与环境、与材料或与他人之间的相互作用。

(4) 幼儿是否有充分的材料和活动的时间。

(5) 活动是否体现了幼儿的主体性地位。

(6) 教师的指导作用发挥得怎样？有无过多干预。

(7) 是否达到预期活动目标？这是评价的关键处。

(四) 环境和材料设备的评价

包括评价心理环境、物质环境、材料设备等方面的创设和选择。

(1) 是否和活动目标一致，适合活动内容及符合幼儿的实际特点。

(2) 是否适合教育活动的开展，具有趣味性、典型性；在数量上能否保证活动进行。

(3) 是否能激发幼儿积极参与活动的愿望；教师是否尊重幼儿；幼儿是否有安全感。

(4) 活动中是否最大限度地利用了材料设备所具有的功能。

(5) 活动区的规划是否适宜，不致产生相互干扰现象。

(6) 活动区内的各种材料是否可供幼儿自由选用。

(7) 材料的摆放是否有利于幼儿拿取。

(8) 材料的布置与收拾整理是否容易进行，是否让幼儿参与布置与收拾整理。

上述四大方面的评价，都必须以教育活动的目标为核心，通过收集量化的和非量化的评价资料来进行量和质的价值判断，以调整活动目标、活动计划（教案）、活动内容、活动方法和活动过程等，为更有效地促进幼儿的身心发展服务。

二、幼儿园教育活动评价的类型

根据不同的分类依据，评价的类型有以下几种。

（一）根据评价的功能和运行时间分类

1. 诊断性评价

诊断性评价是在教育活动之前进行的预测性评价或“事实评价”，目的在于了解幼儿的基础情况，包括对幼儿的智力、技能、行为、能力、个性、情感、态度等等进行诊断，作出判断，为有效制订教育活动计划或解决某些实际问题提供依据。一般在教育活动开展前或在学期初进行这类评价。

2. 形成性评价

形成性评价是在教育过程中持续进行的，目的在于及时地作出反馈性调节，从而调整、修改、补充活动的计划、内容和方法，使教育活动更合理、更完善地开展，促进幼儿的发展。这类评价在教育过程中进行。

3. 终结性评价

终结性评价是在完成某个阶段教育活动之后进行的，目的在于全面了解该阶段教育的结果，对达成目标的程度作出终结性评价，为以后制定教育活动的计划、设计方案提供客观依据。如在进行一学期的教育活动后，对幼儿的发展情况就可通过终结性评价来判断教育活动是否达到预期目标，是否促进了幼儿的发展等。然后分析原因，制定以后的活动计划。终结性评价注重教育活动的结果，基本不涉及过程，是事后的评估。

（二）根据评价的参照体系分类

1. 个体内差异评价

个体内差异评价是指把某类评价对象中的每一个个体的过去和现在相比较，或者将同一评价对象的若干侧面互相比较。如把某个幼儿学期初与学期末的动作发展测试成绩相比较，评价其进步的程度。为了弥补个体内差异评价本身的弊端（如因不作个体之间的比较而容易使被评者产生自我满足，不利于激励适宜的竞争等），故常与相对评价结合起来运用。

2. 相对评价

相对评价是在某一类评价对象中选取一个或若干个作为基准，将该类对象逐一与基准相比较，判断其是否达到基准所具备的特征及其程度。如将某一领域的某一个优秀活动过程作为基准，把同领域的活动过程逐一与之比较、评价，达到基准的程度。在这种情况下，相对评价所依据的标准，一般应在对包括被评对象的总体范围中抽取出的有代表性样本进行标准化测试后才能制定。

3. 绝对评价

绝对评价是以某种既定的目标为参照，目的在于判断个体是否达到这些目标，而不受被评团体的影响与约束，忽略个体状况在团体中所处的位置。绝对评价中应重视稳定的绝对标准的合理性。

4. 定性评价

定性评价是用尽可能切合实际的语言、文字来描述被评对象的性质。

5. 定量评价

定量评价是评价体系中包含的相应的计量体系，以数量来显示对象的性质或功能，或反映其中的数量关系。

定量评价是定性评价的基础，定性评价是定量评价的出发点和结果。只有两者的有机结合，才能作出公正合理的评价。

（三）根据评价的主体分类

1．内部评价

也称自我评价。是被评者通过自我认识和分析，对照某种标准，对自己组织的活动作出判断。由于被评者又是评价的主动参与者，可使评价进程成为自我认识与提高的途径，有利于改进工作，并接受评价结论。

2．外部评价

也称他人评价。是由有关方面人士组成评价小组，或由专门人员实施评价，对被评者某方面的实态进行评价。

以上各种评价，不仅可运用于不同的教育活动，也可运用于教育活动以后的课程。如对幼儿的一日生活的评价、教师素质的评价及幼儿的发展各方面的评价，从而对幼儿园课程内容、方法及效果作出全面的整体的评价。

第三节　幼儿园教育活动的评价方法

无论是对教育活动目标的评价，还是对各个教育活动领域或某个具体的教育活动过程的评价，以及对教育环境和材料的评价，都离不开信息的搜集。搜集信息是做好教育评价的重要一环。评价的方法实际上就是搜集信息的方法。它可分为两大类，即成人评价方法和幼儿评价方法。

一、成人评价的方法

成人评价的方法很多，这里主要介绍打分法和等级法两种。

（一）对有关方面情况进行打分，并根据得分情况来对教师作出评价

案例 6－3

幼儿教师教育教学能力评价表（20 分）

评价时间__________ 评价人__________ 被评价教师__________

①了解每一位幼儿的特质及能力

②设计符合幼儿身心发展特点的方案

③以丰富的情景布置激起幼儿的学习动机

④能事先做好活动所需的各种准备

⑤以丰富的身体动作、表情、语态来组织教育活动

⑥妥善安排集体活动与个别学习的时间

⑦幼儿经常通过亲自探索、操作或实验的方法获得知识，而非由教师直接告知

⑧规划不同的学习角，提供丰富的学习经验

⑨幼儿能在提供的学习区内找到自己想从事的活动，很少有游荡、呆坐的现象

⑩幼儿能随时更换学习区

注：未做到：0 分，尚可：1 分，经常做到：2 分

（二）等级法

等级法是由幼儿园园长或同行按照一定的标准对教师的有关方面情况划分等级，如一级、二级、三级，藉此对他们的工作情况作出评价。

二、幼儿评价的方法

这是对幼儿评价的信息搜集方法，也是评价工作的重点和难点。大致有以下几种。

（一）测验法

1．标准测验

这是由教育专家确定的测验法。测验结果可以和一定标准对照，以测定被评价者的程度。如韦克斯勒量表中对学龄前儿童的测查，包括常识、词汇、图画补缺、算术题、迷津、木块图案、理解等，并有评分标准。标准测验的优点就在于具有客观性和高效度、高信度，有常模可对照，使不同测试对象都可以同一尺度相比较。但是针对性不够。

2．教师自制测验

即教师为了了解本班幼儿在某些方面的发展情况，自己制做一些测验题，对评价对象进行测查。例如，教师为了了解幼儿观察力的发展水平，以便于更好地对幼儿进行观察力的培养，可以自制一个测验——带孩子参观理发店，然后引导孩子描述观察到的事物，根据幼儿的回答对幼儿的观察力作出评价。

①出示理发店图片，问孩子“这是什么地方”，“为什么”，藉此考察幼儿观察的概括性。

②提问“人们去理发店干什么”，根据幼儿说出人们活动项目的多少，评价幼儿观察的精确性、细致性和顺序性。

③提问“理发店内的阿姨、叔叔穿什么颜色的衣服。”

（二）观察法

观察法是指在自然条件下有目的有计划地对观察对象或行为进行考察、记录、分析的一种方法。包括描述观察和抽样观察。

1．描述观察——轶事记录

轶事记录是观察者对可以表现幼儿个性或某个方面发展的有价值、有意义的行为情况所做的记录。轶事记录不受观察时间、地点的限制，凭借文字描述就可记录到幼儿的特定动作和行为或某件事。此法运用起来简单方便，可以为评价提供有意义的资料和客观依据。

做好轶事记录应注意以下几点：

（1）轶事记录力求真实，不可将记录者的意见、解释和事实混淆，避免使用带有主观性的词。

(2) 记录要及时、准确、具体，要将被观察者的行为、言语、周围情景详细记录，并注意记录的完整性。

(3) 记录材料要妥善保存，并尽可能根据被记录者的背景信息作出。

案例 6－4

观察对象：帆帆（男）3 岁 6 个月；静静（女）3 岁 8 个月

观察者：本班教师

观察时间：2009 年 10 月 16 日

观察地点：小班活动室

帆帆和静静午睡后起床，已穿好衣裤，拖着鞋子来到活动室坐下（紧邻）。帆帆说：“夏天，我爸爸带我去海边玩，风可大了。”静静低头在弄鞋袢，没作声。一会儿，突然说：“爸爸带我到上海去玩的。上海的玩具店门口有滑梯，我玩了好长时间。”帆帆看看她，没作答。

2. 抽样观察

抽样观察是观察者根据一定的标准，抽取一定的幼儿来进行观察、记录和研究，从而获得对幼儿行为了解的方法。这种观察要求观察者事先做好周密的计划与准备，观察结果也有较强的可靠性和代表性。

常用的抽样观察包括时间抽样和事件抽样。

(1) 时间抽样观察。是在规定的时间间隔内观察记录预选行为是否实现的方法。它适用于以下条件：一是孩子经常出现的行为；二是容易被观察到的外露行为。

研究者必须首先对有关概念作出明确的含义解释，使其他人对这些概念有共同一致的理解，同时必须有明确的目的。

在运用时间抽样法进行观察之前要做好以下方面工作：

①根据观察目的确定要记录的信息，即幼儿会发生的一些特定行为。

②确定每一观察单元的时间区间。时间区间的长短、间隔及数量多少，因研究目的而定，但主要准则是保证时间样本的代表性。

③事先详细制订好记录表格，并对表格中有关行为类型作出具体的规定和详细的描述。

表 6－1　幼儿攻击性行为观察表

儿童姓名	10：00		10：10		10：20		10：30		10：40		总计	
	K	S	K	S	K	S	K	S	K	S	K	S

观察说明：

• 在 10：00 到 10：40 分的游戏活动时间内，每 10 分钟观察幼儿 30 秒钟。

• 记录幼儿在这 30 秒钟内出现的攻击行为（K 为口头攻击，S 为身体攻击）。

观察内容：在幼儿自由游戏的 40 分钟内，对全班幼儿每隔 10 分钟观察 30 秒钟，记录幼儿的行为表现，分口头攻击和身体（动作）攻击。观察记录表格事先准备好。

（2）事件抽样观察。这是抽样观察并记录某种特定的事件的方法。评价者事先应明确观察的目的，选择所要观察的行为，确立观察的时间、地点，确立记录的项目并设计出方便应用的记录表格。

表 6－2　幼儿“问题言语”发生记录表

幼儿姓名	年龄	性别	问题言语持续时间	开始原因	过程	结果	背景情况

观察目的：幼儿“问题言语”的发生。

观察内容：幼儿在游戏过程中，从问题言语发生开始，记录时间，在记录表上填写相应的情况。

以上几种观察幼儿活动的方法，可使评价者从不同的角度、不同的观察内容、提供的多种信息，去系统评价幼儿园的各种教育活动和教育活动的全部，以及教育活动的目标、内容、手段和方法；评价幼儿身体、认知、社会、情感和态度等多方面的发展，个别幼儿发展的水平等等，以改进教育教学。

在观察中，应做到记录客观，避免主观性，以求实效，为评价提供科学的依据。

（三）谈话法

是调查者通过与被调查者当面交谈来获取信息，进而进行评价的方法。按照谈话方式，谈话法有以下四种。

1. 直接回答问题的谈话

即一种一问一答式的谈话。谈话者把准备好的问题一一提出来，提完一个，让幼儿回答一个。

案例 6－5

让 3～4 岁（小班）幼儿回答下列问题

- 你叫什么名字？
- 你今年几岁了？
- 你的生日是哪一天？
- 你是男孩还是女孩？
- 你家住在什么地方？
- 你爸爸、妈妈叫什么名字？
- 你爷爷、奶奶叫什么名字？
- 你知道自己的幼儿园在什么地方吗？
- 你知道自己上的是哪个班？

评价标准：

优秀　正确回答 8 个问题以上。

良好　正确回答 6～7 个问题。

尚可　正确回答 3～5 个问题。

较差　正确回答 2 个以下问题。

评价目的：评价幼儿的自我意识

2. 选择答案的谈话

指谈话者把询问的内容预先拟定成具体的选择题，以便供被调查者选择，从而进行评价。

例如，让幼儿说出最喜欢玩幼儿园的什么地方。（游戏室、科学发现室、电脑房等）

进行这类评价时，应尽量考虑供幼儿选择的答案的简单性，不易让幼儿遗忘。有时为了防止幼儿遗忘，还可以适当辅之以实物、照片和图片。

3. 自由回答的谈话

即围绕着一个或几个问题进行回答，直到了解问题为止。对于教师对孩子的态度、责任心等方面的评价，可用这种方法。

案例 6－6

幼儿对教师的评价

- 你最喜欢班上哪位老师？
- 你为什么喜欢这个老师？

进行这种评价方法时，需给孩子营造一个自然、轻松的氛围，消除孩子的紧张性，甚至可请家长代问孩子并记录幼儿的回答。

4. 自然谈话

自然谈话是一种没有具体顺序和回答形式的谈话方法，常在解决幼儿之间的矛盾时使用。

（四）笔试法

这类方法在幼儿阶段尽量少用，偶尔用之也一般以短小的问题、简单的符号或数字作回答，以了解幼儿是否达到具体的目标。评价者在测试时可伴有口头语言。有以下几种测试方法。

1. 问题测试

案例 6－7

5＋3＝？　　45＋2＝？　　4＋？＝8

目的是了解幼儿的运算能力。

2. 是非测试题

要求幼儿在□中划“√”或“×”。

案例 6－8

鸭子和鸡都在水里游。　×

目的是了解幼儿的正确知识。

3. 选择测试题

要求幼儿在供选择的答案后的□中，划“√”。

案例 6－9

青蛙是由

①青虫变的　□

②小蝌蚪变的　□

③小蚕宝宝变的　□

目的是了解幼儿的正确知识。

选择测试法能评价幼儿对概念的理解和分析、判断、推理能力，较受幼儿喜欢

4．匹配测试题

这是一种简单的测试，趋向于测试幼儿的最初记忆。它较适用于了解幼儿认识事物和事物间关系的能力。

案例 6－10

要求幼儿在下列两组图画间划一条线进行匹配。

荷花（图）	西瓜地（图）
花生果实（图）	水（图）
苹果（图）	泥土地下（图）
西瓜（图）	苹果树（图）

以上几种测试方法，在设计问题时应注意以下几个方面：

(1) 尽可能注意评价目标。

(2) 应能导致幼儿的最佳思考和努力。

(3) 应有可能实现的目标。

(4) 应有一个合适的样本。

(5) 应有高效性和高可靠性。

(6) 题目应谨慎地用语言表达清楚，不含糊、混淆，不给任何暗示。

(7) 题目应有不同的难度。

(8) 给予简单、清楚和完全的指导语。

(9) 容易迅速评分。

(五) 个案研究法

个案研究法是选择一个或多个幼儿作为研究的对象，对他们进行追踪，搜集有关资料，分析研究对象的问题、特点及形成原因，以便采取相应的有效措施。运用此种方法时，需要综合运用观察、调查、问卷、谈话及作品分

析等多种方法。多以观察为主要方法。

使用个案研究，可以帮助我们了解幼儿产生某些问题的原因，为我们进行评价、测量幼儿生长、发展、变化提供有关信息，为我们给幼儿制定适当的教育措施提供帮助。

案例 6-11

幼儿的自然情况（性别、年龄及所在幼儿园）

家庭背景（父母情况、经济状况等）

幼儿园情况

幼儿活动模式

幼儿各方面的发展情况

幼儿的社会交往情况

幼儿的生活习惯

幼儿使用的各种材料

另外，还可参考过去为孩子治病的医生的报告，听取家长、教师和幼儿同伴的意见。

在记录上述信息时，我们要注意尽可能地客观、准确和详尽。当我们积累了一定数量的资料后，就可进行分析，从中发现幼儿的行为模式或问题形成的原因。

教育评价是一项系统的复杂的工作。为了有效地进行幼儿教育活动评价，可多种方法结合运用，从各个角度搜集有关信息，为评价提供客观依据，以作出可靠的价值判断。

第七章　中外著名学前教育课程中教育活动的设计

第一节　西方国家著名学前教育课程中教育活动的设计

一、福禄贝尔课程中教育活动的设计

福禄贝尔（1782～1852），出生在德国一个美丽的村庄。1805 年去葡萄牙开始了他的教育生涯，他深受夸美纽斯以及裴斯泰洛齐教育理论的影响，逐步形成了其特有的幼儿教育思想。1837 年，年已五十五岁的福禄贝尔开始从事幼儿教育工作。1839 年，他开设了幼儿教育辅导学习班，设置了游戏场所。1840 年将此游戏场所命名为幼儿园，成为世界上最早的幼儿园，福禄贝尔也为此被后人誉为幼儿教育之父。福禄贝尔的幼儿园的概念是绿色家园，是让所有生命都健康成长，使幼儿与大自然和谐统一，让幼儿的生命经历变得丰富多彩，都能成为杰出人才。

（一）福禄贝尔课程主要内容

1. 自然教育方面的课程

他主张让儿童定期到户外接触大自然，他认为儿童有理解动植物内在生命和精神的渴望，其心灵也有自然的天性，由此他建议教师“至少每周一次带领儿童到野外去，让他们仔细观察和理解自然向他们显示的景色”，与儿童共同努力把自然的生命和精神吸收到自己的思想意识中，并让其在自己身上发生作用，保护和培养儿童热爱自然之心。此外，要让儿童认识周围的事物。对儿童来说，最有意义的和最熟悉的事物就是存在于自己周围的事物，福禄贝尔认为认识自然即从最近的周围事物开始，依次从比较近的、比较熟悉的往比较远的和比较不熟悉的事物过渡。他要求教师应用直观的方式向儿童解释事物逐步到概括事物，引导儿童去思考，直至本质的认识。他强调在教学的过程中，教师应注意师幼的互动和生成课程的意义。

2. 数学教育方面的课程

首先是引导儿童对力与空间的认识。在对力与多面体的认识方面，福禄贝尔通过数学中的多面体图形来说明自然界的法则。在对空间的认知方面，首先借助积木，在教学中积木应用的方式随着儿童的逐渐发展而发展。其次是认识图形，垂直线和水平线是帮助人们观察和理解每一种形状的媒介，认识图形，更好地理解周围环境有重要意义。其次是对数的认识。在具体教学过程中，他认为，一是要把数作为一个连续的整体来表现和观察，同时在练习的过程中要重视语言的作用；二是要在日常生活中应注意随时利用周围的物体引导儿童获得数的一些概念，例如数玩具，让儿童知道“一个”和“许多”的概念。

3. 语言教育方面的课程

福禄贝尔认为语言是生命的表现，即“通过外化了的东西自动地向外说明和表现自己内在的东西”。而学前儿童需要精神活动，特别是需要与身体活动一致的精神活动，在活动中被激起的内部生命应立刻有一个外部的事物，使儿童能借其表现自己。福禄贝尔认为适合儿童需要的这个外部事物就是童话、诗歌、寓言、故事等。这些方面的表现都与儿童心理发展过程和情感体验直接相联系，当童话、诗歌、寓言的内容符合儿童的生活和审美标准时，儿童就会不断地去听、去模仿，在这个过程中儿童主动地去感受、理解其中的内涵，转化成自己的精神内在，同时也会激发儿童的创造力，借助语言去表达自己的感受，从而提高自己的语言表达能力。

4. 艺术教育方面的课程

儿童都有自我表现、自我发展和自我观察的欲求。福禄贝尔认为满足这种欲求的方式就是音乐、绘画、雕塑等艺术方式。其主要的课程内容有：音乐是通过纯粹的音响来表现的艺术，其中主要的是唱歌，绘画即通过纯粹的色彩对视觉进行表现的艺术，雕塑即通过物质的造型和塑造空间表现的艺术。他认为设置这些课程的目的不是让儿童成为艺术家，而是“使每个人按照各自的本质充分地、全面地发展起来，使他能够从人的本质的全面性和全能性上去认识人，特别是要使每个人懂得观察和鉴赏真正的艺术作品”。

（二）福禄贝尔课程实施的基本原则

1. 确保儿童能够自主自由地进行活动

成人应相信儿童有自主游戏并从中获得快乐和发展的能力，不要随意干涉和阻止。儿童作为正在成型中的人，就其秉性而言，是追求至善的，也会自然地利用自身的天赋完善自己。但同时，儿童尚未成熟，家长和教师应多观察儿童的活动，并适时指导和保护儿童的活动。

2. 幼儿是在游戏活动中学习和发展的

福禄贝尔认为游戏活动使儿童的生命统一。为此他制定了儿童游戏的整个体系：一是运用他为儿童设计的玩具即“恩物”；二是让儿童模仿家庭生活和社会生活中的事物和现象，如在土堆上建造一个花园、一条长凳，种植花草并培育它们，等等。

3. 重视语言在教育课程中的重要意义

福禄贝尔受新人文主义思想的影响，认为不论是在语言、数学、艺术的学习中，还是在儿童的活动游戏中，都应强调成人与儿童的对话，通过对事物名称或意义的重复使儿童加深对学习对象的理解，从而获得精神的成长。同时，成人也应积极鼓励儿童用语言表达自己对事物的认识和观点，既可锻炼儿童的语言表达能力，也能激发儿童进一步探索世界的兴趣。

（三）福禄贝尔课程思想教育价值

1. 重视知识的经验性和整体性

福禄贝尔的教育目标是培养追随上帝精神并身心统一的人。在课程设置方面，他以儿童的需要为前提，设置宗教、科学、艺术、语言等课程，重视儿童的全面发展。在课程内容的选择上，侧重于增加儿童的经验性的活动，最突出的一点就是让儿童充分地接触周围的事物和自然，如到山上、谷地或平地上去观察、感受；如利用周围的材料构建自己熟悉的物体，在建构的过程中，儿童了解和协调与同伴的合作，同时获得生活的经验，使内心和外界达到统一，拥有完整的人格。

2. 肯定儿童具有向善的天赋，尊重其本性

作为性善论者，福禄贝尔肯定了儿童本身所具有的能力和善良的品行，并设置课程教学加以挖掘，认为儿童不良的行为都源于外部环境的压制和扭曲，注重教育应从内部到外部，顺应儿童的本性和需要。

3. 重视环境的教育作用

在家庭的教育中，福禄贝尔强调儿童与母亲关系的重要性。母亲出自天性以及喂养的关系，更易与幼儿建立亲密依赖的关系，这也是儿童与外界建立联系的最重要的基础，同时这种母爱也会带动幼儿与父亲和兄弟姐妹之间的感情，从而扩展到对人类的爱。在自然环境中，强调儿童一定要亲近自然，主张建立儿童园地，让儿童用这些材料满足于自己的塑造冲动，这个过程也是儿童的内心状态与外部环境相统一的过程，同时在与同伴合作中发展自己的规则意识。

（四）福禄贝尔课程思想的局限性

福禄贝尔的课程观指导思想是唯心的，他的课程理论带有神秘主义色彩，这阻碍了他的教育理论的科学发展。特别是他所创立的反映“上帝本质”的游戏体系，设立很多游戏规则，易导致机械主义，不利于发展儿童的创造性。福禄贝尔特别强调儿童必须去认识上帝，掌握宗教知识，认为上帝是终极的真理，这些局限性的内容与他当时所处的时代是密不可分的，但这并不妨碍

他对世界学前儿童教育领域的积极影响力及其奠定的重要基础。

二、蒙台梭利课程中教育活动的设计

蒙台梭利（1870～1952）是继福禄贝尔之后又一位杰出的幼儿教育家。她最初研究智力缺陷儿童的心理和教育问题，后来创办“儿童之家”，致力于正常儿童的教育实验。她撰写幼儿教育著作，开办国际训练课程，对世界各国的幼儿教育产生了深刻的影响，促进了现代幼儿教育的改革和发展。

（一）蒙台梭利课程的基本理念

1. 让幼儿自己做，也就是所谓的“不教的教育 ”

蒙台梭利反对以教师为中心的灌输式教学，主张由日常生活训练着手配合良好的学习环境、丰富的教育，让儿童自发地主动学习，自己建构完善的人格。

2. 把握儿童的敏感期

根据蒙台梭利对婴幼儿的观察与研究，归纳出了九种幼儿的敏感期，即语言敏感期（0～6 岁）、秩序敏感期（2～4 岁）、感官敏感期（0～6 岁）、对细微事物感兴趣的敏感期（1.5～4 岁）、动作敏感期（0～6 岁）、社会规范敏感期（2.5～6 岁）、书写敏感期（3.5～4.5 岁）、阅读敏感期（4.5～5.5 岁）、文化敏感期（6～9 岁）。对幼儿来说，若在某种特性的敏感期学习该特性，要比他在生命中的其他时期学习该特性来得容易。蒙台梭利环境运用了这些事实，让孩子在各阶段的敏感期，自由选择活动。

3. 教师扮演导师的角色

在蒙台梭利的课程当中，教师称之为导师，他必须对孩子的心灵世界有深刻的认识与了解，对于孩子发展状况了如指掌，才能提供孩子适时、适性的协助与指导。

4. 完全人格的培养

完全人格的培养是蒙台梭利课程所追求的目标。教育者头脑中应该具有的关于儿童发展的理想形象——具有完全人格的儿童。蒙台梭利的课程当中试图通过一个个孤立的感觉训练达到儿童完全人格的培养。蒙氏教育的最终目的是协助孩子正常化，透过环境的设计，教具的操作，使孩子一步步建构完善的人格。

5. 混龄教育

所谓混龄教育，就是把3～6岁不同年龄的孩子放在同一个班内游戏、生活和学习。开设的目的就是扩大幼儿的接触面，有更多的机会和不同年龄儿童相互交往，在这一过程中学习与人交往的正确态度和技能，学会关心、分享、轮流合作等社会行为，为形成积极健康的个性奠定基础。

6. 丰富的教材与教具

这是蒙台梭利课程的一个很重要的标志。所谓蒙台梭利的课程就是幼儿操作教具的过程，因此，教具的丰富是进行蒙台梭利课程的必要条件之一，但这些教具并非是教师用来教学的工具，而是孩子工作的材料。孩子通过这些工具，从自我重复操作练习中建构完善的人格。

蒙台梭利强调感官训练必须由儿童自己控制某些教具来进行。为此，蒙台梭利特别设计和制作了一整套进行各种感官训练的教具。例如，蒙台梭利为专门训练儿童视感知能力制作的一套教具是：一块木板上有十个大小不等的孔，每个孔相对于一个圆柱体，每个圆柱体的直径只相差一毫米。在利用这套教具进行训练时，要求儿童能正确地把混杂在一起的各个圆柱体放入相应的孔中。儿童如果把一个圆柱体放入一个比它小的孔时，则放不进；如果把它放入一个比它大的孔中，最终至少会留下一个圆柱体放不进某一个孔里。儿童通过反复运用这套教具进行练习，不断比较判断，不断纠正视感知控制的错误，其视感知能力的精确性和敏锐性就会得到训练和提高。蒙台梭利要求对儿童进行每一种感官训练，都要有与之相适合的一套教具，且要由一套循序渐进的练习组成。因此，根据每个幼儿的特征，蒙台梭利都设计了相对应的教具，可见教具的丰富性。

案例 7－1

中班蒙氏阅读《小鞋子》

课程目标：让幼儿初步了解诗歌内容，并能认识汉字字卡。

重点认读：鞋子　脚丫　顽皮　热情　拥抱

活动准备：挂图一张，汉字卡片，诗歌碟片。

活动过程：走线。

线上游戏：穿脱鞋游戏，我们都是中班小朋友了，在家里要养成自己动手的习惯，做些力所能及的事情，那老师问小朋友会自己穿衣服的请举手？自己穿鞋子呢？老师现在要考考你们谁能在最短的时间里脱掉你的鞋子并能最快的速度穿上？

刚才小朋友真棒，今天我们就来学一个跟鞋子有关的诗歌《小鞋子》，小朋友竖起小耳朵仔细听，待会告诉老师你听到了哪句话？

播放小鞋子碟片。

请幼儿回答问题，并根据幼儿回答情况教师范读，同时根据课文内内容出示字卡。

发放课本让幼儿自己阅读，教师个别指导。

幼儿用不同语气读出课文。例如小花猫轻轻的，大老虎声音等。

字卡游戏：拍一拍：教师拿字卡幼儿读的同时用手去拍字卡，教师可适当闪躲字卡。

大家一起玩：教师把字卡发给幼儿，叫到哪个字卡哪个小朋友把字卡拿出来，小朋友小朋友我问你：××在哪里？老师老师告诉你××在这里。

根据字卡作动作：教师出示鞋子，小朋友把鞋子伸出给老师看。出示拥抱，两个小朋友抱一抱等。

活动延伸：幼儿回家有感情读诗歌并能正确读出字卡。

（二）蒙台梭利课程思想的局限性

1．孤立的感官训练

蒙台梭利强调孤立地训练各种感官。她设计的每一感官教具均是针对一个特定感官的，她要求儿童在接受不同的感官刺激时，将注意力集中在特定的感官上，通过对各种感官的“困难度孤立”的训练，发展儿童的感知能力。这是一种严重脱离现实生活也脱离实际的做法。世界上仅具一种特征的事物几乎是不存在的，人在认知事物时，也总是把它当作一个整体而不是部分来反映的。从这个意义上说，孤立的感官训练也许适合那些有智力障碍的儿童，却不适合广大发展正常的儿童。

2. 对创造力的忽视

首先，蒙台梭利虽然强调在操作教具时给儿童自由，但这种自由只是选择教具和选择操作时间上的自由，儿童在操作教具的方法、规则上则没有自由。因为蒙台梭利教具的操作步骤和方法是固定的，儿童不能改变。她要求的只是让儿童按照某种固定的步骤和方式不断地进行重复练习，这十分不利于幼儿创造力的发展。其次，在蒙台梭利教育方案中缺乏最能发展儿童创造力的自由艺术教育。在蒙氏教室中，虽然孩子也使用艺术教具，但已被指定在既定的目标上创作，只强调技巧及实体复制的做法，这也反映出蒙氏教育对创造力的忽视。

3. 过于强调读、写、算，忽视幼儿实际的生活经验

4. 缺乏增进社会互动与发展语言的机会

蒙氏方案中强调个人特色，强调每个孩子依据自己的需要选择教具、材料，自己进行操作，自我发展，因而缺乏与同伴协商和合作的机会。这对于儿童的社会交往技能和语言的发展显然是不利的。

针对以上蒙氏教育所存在的局限，新一代的蒙氏教育思想的追随者对原有的方案进行了改进和发展。主要表现为：

（1）扩展了课程内容。将蒙台梭利教育方案中的原有的五大领域扩展为十大领域，分别为：日常生活训练，感觉教育，语言教育，数学教育，文化教育，体能（大肌肉活动），音乐教育，美术教育，戏剧（角色扮演），社会教育（包括社会交往技能的练习）。

（2）强调课程的实质，而非形式。现代的一些蒙台梭利教育方案的使用者，强调把握蒙氏课程的实质，即回应学习者，支持他们与环境的相互作用，而不要过于拘泥于形式。

（3）关注儿童的现实生活与经验。针对蒙氏方案脱离生活的做法，一些课程设计者将蒙台梭利教育方案与单元主题方案有机结合起来，称为“蒙台梭利幼儿单元活动”。在“蒙台梭利幼儿单元活动”课程中，单元主题活动的

主题往往是来自于幼儿实际的生活，这在一定程度上弥补了蒙氏方案在这方面的不足。在作息安排上，基本上沿用了蒙氏教室的作息安排，只不过对其原有的时间段的活动安排进行了一些改动，如蒙氏上午团体时间成了单元主题活动的时间，下午仍保留原有的活动，如讲故事等。当然故事也可以结合当时进行的主题加以选择，或进行一些唱歌律动活动。另外，在工作时间幼儿可以选择蒙氏教具，也可以选择与单元主题有关的工作，这主要看其内在兴趣与敏感度而定。

三、直接教学课程中教育活动的设计

直接教学模式的主要目标是帮助儿童获得进入小学所需要的读、写、算的基本技能，并通过学业上的成就，发展儿童的自信心，增强自尊心。在那个时代，大多数早期教育课程的目标都是针对发展儿童的认知、社会和情绪、情感的技能，而这种课程却完全关注儿童在学校中获得成功需要些什么，并指导教师如何修正儿童的行为。这种课程模式独处于其他许多种课程模式之外，它为行为主义心理学家们所喝彩，而被儿童发展心理学家们所嘲笑。

（一）BE 直接教学模式

BE 直接教学模式是贝瑞特和恩格尔门为帮助 4～6 岁低收入家庭的儿童在学业上能够追上中产阶级家庭出身的儿童所设计的教育方案。贝瑞特和恩格尔门认为，学业失败的补救方法是补偿教育，贫困家庭出身的儿童之所以在学业上失败，就是因为他们在学前儿童阶段没有被教以获得较高智商分数所需的知识和技能，学前教育机构的课程应该设计成为能够帮助儿童克服由于经验不足而导致的学业失败问题。

BE 直接教学模式确定了 15 个教学目标，它们是：

（1）能用肯定句和否定句回答问题，如：教师问："这是什么？"儿童能回答："这是一个球。""这不是一本书。"

（2）能用肯定句和否定句对"告诉我有关这件东西"作出反应："这支笔是红色的。它不是蓝色的。"

（3）掌握至少 4 个概念组，如：大—小、上—下、长—短、胖—瘦，能掌握它们的相反意义，例如："它不是大的，它一定是小的。"

(4) 具有能准确运用介词（如：on，in，under，over，between 等）的能力。

(5) 具有能讲出 4 种物体正反例子的能力，例如：工具、武器、家畜、车辆等，儿童能讲"枪是武器"，"牛不是武器"等。

(6) 具有简单的演绎"如果……那么……"的能力。例如，教师对儿童出示画有两种正方形的图片，大的正方形是红色的，小的是其他颜色的，教师问儿童："如果正方形是大的，那么你还知道它们些什么?"儿童能回答："它们是红色的。"

(7) 具有否定演绎的能力。例如，教师问："如果正方形是小的，那么你还知道它们些什么?"儿童能回答："它们不是红色的。"

(8) 具有在简单的演绎中运用"或者"的能力。例如，教师问："如果正方形是小的，它们又不是红色的，那么你还知道它们些什么?"儿童能回答："它们是蓝色的，或者是黄色的。"

(9) 具有能命名基色（红、绿、蓝）和白、黑、褐色的能力。

(10) 在没有帮助的情况下，能大声数数到 20；在有帮助的情况下，以 10 为单位，能数数到 100。

(11) 具有正确数物体到 10 的能力。

(12) 具有认识和讲出元音和至少 15 个辅音的能力。

(13) 具有从图片中区分出印刷字词的能力。

(14) 能讲出一个词，能使它以某种方式与给予的词押韵。

(15) 能视读由 4 个或 4 个以上的字母组成的词，能使印刷的词和口语的词有同样的意义。

在教学方法上，BE 直接教学模式有以下五个方面的特征：

(1) 快节奏。在 20 分钟的课时中，往往会向儿童呈现 5 个或 5 个以上的学习任务，要求每个儿童所需要产生的反应可达 500 个。

(2) 将与任务无关的行为减少到最低程度。

(3) 特别强调口语反应。

(4) 课程由计划好的小步递进的教学单元和儿童在教学中的反馈组成。

(5) 课程对儿童严格要求，要求儿童集中注意力，努力学习，并给予奖励。

案例 7－2

中班语言训练

教师：这是一辆轿车。(儿童重复句子)

这不是一辆轿车。(儿童重复句子)

教师：这是一辆轿车吗?(手里拿着一辆玩具轿车)

儿童：是的，这是一辆轿车。

教师：这是一辆轿车吗?(手里拿着一辆玩具卡车)

儿童：不，这不是一辆轿车。

教师：这是一辆卡车。(儿童重复句子)

(向儿童展示几种类型的汽车，儿童重复所教的句子)

教师：这把叉不是一辆卡车。(儿童重复句子)

(向儿童展示几种不是卡车的东西，儿童重复所教的句子)

教师：轿车是汽车吗?

儿童：是的，轿车是汽车。

教师：这把叉是汽车吗?

儿童：不，这把叉不是汽车。

在练习了这些句型以后，教师对汽车下一个定义，他会说："汽车有轮子，你能坐在里面驾驶它。"如果儿童错误理解，将风筝看成汽车，教师可以运用以下方式向儿童提问：

教师：风筝有轮子吗?

儿童：没有。

教师：你能在风筝里驾驶它吗?

儿童：不能。

教师：风筝是汽车吗？

儿童：不，风筝不是汽车。

（二）DI直接教学模式

DI直接教学模式是恩格尔门和贝克为5～8岁（幼儿园到小学三年级）儿童设计的课程方案。其主要目标是帮助儿童获得学业上的成就，并由此增强自信心和自尊心，构成该模式的三个主要来源是行为主义理论、对课堂资源运用的逻辑分析和对概念和任务的逻辑分析。其核心内容是读、写、算，主要方法为小组教学和儿童个别练习相结合。

DI直接教学模式建立在两个基本点上，其一是，儿童在教室内学习的品质取决于环境事件；其二是，教师可以通过仔细地推动儿童与环境之间的交互作用而增加儿童在教室中的学习数量。

（三）直接教学课程模式中教师的作用

在直接教学课程模式中，教师是儿童行为的训练者和强化者。在此课程模式中，教师是主动的教育影响的施与者，而儿童则是被动的接受者。教师根据预先设计的计划，运用增强、塑造、惩罚和消退等方法，促进刺激与反应间的联结，或者消除刺激与反应间的联结，以达成教师预期的目标，使儿童产生计划中的学习行为。

（四）对直接教学模式的评价

许多研究都表明，这类高度结构化的课程模式使儿童在学业上获得了成功，并使一些儿童因为学业的成功而建立了自信。经过这种课程训练的儿童，智力测验和学业成就测验的成绩都较高，在进入小学以后，在读、写、算等方面都能达到较高水平，这对于不少处境不利家庭出身的儿童而言是十分重要的，这类课程模式使他们有效地避免了学业的失败，避免了辍学。如果教育的目标是让儿童在学业上获得成功，以保证儿童以高的比率获得成功，那么直接教学模式不能不被认为是成功的。

但从另外一个角度看，直接教学模式也有一定的局限性。例如，经过这种课程训练的儿童经常将他们的成功归于他们的教师或他们之外的其他因素，而将失败归于他们自己；又如，他们在非语言性问题解决能力的测验中所获得的分数低于在认知性课程中学习的儿童。此外，对这些儿童进行长期追踪研究，发现这类课程的长期效应并不理想，这就是说，儿童在小学低年级获得的优势，在小学高年级就不明显了。

四、方案教学课程中教育活动的设计

在杜威进步主义教育思想的影响下，克伯屈 1918 年发表了《方案教学法》一文，倡导这种教学模式。美国著名早期儿童教育家凯兹倡导方案教育，在与查德合著的《探索儿童的心灵世界》这本书中，她们认为："方案教学不只是教学法、学习法，也包括了教什么、学什么。就教的角度而言，方案教学特别点出教师要以合乎人性的方式，鼓励孩子去与环境中的人、事、物发生有意义的互动；从学的观点来看，方案教学强调孩子要主动参与他们的研究方案。"

方案教学活动的组织和实施过程没有固定的程式，一切应根据时间、地点和条件而灵活地确定活动的操作步骤，一般包括以下三个阶段：

（一）方案教学的起始阶段

1. 方案教学主题的选择

主题可以来自于许多方面。教师可以根据幼儿园计划，安排设计适合班级的主题，教师也可以参考课程指导手册而选择相关的主题，教师也可以通过观察儿童的兴趣和需要而确定主题，教师还可以通过与儿童一起协商和讨论而产生主题。不管如何，方案活动主题的选择应遵循以下一些原则：

• 应与儿童的生活相贴近，并能应用于他们的日常生活。

• 应能引起儿童的兴趣，并能运用已学的技能。

• 应能为儿童未来的生活做准备。

• 应有益于平衡幼儿园的课程。

• 应能充分运用幼儿园和社区的资源。

2. 方案教学主题网络的编制

主题网络是由许多与主题相关的下位主题编织而成的，教师可以使用他人设计的主题网络，也可以凭借自己的教学经验编制主题网络。

案例 7－3

大班主题活动“医院”

凯兹和查德在她们的《探索儿童心灵世界》一书中以“医院”这一主题为例，介绍了“头脑风暴”，为缺乏经验的教师编制主题网络提供了具有可操作性的方法：首先，准备一些小纸条，将与“医院”这一主题有关的东西，如：救护车、担架、医生、病房、光、护士、候诊室、挂号病人、病床、绷带、针筒等等，分别写在小纸条上；然后，将同类的纸条放在一起，成为一组；再取不同色的纸条作成每一组的标题，如果同一标题下的内容太多，可再细分为数个标题；最后，在大的纸张的中央写上主题，在主题的周围画上辐射状散出的短线，使之与每一组的标题相连接，再与这些标题下的内容相连接。

“拉近技术”是一种用来放大主题网内某一内容的一种技巧，借此，主题网络内的某一内容可成为一个新的主题网。以“医院”的主题网为例，救护车可以被“拉近”成为另一新的主题网，即可以从中分化出马达机、轮子、指示灯、喇叭、紧急救护设备等。

在确定各相关主题的特征时，可按从特殊到一般的原则依次排列。例如：帽子—衣裳—衣物；乌龟—爬行动物—野生动物；我的房间—我的房子—我的城市等等。对幼儿而言，尽可能避免从脱离现实生活的、太抽象的主题中衍生出细节。

在讨论某种概念的时候，可将概念具体化。例如：直接讨论“食物”不易理解，赋予“食物”一个特定的情景，如改为买食物、准备食物等，那么就容易理解了；又如：将“商店”改为逛街、街边的商店或开店，也会使儿童容易理解。

（二）教学的展开阶段

在方案教学主题网络编制完毕以后，即可开展方案活动了。方案活动开始时的讨论，应给儿童深刻的印象，激发儿童的好奇和兴趣，引发儿童开放式的讨论；提供儿童相当比例的与主题有关的非结构化活动，对于帮助教师了解儿童的发展水平及其已有的经验也是十分有益的，这些非结构化活动包括戏剧扮演活动、绘画，等等。

在方案活动进行的过程中，教师和儿童双方始终处于积极互动状态之中，多种类型的活动保证了这种互动。凯茨等人按活动目的将方案活动分为三类：建构活动、调查活动和戏剧扮演活动，它们融合语言、数学、科学、音乐、美术等方面的学习。

家长的参与和社区资源的充分利用，在方案教学中占有重要的地位。家长和社区各类人员能为儿童提供大量的物品和信息，这些对于主题活动的展开和深入都有好处。

方案活动不拘形式，各种活动也没有规定的次序。一个方案可在较短的时间内完成，也可持续数月，在活动过程中，还可通过班级聚会、参观活动、展示成果、报告研讨等各种形式，使方案活动更具活力，对儿童产生更大的吸引力。

（三）方案教学的总结阶段

在方案活动行将结束的时候，回顾儿童在方案活动进行过程中运用过的技巧、策略以及儿童的探索过程，这对教师和儿童而言都是有用的。教师可运用多种方式对活动进行评估，以维持和强化幼儿理解的活动，并使儿童更自信地将自己的能力运用于新的方案活动中去。

方案教学活动设计过程中，除了做好上述三个阶段的工作外，充分发挥教学中教师的作用也是至关重要的。教师的作用应体现在创设环境和条件，激发儿童的兴趣，提升儿童行为的动机，使儿童能积极投入到活动中去；体现在关注儿童已有的经验，尊重儿童自己的选择，以此作为组织和实施教育活动的出发点，在与儿童互动的过程中不失时机地介入儿童的活动，并对儿童提出挑战；体现在与儿童一起学会共同生活，相互交流，认同和欣赏他人的工作等多个方面。

五、以建构主义为基础的课程中教育活动的设计

建构主义理论最早提出者可追溯至瑞士的皮亚杰。他认为，儿童是在与周围环境相互作用的过程中，逐步建构起关于外部世界的知识，从而使自身认知结构得到发展。建构主义学习理论认为，知识不是通过教师传授得到的，而是学习者在一定的情境即社会文化背景下，借助其他人（包括教师和学习伙伴）的帮助，利用必要的学习资料，通过意义建构的方式而获得。

建构主义学习理论强调以儿童为中心，认为儿童是认知的主体，是知识意义的主动建构者；教师只对儿童的意义建构起帮助和促进作用，并不要求教师直接向儿童传授和灌输知识。在建构主义学习环境下，教师和儿童的地位、作用和传统教学相比已发生了很大的变化。一般而言，建构主义课程的教学设计原则如下：

（一）强调以儿童为中心

明确“以儿童为中心”，这一点对于教学设计有至关重要的指导意义，因为从“以儿童为中心”出发还是从“以教师为中心”出发，将得出两种全然不同的设计结果。至于如何体现以儿童为中心，建构主义认为可以从三个方面努力：一要在学习过程中充分发挥儿童的主动性，要能体现出儿童的首创精神；二要让儿童有多种机会在不同的情境下去应用他们所学的知识（将知识“外化”）；三要让儿童能根据自身行动的反馈信息来形成对客观事物的认识和解决实际问题的方案（实现自我反馈）。

（二）强调“情境”对意义建构的重要作用

建构主义理论认为，学习总是与一定的社会文化背景即“情境”相联系的，在实际情境下进行学习，可以使学习者能利用自己原有认知结构中的有关经验去同化和索引当前学习到的新知识，从而赋予新知识以某种意义；如果原有经验不能同化新知识，则要引起“顺应”过程，即对原有认知结构进行改造与重组。总之，通过“同化”与“顺应”才能达到对新知识意义的建构。在传统的课堂中，由于不能提供实际情境所具有的生动性、丰富性，因

而将使学习者对知识的意义建构发生困难。

（三）强调“协作学习”对意义建构的关键作用

建构主义理论认为，学习者与周围环境的交互作用，对于学习内容的理解（即对知识意义的建构）起着关键性的作用，这是建构主义的核心概念之一。儿童在教师的组织和引导下一起讨论和交流，共同建立起学习群体并成为其中的一员。在这样的群体中，共同批判地考察各种理论、观点、信仰和假说，进行协商和辩论，先内部协商（即和自身争辩到底哪一种观点正确），然后再相互协商（即对当前问题摆出各自的看法、论据及有关材料并对别人的观点作出分析和评论）。

（四）强调对学习环境（而非教学环境）的设计

建构主义理论认为，学习环境是学习者可以在其中进行自由探索和自主学习的场所。在此环境中儿童可以利用各种工具和信息资源来达到自己的学习目标，在这一过程中儿童不仅能得到教师的帮助与支持，而且孩子们之间也可以相互协作和支持。学习应当被促进和支持而不应受到严格的控制与支配；学习环境则是一个支持和促进学习的场所。在建构主义学习理论指导下的教学设计应是针对学习环境的设计而非教学环境的设计。因为，教学意味着更多的控制与支配，而学习则意味着更多的主动与自由。

（五）强调利用各种信息资源来支持“学”（而非支持“教”）

为了支持学习者的主动探索和完成意义建构，在学习过程中要为学习者提供各种信息资源，这里利用这些资源并非用于辅助教师的讲解和演示，而是用于支持儿童的自主学习和协作式探索。对于信息资源应如何获取、从哪里获取，以及如何有效地加以利用等问题，是主动探索过程中迫切需要教师提供帮助的内容。

（六）强调学习过程的最终目的是完成意义建构（而非完成教学目标）

在建构主义学习环境中，强调儿童是认知主体、是意义的主动建构者，所以是把儿童对知识的意义建构作为整个学习过程的最终目的。教学设计通常不是从分析教学目标开始，而是从如何创设有利于儿童意义建构的情境开始，整个教学设计过程紧紧围绕“意义建构”这个中心而展开，不论是儿童的独立探索、协作学习还是教师辅导，总之，学习过程中的一切活动都要从属于这一中心，都要有利于完成和深化对所学知识的意义建构。

案例 7－4

以建构主义为基础的集体游戏活动案例——“瞄准游戏”

瞄准游戏就是用东西对准目标的游戏。在玩瞄准游戏时，儿童拿东西以不同的方式投向目标，并体验到目标受力后是如何前进或移动的。通常玩瞄准游戏，有把某物丢下、投出、推开、滚动、踢动和吹动等动作。某些瞄准游戏可以蒙眼来玩，此时游戏则变得不太一样，且包括特别的动作。

一、下丢瞄准游戏

丢衣夹

游戏者试着把衣夹丢入地板上的小桶。他们站在小桶旁边，瞄准、丢下。每人丢 10 次，丢进最多衣夹者赢。

较年幼的儿童不会想要跟别人比成绩，开始玩这个游戏时，老师最好也不要谈论输赢，除非有儿童自己说起，我们并不能期望 4 岁幼儿会轮流玩丢衣夹游戏，所以，必须给每个孩子专用的桶。反之，5 岁组的儿童，能够轮流，也喜欢观看别人玩，特别是后面要介绍的保龄球和篮球游戏。

丢衣夹游戏的难度，可依孩子那衣夹的高度、方式与桶的形状（如窄口瓶）而有所不同。

二、投掷游戏

套　环

把椅子倒过来，在地板上画一道线，游戏者站在线后，用环来套椅子的腿，套中一条腿得一分。

类似的游戏还有，投小沙包到桶内；也可以给幼儿 6 块或更多的塑料积木做任何形式的排列作为目标，打倒最多块者赢。

套环的另一种变化就是投篮游戏。投篮用的篮要吊在适合幼儿投球的高度。还可以在一块板上挖出一个或数个大洞，作为类似的设备。以上投篮或投球进洞的游戏比下面的游戏要好些，因为玩儿“牛眼”游戏，小朋友无法看清楚自己动作的结果。

打牛眼

墙上贴着绘有牛眼的圈，小朋友拿着皮球试着去打牛眼睛。

这个游戏，不像别的投球游戏，球会掉进洞中或者容器中，而是反弹回来。因此，幼儿无法在这短暂的过程中确知他是否击中目标。如果改用可以黏在靶上的球，效果会较好。

以上的瞄准游戏都属于平行角色游戏，下面这个躲避球游戏，则是互补角色游戏。另外不同的一点就是它的目标，不再是固定不动的东西，而是会跑动的人。

躲避球

小朋友围成一个圆圈，选出三个或四个小朋友站在圈内，由圆圈上的小朋友拿球来打圆圈内的小朋友，圈内的小朋友则想法躲闪。被打中的小朋友，就跟打中他的小朋友交换位置。

由躲避球变化而来的另一种游戏叫“吊球”，即用一条绳子把海绵球（或是塞满报纸的枕头套）吊起来，一位小朋友（或老师）试着摆动这个球来打人，其他小朋友跑来跑去以免被打到。被打到的人要受罚（如做3次青蛙跳）。

三、推、滚、踢、吹的瞄准游戏

基本上，这些游戏都是在地板上推动物体使之前进（投掷游戏中，物体是在空中移动的）。这一类的游戏中，物体都是用来滚的。保龄球的目标是滚到球瓶；撞球和弹球游戏的目的则是滚球本身。曲棍球是个互补角色游戏，所以在这一点上有所不同。

保龄球

将10个保龄球瓶（或是积木、长形纸盒、塑料瓶子）排成V字形。游戏者采用轮流方式，由起点线滚球撞球瓶，看谁撞倒最多。

可将V字形球瓶置于墙前，让球自墙弹回。有不同效果。

撞 球

用积木围成长方形的玩球区，区内散置大小、质量不同的球（玻璃珠、乒乓球、塑料球、钢球、木球等）。每个孩子拿一块长形积木当撞球杆，用一个球来打另一个球。

打弹珠

打弹珠有很多方式。其中一种，就是把珠子置于地上所画的正方形内，在正方形的一段距离外画一道线。游戏者站在线后，用一颗珠子去打方框内的珠子。被打出框外的珠子，为这位游戏者所有。得到最多珠子者赢。

曲棍球

可在桌上或地板上作成两个球门的游戏区域。两个游戏者拿类似冰上曲棍球的短球棍，各试着将球击入对方球门，一面也要防止被对方攻进。

四、蒙眼瞄准游戏

给驴子添尾巴

墙上贴着没有尾巴的驴子画像，发给每个小朋友一条纸尾巴。每个人轮流蒙起眼睛，把尾巴贴在画上，贴在最适当位置的人得胜。

这个游戏可改用皱纹纸剪成的驴子，小朋友触摸驴子的轮廓，可大概猜出在何处贴驴子的尾巴，而不是靠运气。另外，还可以把驴子转动一下位置，让小朋友去想想驴子身体各部位的关系。其他类似的游戏还可以有，如把车轮贴在卡车上、把鼻子贴在笑脸上，或给一朵花添上茎、叶等。

五、瞄准游戏的认知价值

瞄准游戏有益于儿童空间概念的形成。当儿童试着把一个物体导向某个目标时，他必须考虑其空间关系。在游戏中，儿童会发现不同的动作或玩法会得到不同的结果。这种关联性的知识，还会因获得新的经验而有所调整。因此，瞄准游戏不仅可以促进儿童直觉与动作的协调，还发展了他们的抽象思维能力。

第一类瞄准游戏，儿童都是在某个距离外，把东西丢入容器。儿童必须在头脑中针对某一点，画一条垂线才容易成功。因此，当他的视线正好在容器上端，这个游戏就容易。但若容器由小桶换成窄口塑料瓶，儿童需进一步去设想以什么方式拿着衣夹，才能成功投入。这个游戏还可以鼓励儿童进行关于数的学习，因为幼儿喜欢数数看他们投入容器的衣夹共有多少。

进行第一类下丢瞄准游戏，儿童只要去想从哪一点投下即可；至于第二类、第三类的瞄准游戏，要投中目标还得考虑投掷方向和投掷时用的力气。例如在套环游戏中，站的距离越远，就越要用力投。此外，还要考虑环的大小和重量。

在保龄球游戏中，瓶子可以排成不同形状。儿童有机会比较不同摆放方式的利弊。比如，摆放成三角形和一横排，哪一种容易被击倒，并且一次击倒的数量较多等。

在玩躲避球游戏时，持球者要决定是瞄准距他较近的那个小朋友，还是远处站在一起的一群小朋友。而在圈内的小朋友，也得决定他们自己的位置，到底是站远些，以策安全呢，还是离球近些，而有紧急躲闪的刺激？

玩“吊球”游戏，必须能够预测球摆动的路线。摆动球的小朋友（或老师）有时会突然转变方向，机警的游戏者能及时闪开或跑到圆圈中央球打不到的地方。另外，也可以在脑海中形成一个以球绳为半径的圈，在这个圈以外就是安全地带。

第三类推、滚等游戏，包含不同方向、力量大小与不同结果的相互关系。这类游戏都是在平面上进行，因此，比起在空中移动的目标，更容易看清楚。

保龄球提供给儿童学习空间与数学推理的机会。如把保龄球瓶排成紧凑的一行，或稀疏排列，或挤在一堆，然后比较，哪一种排列方法的球瓶容易被击倒。有些6岁儿童，对安排球瓶特别感兴趣，如把九个球瓶摆成几种方式。他们是否从摆放球瓶中学到了“9”的分解组合，尚不确知，但摆放球瓶本身无疑是一个极有趣、吸引人的活动。

有时保龄球打歪了，碰墙撞回来凑巧打到球瓶，有些儿童因此决定用这种方法来玩。根据殷赫德和皮亚杰的研究，儿童未达到形式操作期，不一定有入射角和反射角相等定律的观念。但年幼儿童可能通过试误而发现反射角，瞄准成功。所以这种保龄球的玩法，似乎有益于幼儿建构其稍长才会有的观念。

保龄球的另一项好处就是提供记分的机会。在玩保龄球时，儿童很自然地记录、比较分数，这比纯粹数字符号的演算练习有意义得多。

玩撞球时，儿童首先选择去撞别的球的母球，以及被撞的目标球，经过比较撞击的结果，儿童知道哪种球比较适合哪种用途。例如乒乓球可当目标球，但不适合当母球。另外，在选球的时候，还要考虑球与球间的距离。同时，选择一个好位置来撞球，也是需要考虑的。

打弹球除了有以上各功能外，还有助于儿童进行数量的学习。尤其是当他们能保留自己所击出的弹球时，更是如此。

玩“给驴子添尾巴”这个游戏是不能依靠视觉的，所以儿童必须在脑海中形成驴子的形象。儿童以触觉来探索驴子的轮廓，再考虑驴子身体各部分的关系，从而得出驴尾巴应该粘贴在哪儿。

六、瑞吉欧教育体系中教育活动的设计

瑞吉欧方案教学体系诞生于本世纪60年代，其发源地在意大利北部一个名为瑞吉欧·艾米里亚的小城，由当地的杰出人文主义教育家马拉古兹发起并领导，在市政府和社区民众的全力支持、合作与参与下，经过专业人员（包括教师和教研员）数十年的艰苦努力和实践总结而形成。被誉为继蒙台梭利之后，又一个颇具特色的、堪称影响世界的幼儿教育模式或体系。

瑞吉欧教育体系的特色几乎体现在所有的方面：机构的组织与管理；资源的配置和利用；校内校外的人际、群际互动与合作；课程与教学；教师的成长等等。瑞吉欧幼儿教育体系的主要特点是：

（一）提倡幼儿教育是全社会的教育，需要社会支持和家长的参与

1. 瑞吉欧·艾米里亚的幼儿教育是全社会的事

社会在育儿方面给予家庭以有力的支持，素来是意大利文化中集体主义的一种表现。在瑞吉欧市，0～6岁的保育和教育是一项十分重要的市政工程，享有12%的政府财政拨款。许多由社区公民自发组织起来的民间组织对地方政府施加实质性影响，即对政府的这一项工作进行监督，以保障与改善该地

区学龄前儿童的家庭教育和正规教育。

2. 家长在学校中所起的种种实质性的作用，本身也是社会支持的一种表现

在全市所有的幼儿学校中，家长都有权利参与学校所有环节的一切事务，并自觉承担起这一责任。例如家长要讨论学校的各项政策，研究有关幼儿身心发展的状况，参与课程的计划与实施并给予一定的评价。（这类似与我们的家委会工作，但其范围更广泛，所发挥的主体性和参与意识更强）

（二）学校管理风格——民主与合作

瑞吉欧学前教育系统是一个以儿童为中心的联盟，是使教师与儿童同样能获得“家一样的感觉”的地方。这些学校并没有我们在一般机构中所见的那些行政事务，教师之间也没有任何的层次等级，他们只是平等的同事与合作者。所有学校由一位主管直接向市政府汇报工作，他还要组织协调一群教研员进行宏观的决策、计划和研究，并对各所学校进行具体的指导。这些教研员是该市幼儿教育的课程决策者，其中每个人都要协调和指导五六所学校的全部教师的业务工作。学校每个班配备两名教师（幼儿的数量：婴儿班 12 人，托儿班 18 人，幼儿班 24 人），实行三年一贯制跟班教学，以便教师和幼儿之间保持长期稳定的联系。每所学校都有一名在艺术方面受过专业训练的艺术教员。他除了自身在艺术教育方面为瑞吉欧幼儿教育作出特殊的贡献，还要协助教师发展课程并做好课程、教学与幼儿活动的记录。

（三）方案教学——弹性课程与研究式的教学

方案教学是对该学校的课程与教学最全面准确的概括。（方案教学是一个译名，“方案”一词还可译为“设计”、“计划”、“项目”等，因此在有些书上方案教学又被称为‘项目活动’）这种活动的基本要素或关键的词包括：解决真实生活中的问题，小群体共同进行长期、深入的专题研究等等。

（四）儿童学习与表达的手段——百种语言

在幼儿小组围绕着一个共同的“项目”开展活动的过程中，幼儿的自我表达和相互交流是两种基本的活动。在瑞吉欧看来，幼儿表达自我和彼此沟通的手段，以及教师判断幼儿对于相关的内容是否理解的标志，不应只是人

特有的语言符号，还应包括动作、手势、姿势、表情、绘画、雕塑等等一切表达方式。在绝大多数情况下，幼儿的学习、探索和表达是许多“语言”的综合。

（五）教师的成长——合作学习和反思实践

瑞吉欧全部教育过程与效果得以有效进行和保证最关键的要素，乃是教师们一直孜孜不倦地努力提升自己对于幼儿的认识和对幼儿教育的理解。瑞吉欧的教师和孩子一样，都不是“训练”出来的。相反，教师是通过进入一个充满各种关系（与孩子、与家长、与其他教师、与教研员等的关系）的环境之中学习的，环境中的这些关系支持教师们合作建构了关于儿童、关于学习过程以及关于教师角色的知识。教师的成长与孩子的发展被视为一个“连续体”。在与儿童合作开展的活动中，教师不断地观察幼儿，并采用多种方式记录、保存学习过程和“产品”，为孩子建立“档案”，记录、整理、分析、解释档案的过程，不仅为教师本人计划和实施课程提供了充分的信息基础，而且成为教师自我反思和同其他教师、教研员、艺术教员以及家长进行交流、共享的宝贵资源。

（六）学校的第三位教师——开放的环境

物质环境的设计布置同样也是瑞吉欧教育的中心环节，而该环节的一个核心问题就是如何增进环境的开放和资源的综合利用。学校在设计新的空间和改造旧的场所时，一个通常的考虑就是如何使各部分的教室能够便利有效的衔接起来，并且使学校与周围的社区密切互动。学校所有的教室都向一个中心区域敞开大门，厨房间可以随时提供参观的便利，大大的玻璃窗、教室后面的院落、开向外面的大门，也使学校同社区保持随时的沟通；入口处放着各种各样的镜子、照片和儿童的作品。

瑞吉欧的教师们将幼儿学校的环境称为“我们的第三位教师”。教师们竭力创造机会，要在学校的每一个角落为幼儿提供充分的交往机会，便利他们的沟通。为此，教师们在学校的大厅里设置一个活动中心；教师之间可以通过电话、过道或玻璃窗进行联系。其环境创设的宗旨：以促进幼儿之间的游戏性的交往。这种教育理念也为我们所倡导，在我们的环境创设以及活动区域的建立上，也是以促进幼儿之间、幼儿与环境之间的交往，发展幼儿的个性和兴趣爱好为目的。

从以上瑞吉欧教学体系的六大特色反映出，瑞吉欧的成功的关键在于它的教育理念和实际做法，正好应和了当前时幼儿教育改革与发展的最迫切的呼声。即使剔除这个时代性的因素，瑞吉欧教育体系中，幼儿、教师和家长这三种“主角”，在共同活动中所表现的积极参与、主动探索、团结互助、友好合作的精神，所营造的自由表达、通融理解、开放民主的氛围，所焕发出的责任心和想象力，以及在长期的合作中所结成的共同体，无不向人们展示了幼儿教育中永恒的为真、为善、为美的景象。这种景象，是任何一个真正称得上成功的幼儿教育机构所必备的人文景观。

案例 7－5

瑞吉欧教育体系经典案例（大班）

小鸟的乐园

这个方案最初的构想来自校园里的一池清水。在校园里放置一池清水，原意是给栖息的小鸟解渴，孩子们认为如果小鸟会口渴，也一定会肚子饿，如果它们又饿又渴的话，也许会疲惫不堪的。于是，有的孩子建议在树上搭建鸟巢，还有小鸟玩的秋千、老鸟搭乘的电梯。也有的孩子建议安置一个音乐旋转木马；还有的孩子建议给小鸟准备滑水用的小木片，让它们滑水；更有的孩子提议做个喷泉，是又大又真实的，能把水喷得高高的那一种喷泉。于是，一个具有想象力同时也鼓舞人心的主题出现了：为小鸟建造一座真正的乐园。接着就是一个漫长的探索与实验过程，孩子们遇到了各种各样的难题。为了建一个喷泉，孩子们各自谈了自己的构思。

有一个名叫菲利普的孩子说：“这是天使喷泉，我认为在这里应该有输送水的管子。水管里的水来自水道，当水流到倾斜处和进入喷泉时，水流的速度开始加快。喷水池底有一些水，也许它每年更换一次。”

一个名叫爱莉莎的女孩子认为：“水来自天上，那就是雨，它从山上流下来，流入山的小洞里，最后流入山脚下的湖中，然后又有条往下倾斜的水道将水先带入另一个湖，再带入水道中。地下的通路有很多条，老鼠会喝掉一些水，但喝得很少，其余的水就流入喷泉，从喷泉的石块中往上喷出，而石块就像滑滑梯一样，让水滑下来。”

另有一个名叫西蒙尼的孩子也谈了自己的创意：“我真想有一个很大的装满水的储水槽，看到没有？我们做了两个，一边一个，上方有一座天平告诉你水槽中是否有水。比如：如果天平平衡，表明水槽中有水，喷泉可以喷水；如果天平倾斜，就代表水不多了，你就得按开关处的按钮，让水槽装满水。”

经过实验，孩子们为小鸟做成了水车和喷泉，还为小鸟乐园举行了开幕式。

在瑞吉欧，这类活动就是幼儿学习的过程，这是一种师生共建的弹性课程与探索性教学，一般主题都是合乎儿童生活经验和兴趣的，并且孩子们能进行操作，活动是有意义和价值的。在探索的过程中，孩子们不断地把主题引向深入、展开广度，最后问题终于得到创造性的解决，幼儿通过自己感兴趣的方式来表现和展示其成果，如绘画、卡通、泥塑、模型、连环画等。

在瑞吉欧，教师成了幼儿的伙伴，他们倾听孩子的心声，并使孩子进入主动学习状态；同时也是向导，引导孩子们在学习中观察再观察，思考再思考，各方面的能力得以发展；教师还是记录者，他们记录了大量的第一手资料，从而了解幼儿是怎样思维的；教师还是研究者，研究如何发现既有挑战性又能使孩子得到满足的项目活动等。因此，在瑞吉欧有句名言：接过孩子抛来的球！

第二节　我国著名幼儿园课程中教育活动的设计

一、陈鹤琴“五指活动课程”中教育活动的设计

“五指活动课程”是陈鹤琴创编的。陈鹤琴以 5 个连为一体的手指比喻课程内容的五个方面，虽有区分，却是整体的、连通的，以此说明他所谓的五指活动课程的特征。

（一）以“做人，做我国人，做现代我国人”为目标

陈鹤琴在其“活教育”的思想体系中，首先提出的是“做人，做我国人，做现代我国人”。他将幼稚园教育的目标归结为 4 个方面。在引导儿童做人方面，陈鹤琴强调要培养儿童具有合作服务的精神和同情心，以及诚实、礼貌等其他品质。在身体方面，陈鹤琴认为主要是训练儿童养成各种达成强健体格的习惯，培养儿童一定程度的运动技能。在智力方面，陈鹤琴主张应以丰富儿童的直接经验为主，让儿童充分接触自然和社会，引导儿童对日常事物产生好奇并作探究。在情绪方面，陈鹤琴指出，除了要让儿童养成乐于欣赏、快乐等积极情绪外，还要帮助儿童克服发脾气、作娇、惧怕等不良性格。

（二）以大自然、大社会为中心选择和组织课程内容

陈鹤琴在其“活教育”的思想体系中提出了“大自然、大社会，是我们的活教材”。他认为，书本上的知识是间接的、形式化的，只有大自然、大社会，才是知识的真正来源，是儿童学习的活教材。他认为，“活教育”要把儿童培养成“现代我国人”，因此必须以儿童现有的生活经验为依据，扩大和丰富儿童对自然和社会的认识和理解，而大自然、大社会提供给儿童的知识是最为生动的、直观的和鲜明的，没有人为的扭曲，切合儿童的生活实际，能激发儿童的兴趣，容易被儿童所接受和理解。当然，他并没有因此而否定书本在教育中的作用，他反对的只是将书本作为学习的唯一材料，主张书本应

是现实生活的写照，即能够反映儿童的实际生活。

陈鹤琴打破了按学科编制幼稚园课程的方式，以大自然、大社会为中心选择和组织课程内容，形成他所谓的“五指活动”：

健康活动：饮食、睡眠、早操、游戏、户外活动、散步等。

社会活动：朝夕会、周会、纪念日、集会、每天的谈话、政治常识等。

科学活动：栽培植物、饲养动物、研究自然、认识环境等。

艺术活动：音乐（唱歌、节奏、欣赏）、图画、手工等。

语文活动：故事、儿歌、谜语、读法等。

五指活动课程对 5 种活动的强调有所侧重。例如，陈鹤琴认为健康活动是第一位重要的，因为强国需先强种，强种先要强身，强身先要重视幼小儿童的身体健康。又如，陈鹤琴还认为幼稚园课程应特别重视音乐，因为音乐可以陶冶儿童的性情，鼓励儿童进取，发展儿童欣赏美和创造美的能力。此外，语言是人际沟通的工具，也是儿童学习的工具，所以也应给予重视。

陈鹤琴认为，虽然这五种活动是分离的，但是它们就像人的五个手指一样，构成了具有整体功能的手掌，幼稚园课程的全部内容都被包括在这五种活动之中。因为儿童的生活是整个的，因此，课程内容是互相连接为整体，而不是分裂的。正如陈鹤琴所言，“五指是活的，可以伸缩，互相联系”，“课程是整个的，连贯的。依据儿童身心的发展，五指活动在儿童生活中结成一个教育的网，有组织有系统，合理的编织在儿童的生活上”。陈鹤琴将其课程内容的组织方式称为“整个教学法”。

（三）以“做中教、做中学”为课程实施的方法

陈鹤琴在其“活教育”的思想体系中提出了“做中教、做中学、做中求进步”，以此作为其方法论的基本原则。

陈鹤琴强调“做”，为的是确立儿童在教学活动中的主体地位。陈鹤琴说，“凡是儿童自己能够做的，就应该让儿童自己做”；“凡是儿童自己能够想的，应该让儿童自己想”；“你要儿童怎样做，就应当教儿童怎样学”。

陈鹤琴强调“做”，为的是强调儿童的直接经验。陈鹤琴认为，活教育的教学研究对象，以书籍作辅佐参考，换言之，就是注重直接经验。

陈鹤琴具体指出了五指活动课程在实施过程中的问题。例如，陈鹤琴提出，教师应拟定要做的活动，计划活动内容分几个步骤进行，但是不要强求预先的计划，要顺应儿童的兴趣，根据实施过程中的具体情况灵活地对计划加以调整和变化。又如，陈鹤琴主张运用游戏的方式实施课程，因为游戏是儿童天生喜欢的活动，在游戏中学习，儿童学得快，参与程度高，效果持久。

二、张雪门“行为课程”中教育活动的设计

张雪门是这样解释他的“行为课程”的：“生活即是教育，五六岁的孩子们在幼稚园生活的实践，就是行为课程。”行为课程“完全根据生活，它从生活而来，从生活而展开，也从生活而结果，不像一般完全限于教材的活动。幼稚园实施的行为课程应注意幼儿的实际行为，举凡扫地、抹桌、养鸡、养蚕、种植花草蔬果等，只要幼儿能自己做的，都应该给幼儿机会去做。唯有从行动中所得的认识，才是真实的知识；从行动中所发生的困难，才是真实的问题；从行动中获得的胜利，才是真正驾驭环境的能力”。

多年的教学实践中，张雪门确定了一系列幼稚园课程的编制原则：整体性原则；偏重直接经验原则；偏重个体发展原则。张雪门认为，幼稚园课程应密切联系幼儿生活经验，适合儿童的发展。

张雪门认为，幼稚园课程应来源于儿童直接的活动，即从儿童的生活环境中搜集、选择和组织材料。可以构成幼稚园课程内容的儿童直接活动有：

（1）儿童的自发活动。

（2）儿童与自然界接触而产生的活动。

（3）儿童与人事界接触而产生的活动。

（4）人类智慧活动而产生的合乎儿童需要的经验。

但是，幼稚园课程虽来源于儿童直接的活动，却需经过精选，需有客观标准。

张雪门的“行为课程”实施强调儿童通过行为进行学习。在行为课程中，“行为”一词与“活动”、“做”是同义的。这就是说，张雪门强调的是让儿童“在做中学”。

行为课程是儿童围绕单元主题进行的活动。这种活动并不是放任的活动，教师要对儿童进行指导和帮助，将儿童的活动纳入计划的轨道。教师的指导包括计划的指导，即根据儿童活动的具体情况适当调整预定的计划，以及儿童活动的机会；知识的指导，即针对儿童活动中知识的薄弱环节给予帮助；技能指导，即采用暗示、鼓励或示范等方法对儿童进行技能辅导；兴趣指导，即帮助儿童排除学习中的困难，晓以成功后的喜悦，以激励儿童的兴趣；习惯的指导，即采取正面引导的方式规范儿童的行为习惯，以及态度的指导，即帮助儿童养成正确对待自己不足和别人长处的态度，等等。

总之，张雪门的“行为课程”理论的基本思想就是“生活即教育”、“行为即课程”，强调通过儿童的实际行为，使儿童获得直接经验；同时要求根据儿童的能力、兴趣和需要组织教学，主张采取单元设计的方法，打破各种学科的界限。这种课程理论，虽然从学校教学的一般规律看来，不是完全无可非议，但对学前儿童的教育来说，则有比较明显的积极意义。

参考文献

1. 中华人民共和国教育部. 幼儿园教育指导纲要（试行），2001

2. 人力资源和社会保障部教材办公室. 幼儿语言教育活动设计与指导. 北京：中国劳动社会保障出版社

3. 北京市教育局. 促进幼儿的发展. 北京：北京师范大学出版社，1995

4. 张明红. 给幼儿园教师的101条建议. 南京：南京师范大学出版社

5. 陈幸军. 幼儿教育学. 北京：人民教育出版社，2010

6. 李生兰. 学前教育学. 上海：华东师范大学出版社，2006

7. 黄人颂 . 学前教育学. 北京：人民教育出版社

8. 鲁中义. 新理念下的幼儿园教育. 河北省幼儿教师陪训中心

9. 唐淑、虞永平. 幼儿园班级管理. 南京：南京师范大学出版社，1997

10. 张加蓉、卢伟. 学前儿童语言教育活动指导. 上海：复旦大学出版社，2009

11. 郑雪、刘学兰、王玲. 幼儿心理健康教育. 济南：济南大学出版社，2006

12. 中华人民共和国教育委员会. 幼儿园工作规程. 1996. 6

13. 赵玉惠. 幼儿园活动教程. 北京：高等教育出版社，2004

14. 中国学前教育研究会幼儿园课程与教学专业委员会. 幼儿园科学探究的教与学. 南京：南京师范大学出版社，2006

15. 林秀娟. 幼儿园主题活动案例. 福州：福建教育出版社，2006

16. 倪敏. 幼儿园课程与教育活动设计. 北京：中国劳动社会保障出版

社，2006
17. Lisa Burman. 老师，你在听吗?. 北京：中国轻工业出版社，2010
18. 何幼华. 幼儿园课程. 北京：北京师范大学出版社，2004
19. 幺丹彦、方燕. 让环境和材料与幼儿对话. 北京：北京师范大学出版社，2002
20. 朱家雄. 幼儿园教育活动设计与实施. 北京：高等教育出版社，2008
21. 梁志燊. 学前教育学. 北京：北京师范大学出版社，1995
22. 李生兰. 学前教育学. 上海：华东师范大学出版社，1999
23. 冯晓霞. 幼儿园课程. 北京：北京师范大学出版社，2000

新农村幼儿教育指导书系

丛书主编　田宝军
张春炬

幼儿园
教育活动设计与指导（下）

YOUERYUAN JIAOYUHUODONGSHEJI YU ZHIDAO

主编　高杰英

河北大学出版社

图书在版编目(CIP)数据

幼儿园教育活动设计与指导 / 高杰英主编. -- 保定: 河北大学出版社, 2012.5

ISBN 978-7-5666-0035-6

Ⅰ.①幼… Ⅱ.①高… Ⅲ.①幼儿园 – 教育活动 – 课程设计 Ⅳ.①G612

中国版本图书馆CIP数据核字(2012)第029775号

幼儿园教育活动设计与指导

责任编辑：王殊宁
胡素杰
封面设计：在水一坊
美术编辑：赵 谦
王占梅
责任印制：蔡进建

出版发行：河北大学出版社
地 址：河北省保定市五四东路180号
邮 编：071002
印 刷：河北天普润印刷厂
经 销：全国新华书店
开 本：1/16(710mm × 1000mm)
印 张：25.25
字 数：350千字
版 次：2012年5月第1版
印 次：2014年6月第2次
书 号：ISBN 978-7-5666-0035-6
定 价：52.00元（上、下册）

第八章　幼儿园健康教育活动设计与指导

第一节　幼儿园健康教育活动概述

健康教育活动是指人们为了维护和增强健康所进行的进餐、着装、睡眠等生活活动，以及体育和卫生保健、心理保健等活动，它们是幼儿满足自身生存和发展需要的基本活动。

一、幼儿园健康教育的意义

（一）幼儿期是人身心发展的关键期，对幼儿进行健康教育十分必要

对于幼儿来讲，健康是第一位的。《幼儿园工作规程》明确指出："发展幼儿身体，增强幼儿体质是幼儿园保育和教育的首要任务。"《幼儿园教育指导纲要（试行）》也要求"幼儿园必须把保护幼儿的生命和促进幼儿的健康放在首位"。这是因为幼儿身体器官和系统发育还不成熟；机体的能力还不完善；机体对外部环境的调节和适应能力还较差；自我保护的意识和对疾病的抵抗力较弱；幼儿的心理不成熟，特别易受伤害等原因。他们需要成人在生活和教育活动等方面给予他们精心的照顾、爱护和帮助。同时，幼儿时期又是生长发育十分迅速的时期，教育工作者应利用各种手段和途径对幼儿进行健康教育，促进幼儿身心健康地成长和发展。

（二）幼儿健康教育有利于幼儿的身心全面的发展

丰富多彩的健康教育活动满足了幼儿活泼好动的心理需要。健康教育，不仅给幼儿强健的身体，同时还培养了幼儿积极向上的情感、和谐的个性以及良好的社会适应能力，是幼儿发展的基础和条件。

（三）幼儿健康教育将为幼儿一生的健康奠定良好的基础

英国教育家洛克说："我们幼小时所得到印象，哪怕是极微小，小到几乎觉察不出，都有极重大、长久的影响。正如江河的源头一样，水性很柔，一点点人力便可以把它导入歧途，使河流的方向发生根本改变。""人生幸福有一个简短而充分的描述：健全的心智寓于健全的身体。凡身体和心智都健全的人就不必再有什么别的奢望了；心智和身体如果一方面不健全，那么即使得到了种种别的东西也是枉然。"所以说对幼儿进行健康教育，培养其健康生活信念和生活方式，对提高他们一生的生活质量和生命质量是十分必要的。

（四）当前我国幼儿身心健康方面尚存在许多问题，需要进一步加强幼儿健康教育

改革开放以来，随着人民生活水平的提高和素质教育的全面实施，不管城市还是农村，我国儿童的健康水平明显提高，但也有一些不容忽视的问题。如儿童的耐力、柔韧性有所停滞或降低，肺活量有所降低；肥胖儿童及超重儿童比重率增长较快；近视率儿童年龄降低，比率也居高不下。另外，我国儿童在心理素质方面也有明显的弱点，如抗挫折能力、竞争意识、协作精神等都比较薄弱。这些问题都需要加强儿童早期的健康教育，培养其健康的身心素质。

（五）幼儿个体的身心健康是民族素质的保证

《中共中央国务院关于深化教育改革，全面推行素质教育的决定》指出："健康的体魄是青少年为祖国和人民服务的基本前提，是中华民族旺盛生命力的体现。"

陈鹤琴先生认为："健全的身体是一个人做人、做事、做学问的基础。""强国必先强种，强种必先强身，要强身必先要注意幼年的儿童。"一个国家的未来是由他们的下一代人的素质和竞争实力所决定的，因此，幼儿的健康是提高人口素质、民族素质的重要保证。

二、幼儿园健康教育活动的目标

幼儿健康教育的目标是促进幼儿身心健康发展，提高幼儿对健康生活和行为的认知水平，培养幼儿的各种有益于个人、社会和民族健康行为和运动的习惯。《幼儿园教育指导纲要（试行）》中是这样描述的：

（1）身体健康，在集体生活中情绪安定、愉快。

（2）生活、卫生习惯良好，有基本的生活自理能力。

（3）知道必要的安全保健常识，学会保护自己。

（4）喜欢参加体育活动，动作协调、灵活。

以上四条表述了这样的基本价值取向：身心和谐、保护与锻炼并重以及注重幼儿健康行为的养成。

具体的分类目标：

（一）生活卫生习惯

（1）培养幼儿良好的作息、睡眠、盥洗、排泄、整理等卫生习惯。

（2）帮助幼儿了解初步的卫生常识和遵守有规律的生活秩序并形成良好习惯。

（3）帮助幼儿学习多种讲究卫生的技能，逐步提高幼儿生活自理能力。

案例 8－1

学会入厕（小班）

背景：幼儿对厕所设备不熟悉，入厕有畏难、胆怯等心理障碍，憋便、尿裤、弄脏厕所等现象时有发生，个别幼儿不敢在园排便。这已影响到幼儿身体健康和对幼儿园环境的适应。为帮助幼儿消除心理障碍，提高入厕能力。

活动总目标：

1. 懂得及时大小便的重要性，知道并学会（男/女幼儿）小便的方法及大便后擦屁股的方法。

2. 懂得尊重成人劳动，保持厕所地面整洁，不弄脏衣裤。

3. 培养自信、勇敢、互助、合作的品质。

4. 培养观察、模仿、评价的能力。

活动设计一：我知道大小便

活动目标：

1. 懂得定时大小便的重要性。知道在成人提示或有便意时，主动去大小便，不弄脏衣服。

2. 培养勇敢、自信的品质。

活动准备：录像带，电教设备，奖励标志若干，事先教师要观察统计幼儿在园大小便的情况，并与家长联系，了解有关情况。

活动与指导：

1. 游戏："勇敢宝宝找朋友"

出示木偶"勇敢宝宝"，请小朋友帮它找朋友。说一说自己认为勇敢的事情，请"勇敢宝宝"作出判别，戴上标志。

2. 播放录像，找出画面中有没有"勇敢宝宝"的朋友（要保护被摄录幼儿的肖像）。电视画面依次出现如下：

（1）教师提示入厕，幼儿没听见。

（2）幼儿贪玩，尿裤子。

（3）有便意不敢说，哭闹。

（4）有便意，告诉老师。

（5）有便意，主动去。

（6）不敢在园大便。

3. 讨论画面中的小朋友谁做得对，谁胆小。

4. 教师根据本班幼儿情况，提出提高入厕能力的要求。

活动延伸

日常生活：在生活中，加强入厕能力的培养，特别注意区别对待。

家园配合：请家长配合教师的工作，对幼儿在家表现及时反馈给教师，对个别能力差的幼儿要帮助。

活动设计二：我学会小便了

活动目标：

1. 知道自己性别和小便的方法，不尿在便器外面，保持厕所的清洁卫生。

2. 懂得及时、定时小便的重要性，不弄脏衣裤。

3. 培养观察能力及互相帮助、自信、勇敢的品质。

活动准备：录像带、电教设备、木娃娃若干。事先教师要观察幼儿小便的情况，并在活动前打扫干净厕所。

活动过程及指导：

1. 带领幼儿参观厕所，了解厕所的作用。知道男孩、女孩小便的位置，以及便后冲水装置的使用方法，教师引导幼儿观察厕所的地面、便器。闻一闻空气中的气味，提示幼儿尊重成人劳动。

2. 回到活动室，女孩和男孩分开，男孩在一旁由另一位教师带领做游戏。

（1）教师提问女孩："厕所是做什么用的?""女孩怎样去小便?"幼儿集体讨论，总结小便的动作程序。看录像，教师有重点讲解，幼儿讨论应注意的几点。

（2）男孩的过程同（1）

3. 游戏：我教娃娃去小便

幼儿自愿结伴，互相观摩、评价对方教娃娃小便的动作是否正确。

4. 评选"自信娃娃"。教师提出评选要求，请幼儿注意观察其他小朋友入厕动作是否正确。自己也要认真做好。

活动延伸

日常生活：结合"勇敢宝宝"、"自信娃娃"的评选活动，在一日生活各环节，巩固有关入厕常规，加强对个别幼儿的指导。

家园配合：同活动设计一。

（二）饮食与营养

（1）帮助幼儿认识常见食物的名称、种类及特点，知道不同的食物有不同的营养。

（2）帮助幼儿掌握正确的用餐方法，培养幼儿良好的饮食习惯。

（3）帮助幼儿了解膳食均衡的简单知识及其意义，培养幼儿爱吃各种食物的良好习惯。

案例 8－2

活动设计：

背景：幼儿对糖果非常感兴趣，特别爱吃。每次发糖果时，都有一种期待的眼神，有时家长会把糖果装在幼儿的口袋里，带到幼儿园。这会影响幼儿的身体健康，要让幼儿了解多吃糖果的危害，成为一名健康的宝宝。

这些食品要少吃（中班）

活动目标：

1. 通过情境表演，小朋友知道糖果、巧克力等甜食吃多了会影响食欲，诱发龋齿和肥胖，罐装食品和饮料对人体有一定的副作用。

2. 培养小朋友树立自我控制饮食的能力。

重点难点：

小朋友知道哪些常见食品要少吃。学会自我控制饮食。

活动准备：

1. 请大班的三位小朋友扮演小华、姐姐、妈妈的角色。

2. 实物：糖果、巧克力、水果罐头、罐装饮料、火腿肠。

活动过程及指导：

1. 情境表演：

一天，小华与姐姐在屋里玩，妈妈上街买东西回来敲门，小华开门一看，妈妈买了好多好吃的糖果、巧克力，高兴地抓来一把就吃，吃完了又去拿。妈妈说："甜食要少吃，吃多了牙齿会变坏的。"姐姐说："我也想多吃，但吃多了就不想吃饭了，我还是吃一块吧。”妈妈说：“姐姐说得对，甜食吃多了就不想吃饭，影响身体健康。”小华听了赶紧把手里的糖果、巧克力放下。

2. 启发小朋友讨论：

(1) 小华和姐姐谁做得对，为什么？

(2) 糖果和巧克力为什么不能多吃？（会使牙齿变坏，不想吃饭，影响身体健康。）

(3) 想一想：还有哪些食品与糖果、巧克力一样不能多吃。（饮料、糕点、蜜食等。）

(4) 出示水果罐头、饮料、火腿肠，告诉小朋友这些食品虽然不一定都是甜食，但它对身体有一定的副作用，也不能多吃。（因它在制作加工的过程中，成分损失较多，为了增加口感和防止变质，加入了保鲜剂、防腐剂和色素等。）

活动延伸

参观食品商场，让小朋友说一说，哪些食品适合小朋友们吃，哪些不宜多吃。

活动评价

能知道甜食及罐装食品要少吃，并且知道里面含有对身体有害的物质。

活动分析

通过本次活动，小朋友知道哪些食品不宜多吃，懂得了多吃甜食和罐装食品对身体的危害，同时培养了小朋友不吃零食的好习惯。

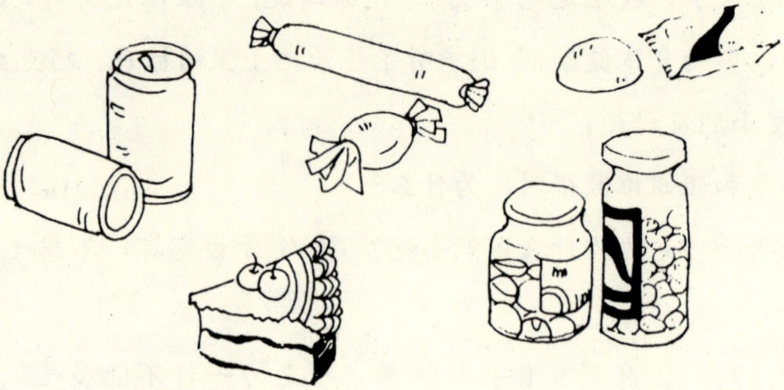

（三）人体认知与自我保护

(1) 帮助幼儿认识身体的主要器官，并了解其主要功能，学习如何保护身体主要器官的最基本的方法。

(2) 帮助幼儿获得预防常见病的简单知识，能正确对待疾病。

(3) 帮助幼儿理解情绪与身体的关系。

(4) 帮助幼儿了解水、火、电、煤气、刀具及常见药物的使用，帮助幼儿获得应付意外事故的安全常识，懂得要及时避开危险场所。

(5) 帮助幼儿认识遵守交通规则的意义。

(6) 帮助幼儿了解体育活动的安全常识。

案例 8－3

可爱的小脚丫（中班）

背景：幼儿对身体的各个部位不是很了解，尤其是脚，不注意脚的使用，有时鞋不合适了也不向老师和家长表白，影响了脚的发育。

活动目标：

1. 通过看、摸、玩等让小朋友认识双脚的结构和功能，激发小朋友探索身体奥秘的兴趣。

2. 培养小朋友保护脚，养成良好的用脚习惯。

重点难点：

认识双脚的结构和功能。了解脚弓。

活动准备：

海绵软垫、木板、磁砖地、各种各样的颜料、大白纸一张、球、跳绳等，布置好场地。

活动过程及指导：

1. 请小朋友脱下鞋在活动室内随意玩（跑步、跳绳、学解放军走路等），启发小朋友说出这些活动都是用脚来完成的。

2. 观察自己的小脚。

(1) 脱下袜子观察自己的小脚长得什么样子？摸一摸、看一看知道脚有脚趾、趾甲、脚跟、脚心、脚背、骨头等组成。

(2) 教师引导小朋友认识脚弓，知道它的部位及其作用。

(3) 小朋友之间，小朋友与老师之间比一比脚有什么地方不一样？（知道有长短、胖瘦、大小之分。）

3. 带小朋友在海绵垫、木板、磁砖地面上跑一跑、跳一跳有什么感觉？（感受硬、软、凉、热等。）

4. 启发小朋友谈一谈脚的用处。

5. 讨论：如何保护自己的小脚。（勤洗脚，剪趾甲，不穿太大或太小的鞋，不从高处往下跳等。）

活动延伸

印小脚丫，使小朋友更加对小脚丫产生兴趣。

活动评价

小朋友基本能说出自己脚的结构和功能，并能知道保护脚。

活动分析

通过让小朋友看、摸、比等方法，比较生动直观地使小朋友在不知不觉中认识了双脚，知道了脚是人体的一部分，谁也离不了。

（四）健康的心理

（1）为幼儿创设良好的物质精神环境，保持愉快的情绪。

（2）开展丰富多彩的游戏活动，培养幼儿大胆、活泼、开朗的性格和坚强的意志。

（3）培养幼儿热爱周围人和事物的情感。

（4）适当满足幼儿成功的欲望，增强自信心，学会正确对待成功和挫折。

（5）培养幼儿尊重别人、乐于助人的良好品质。

（6）教幼儿初步学会排解自己不愉快的情绪，培养幼儿喜欢与别人分享快乐和勇于克服困难的健康心理。

案例 8－4

不快乐的时候（大班）

背景：这段时间有的幼儿情绪不太好，活动不积极，不高兴、不愉快，影响了幼儿的团结合作和情感交流，也影响了幼儿的身心健康。

活动目标：

1. 认识几种常见的表情，知道不同的情绪反应，会出现不同的表情。

2. 小朋友懂得愉快的情绪有利健康。

3. 学习疏导不愉快的情绪。

重点难点：

学习疏导自己不愉快的情绪。帮助别人疏导不愉快的情绪。

活动准备：

哭、笑、生气、害怕四种表情脸谱，纸、笔每人一份。

活动过程及指导：

1. 分辨四种表情：出示四种表情脸谱，请小朋友说出是什么表情，并模仿出这四种表情。

2. 讨论：当发生什么事的时候，会出现这样的表情？你喜欢哪种表情？

为什么？

3. 教师小结：小朋友要经常保持愉快的情绪，让别人快乐，自己也会快乐。愉快的情绪能促进食欲，促进睡眠，促进身体健康。

4. 讨论：怎样才能保持心情愉快？

5. 当自己或别人不快乐时怎么办？

(1) 画一画、讲一讲：启发小朋友将不快乐的事画出来，并讲给别人听。

(2) 帮一帮：请大家帮助有苦恼的小朋友想办法，怎样让他快乐起来。

6. 复习歌表演《我快乐》。

活动延伸

画表情。

活动评价

能通过图画或对话表达自己的感受。

活动分析

活动中的四种表情，是小朋友常出现的几种表情，通过讨论使小朋友明白了不愉快的情绪会影响身心健康，知道怎样保持愉快的情绪。通过“画、讲、帮”使小朋友初步学会了怎样帮助自己或别人，疏导不愉快的情绪。

我快乐

1＝C $\frac{2}{4}$　　　　中速、富有表情地

($\dot{1}$ 34 | 54 32 | 1 – | $\dot{1}$ 0) 1 6 6 | $\dot{1}\dot{1}$ 6 | $\dot{1}$6 64 |

1. 我 快 乐，我快 乐，我就 拍拍
2. 我 着 急，我着 急，我就 跺跺
3. 我 幸 福，我幸 福，我就 拍拍
6. 我 高 兴，我高 兴，我就 哈哈

5 6 | × × × | 53 31 | 2 3 | × × × | $\dot{1}$ 34 | 54 |

手，(拍手) 我就 拍拍 手，(拍手) 看 大家 一起
脚，(跺脚) 我就 跺跺 脚，(跺脚) 看 大家 一起
肩，(拍肩) 我就 拍拍 肩，(拍肩) 看 大家 一起
笑，(大笑) 我就 哈哈 笑，(大笑) 看 大家 一起

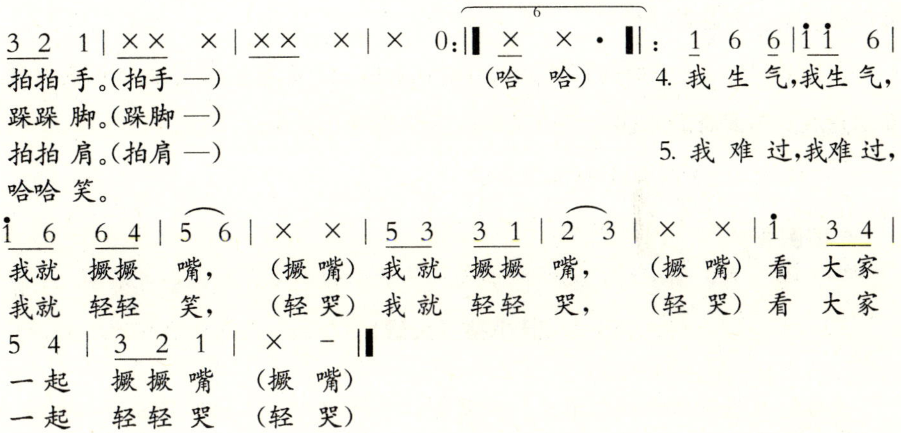

（五）身体素质与活动技能

(1) 练习和改进幼儿的走、跑、跳、投、平衡、钻爬、攀登等基本动作，提高幼儿平衡、协调、速度、灵敏、柔韧、力量等身体素质。

(2) 帮助幼儿掌握身体素质练习必要的知识和技能，教会幼儿利用各类体育器械、器材进行身体素质锻炼的方法。

(3) 培养幼儿独立地选择运动器材，创造性地利用器材进行身体锻炼的能力，发展幼儿活动的自主性、积极性和创造性，培养幼儿谦让合作，爱护运动器材的良好品质。

(4) 满足幼儿身体活动、娱乐、表现自主、独立等多种需要，有效地激发幼儿对身体锻炼的兴趣。

案例 8－5

赶小猪（大班）

背景：发现其他课程利用一些废旧易拉罐做出一些漂亮的作品，如花盆、拉花等。体育活动中是否也利用它，让幼儿玩得开心，锻炼幼儿走、跑、踢、平衡等身体素质，激发锻炼的兴趣。

活动目标：

1. 练习将圆柱体向指定方向滚动，感知圆柱体的特性。

2. 会创造性地玩易拉罐，练习用脚踢，用棍拨的动作技能。

重点难点：

练习将圆柱体向指定方向滚动。创编易拉罐的多种玩法。

活动准备：

易拉罐若干（至少与小朋友人数相同），长棍人手一根，纸箱 4～5 个，小石子（或其他东西）若干。

活动过程及指导：

1. 赶小猪出门。

(1) 教师用趣味而激情的语言激发小朋友玩易拉罐的兴趣。

(2) 小朋友每人持一根小棍，从纸箱中将小猪（易拉罐）赶出，将小猪赶到有石子（或其他东西）的地方。

2. 喂小猪。

小朋友将小石子（或其他东西）放到易拉罐里，当做喂小猪。

3. 同小猪做游戏。

小朋友自由玩易拉罐。如：脚踩练平衡、双脚夹着跳、单脚踩着滚、用头顶着走等。

4. 送小猪回家。

当老师说小猪该回家时，小朋友用脚将小猪（易拉罐）踢回纸箱内。

如果小朋友感兴趣，可再次进行，也可进行赶猪比赛。

活动延伸

1. 用易拉罐盖高楼，看谁垒得高。

2. 用易拉罐自制玩具。

活动评价

能用棍拨、用脚踢，将易拉罐滚到指定位置。

活动分析

本次活动充分发挥了废旧材料的功能，用易拉罐当小猪，通过“赶、喂、玩”，锻炼了小朋友多方面的动作技能。放入石子后的易拉罐在滚动过程中发出沙沙的响声，更增加了小朋友玩游戏的兴趣。

（六）基本体操练习

（1）促进幼儿身体机能全面协调发展，以利于幼儿长成匀称的体型。

（2）教会幼儿有关基本体操和队列、队形变化的简单知识和技能，逐步提高幼儿做操的兴趣和能力，发展幼儿的空间概念。

（3）让幼儿每天坚持做操，培养幼儿在冬夏季节不怕寒冷与炎热的意志品质，提高幼儿机体对自然环境的适应力和对疾病的抵抗力。

（4）培养幼儿在体操活动中协同一致，遵守纪律的优良品质，增强集体观念。

（5）满足幼儿表现、模仿、审美等多种需要，培养幼儿感受美、表现美的能力。

案例 8-6

筷子操

预备姿势：双手各执一副筷子，放于体侧，身体直立（图 1）。

第一节：伸展运动（四个八拍）。

（1）左脚向左跨一步，重心在两腿上，两臂侧平举（图 2）。

（2）两臂举至体前，轮流击筷两下。

（3）动作同（1）。

（4）还原成预备姿势。

（5）～（8）动作同（1）～（4），方向相反。

第二节：踢腿运动（四个八拍）。

（1）左脚跟点地，两臂侧平举（图4）。

（2）左腿向前踢起，重心放于右腿，同时两臂于体前，轮流击筷两下（图5）。

（3）动作同（1）。

（4）还原成预备姿势。

（5）～（8）动作同（1）～（4），方向相反。

第三节：体侧运动（四个八拍）。

（1）左脚向左跨一步，脚尖点地，重心于右腿，两臂侧平举（图2）。

（2）左脚跟点地，重心右腿，右腿弯曲，上体向左侧身，两臂于左侧轮流击筷两下。

（图3）。

（3）动作同（1）。

（4）还原成预备姿势。

（5）～（8）动作同（1）～（4），方向相反。

第四节：体转运动（四个八拍）。

（1）左脚向左跨一步，两臂侧平举（图2）。

（2）上体左转90度，两臂于左侧击筷两下，转体时，脚跟不离地(图6)。

（3）两臂侧平举，同（1）。

（4）还原成预备姿势。

（5）～（8）动作同（1）～（4），方向相反。

第五节：腹背运动（四个八拍）。

（1）左脚向左跨一步，两臂侧平举（图2）。

（2）上体前屈，两臂垂直向下，击筷两下。

（3）动作同（1）。

（4）还原成预备姿势。

（5）～（8）动作同（1）～（4），方向相反。

第六节：跳跃运动（四个八拍）。

(1) ～ (2) 两臂屈起，筷子在胸前轮流击四下，同时，蹲马步，原地踏四下（图7）。

(3) ～ (4) 两手上举伸直，抖动筷子，双脚跳跃四下，同时嘴里发出“嘻”声四下（图8）。

(5) ～ (8) 动作同 (1) ～ (4)。

第七节：整理运动（四个八拍）。

(1) ～ (4) 原地踏步四下，两臂垂下，自然摆动。

(5) ～ (8) 两臂于体前轮流击筷四下。

其余三个八拍动作同上，一个八拍换一个方向，均为左转。

提示：操节音乐选一些节奏感强的、欢快有力的乐曲。

图1

图2

图3

图4

图5

图6

图7

图8

三、幼儿园健康教育活动的内容

幼儿健康教育的内容应由身体、心理和自然、社会适应诸方面组成。结合《幼儿园教育指导纲要（试行）》，幼儿健康教育的内容可具体分为：体育活动，生活活动、保健活动、自护活动、环保活动。

四、幼儿园健康教育活动应遵循的基本原则

（一）科学性原则

科学性原则是指幼儿健康教育课程的建构和实施，都应根据人体生理学、心理学、教育学、体育学、预防医学、教育社会学、人体运动学等众多学科所揭示出来的幼儿身心发展规律、教育规律、体育规律，幼儿现有发展水平与我国幼儿教育的特点，以及现有条件。帮助他们掌握健康领域的知识，更重要的是激发他们认识和探索的兴趣及科学的思维方法。

（二）生活性原则

生活性原则是指健康教育的目标、内容是为了幼儿生活。源于生活，从生活中学、生活中用、生活中去发展。就是为了发展幼儿生活能力、自我保健能力和学习能力，以适应幼儿现实生活与发展的需要。

源于生活是指健康教育内容是取自生活。幼儿健康教育内容中的知识技能体系基本是幼儿在生活中应用和学习的内容。走、跑、跳、投、钻爬、进

餐、着装、盥洗等知识技能，都是幼儿在生活中学习和应用的内容。

生活活动应是幼儿学习、应用和发展生活保健知识、技能、能力的主要途径，专门的健康教育活动不是唯一的途径。

（三）整合性原则

《纲要》明确指出："教育活动内容的组织应考虑幼儿的学习特点和认识规律，各领域的内容要有机联系，相互渗透，注重综合性、趣味性、活动性，寓教于生活、游戏之中。""幼儿教育是以3～6岁的幼儿作为对象的教育，幼儿的身心发展特点和学习特点决定了幼儿教育必须是整体性的教育，幼儿教育需要高度的整合——幼儿的发展是整体的、全面的，幼儿教育应注重整体性和全面性。"

（四）主体性原则

要承认和尊重幼儿、教师、家长、保健和保育人员都是幼儿健康教育活动的主体，要充分发挥和发展主体作用和主体能力。尊重幼儿在教育活动中的主体地位，发挥和发展他们的主体作用和主体能力。

（五）系统性原则

健康教育要根据幼儿身心发展规律连续地、渐进地、持久地进行。健康教育应常年进行，每个阶段都应有重点教育内容，既要做好集中教育，又要做好日常生活中的能力培养。

（六）前瞻性原则

前瞻性原则主要是指健康教育要"面向未来"，要培养幼儿能适应创造未来社会需要的身心素质。幼儿教育是培养创造未来社会的人才的，因此，教育内容既要满足幼儿现实生活需要，又要适应创造未来社会的需要。

（七）面向全体、因人施教原则

面向全体、因人施教原则是指应根据每个幼儿的特点进行教育，使每个幼儿都能在原有的基础上得到较快的发展。全面了解每个幼儿身心发展的特点。在确定发展目标和贯彻教育要求时，应因人而异，不强求一律。教育评价应着眼于发展。教育方法也是要有同有异的，要在"异"字上多下功夫。

第二节　幼儿园心理健康教育活动的设计与指导

一、幼儿园心理健康教育活动的内容

要想科学地确定幼儿园心理健康教育活动的内容，首先应当明确幼儿心理健康的概念和标准。幼儿心理健康主要是指其合理的需要和愿望得到满足之后，情绪和社会化等方面所表现出来的一种良好的心理状态。良好的心理状态表现为：幼儿对自己感到满意，情绪活泼愉快，能适应周围环境，人际关系友好和谐，个人的聪明才智得到充分的施展和发挥。由此可见，幼儿心理健康的主要标准包括：

（1）智力正常。

（2）情感健康、情绪反应适度。

（3）自我意识正常。

（4）乐于与人交往，人际关系融洽。

（5）意志品质良好。

（6）行为协调，与年龄相符合。

要使幼儿的心理健康水平达到这些标准，幼儿园心理健康教育活动的内容应当包括：情绪情感教育、自我意识的养成、意志品质教育、动作行为教育等。各项工作的具体内容分别包括：

情绪情感教育：

（1）分辨基本情绪的能力。

（2）情绪情感的表现能力。

（3）合理疏泄不良情绪的方法。

（4）积极情绪的养成教育。

自我意识的养成：

(1) 自我认识能力。

(2) 自我评价能力。

(3) 情感自我调控能力。

意志品质教育：

(1) 自制力和坚持性。

(2) 畏难情绪克服和勇敢品质训练。

动作行为教育：

(1) 动作行为协调性训练。

(2) 按生活常规做事的能力。

二、幼儿园心理健康教育活动的组织形式

幼儿园常用的心理健康教育活动的组织形式包括：同伴游戏、成人（教师／家长）指导、亲子活动、主题教育活动、户外体育游戏等。

同伴游戏：同伴关系是幼儿最重要的人际关系之一，在幼儿成长过程中具有其他人际关系不可替代的重要作用。从某种意义上说，能否与同伴建立起良好的交往关系，是幼儿心理健康水平的主要标志。因为良好的同伴关系不仅有助于幼儿形成合作、谦让、友好、分享等优良的心理品质，而且有助于促进幼儿社会性的全面提高；不良的同伴关系则容易引发孤独、冷漠、敌对、攻击性等问题心理与问题行为。游戏既是幼儿教育的主要内容，也是幼儿园教育的基本形式。因此，同伴游戏是幼儿心理健康教育过程中最常用的组织形式。通过同伴游戏，幼儿不仅可以建立良好的同伴关系，体验和分享同伴合作的乐趣，还可以通过竞争培养集体意识、独立意识和尊重他人的良好心理品质。

成人（主要是幼儿教师和家长）指导：成人的有效指导也是帮助幼儿建立良好心理品质的重要手段和途径。很多家长认为，入园之后教育孩子就是教师的责任了。这种观点不仅是不负责任的，而且也是错误的。在幼儿心理健康教育过程中，应当坚持整体性原则。幼儿园、家庭和社区都应当积极参与幼儿心理健康教育活动。影响幼儿心理健康的因素既有内部的主体因素，

也有外部的环境因素。其中，师生关系、亲子关系是影响幼儿心理健康的主要因素。因此，应加强幼儿园、家庭、社区之间的沟通与合作，构建“三位一体”的幼儿心理健康教育网络，为幼儿心理健康营造全方位的良好环境。

亲子活动：子女入园之后，与父母在一起的时间相对减少，幼儿的生活空间、交际对象和生活方式等都发生显著变化。亲子关系以及家长的教养方式也会随之发生微妙变化，这种变化如果处理不当就可能会引发一系列的幼儿心理问题。例如，由于与孩子相处的时间相对减少，家长可能更加溺爱孩子；同样，幼儿也可能会由于更加依恋父母而不愿意去幼儿园，从而导致入园适应问题。有效的亲子活动是缓解幼儿心理问题的重要途径。在幼儿园或家庭中适当开展各种形式的亲子活动，不仅可以预防幼儿心理问题的发生，同时也可以增进亲子间的情感交流，促进幼儿心理的健康发展。

主题教育活动：主题教育活动是幼儿心理健康教育的重要途径和方法。主题教育活动包括幼儿园专门设计的心理健康教育活动（以游戏为主），也包括利用社区资源开展的参观、游览、生活实践等。随着年龄的增长，幼儿的好奇心和求知欲也开始突显出来，幼儿园的环境、设施有时不足以满足幼儿各方面的探究需求。这时，周围社区的环境资源就成为开展各种主题活动的丰富资源。在幼儿园、家庭和社区开展参观游览等内容多样、形式各异的主题教育活动不仅可以加强幼儿园、家庭和社区之间的联系，为幼儿的心理健康教育开辟丰富的教育资源，营造良好的教育氛围，还可以为幼儿开阔视野、陶冶情操、培养兴趣、磨炼意志创造优良的条件。

户外体育游戏：英国教育家洛克提出：健康之精神寓于健康之身体。也就是说，幼儿锻炼健康的体魄有利于克服不良情绪情感，从而养成健康的心理。幼儿园应当有针对性地开展户外体育活动，用幼儿感兴趣的方式发展基本动作，提高动作的协调性、灵活性。在体育活动中，培养幼儿坚强、勇敢、不怕困难的意志品质和主动、乐观、合作的态度。开展丰富多彩的户外游戏和体育活动，培养幼儿参加体育活动的兴趣和习惯，增强体质，提高对环境的适应能力。

三、幼儿常见心理问题的表现、成因及对策

心理问题阻碍了幼儿正常的心理发育，如果不能得到及时的矫治和干预，往往会导致成年后的各种心理问题，甚至会导致精神疾病。幼儿常见的心理问题包括：睡眠障碍、言语障碍、情绪障碍、儿童孤独症和多动症等。这些心理问题的主要临床表现和相应的干预对策如下：

（一）睡眠障碍

幼儿睡眠障碍主要包括夜惊和梦游两种。

1. 夜惊

夜惊又称睡惊，是指幼儿睡眠中突然出现的短暂性惊扰症状。常见于4～7岁儿童，男孩多于女孩。通常发生于睡前两小时左右。

（1）表现。夜惊主要表现为幼儿入睡一段时间后突然坐起，大声哭喊，双眼瞪圆或紧闭，极度惊恐，很难唤醒。强行唤醒时可出现定向障碍或意识混乱、心率加快、呼吸急促，甚至浑身大汗淋漓。通常持续3～5分钟。严重者频繁发作。幼儿睡醒后，一般不能回忆发作经历。

（2）诱因。夜惊的诱因包括精神因素和伴生性疾病两种。受到惊吓和情绪焦虑是诱发夜惊的主要精神因素；脑瘤、癫痫、鼻咽部疾病导致的呼吸不畅、肠道寄生虫病等也能诱发幼儿夜惊。

（3）对策。排除脑瘤、癫痫、鼻咽部疾病、肠道寄生虫病等疾病后，幼儿夜惊一般不需要针对性治疗。教师和家长应当注意消除幼儿的紧张情绪，帮助幼儿养成有规律的作息习惯，不给幼儿讲述可能导致情绪紧张的故事，不让幼儿看惊险、恐怖的电影和电视节目，不用威胁、恐吓的方式强迫幼儿睡眠。

2. 梦游

梦游是睡眠中自行下床走动，而后再回到床上继续睡眠的怪异现象。常见于6岁以后的儿童。

（1）表现。梦游通常表现为幼儿在沉睡中下床行走，表情呆板，有时情绪激动，并能够讲话。但语言通常没有实质性逻辑和意义。梦游者很难被强

行唤醒，对他人的刺激也做不出反应。睡醒后一般不能回忆发作经历。

(2) 诱因。梦游主要是大脑皮层过于兴奋的结果。遗传因素也是诱发梦游的重要原因，相关研究表明超过半数的梦游者有家族遗传史；白天过于兴奋、焦虑或紧张不安等不良情绪也容易引起幼儿梦游。

(3) 对策。随着儿童年龄的增长，梦游现象一般可自行消失，不必进行针对性治疗。教师和家长应注意消除幼儿的紧张、恐惧情绪；避免过度疲劳和睡眠不足。加强对幼儿的保护，为幼儿创造安全的睡眠环境，清除电线、热水瓶等可能对梦游幼儿造成伤害的障碍物。

(二) 言语障碍

幼儿言语障碍包括口吃和缄默症两种，其中口吃是幼儿最常见的言语障碍。由于缄默症发生概率较低，本书不再阐述。

口吃是幼儿说话时字音重复或词句中断的现象，是一种习惯性言语缺陷。

(1) 表现。口吃主要表现为幼儿说话时在某个字、词上出现停顿、重复、拖音等现象，说话不流畅。部分口吃严重的幼儿还可能伴随摇头、跺脚、歪嘴等动作。口吃还容易导致胆怯、易兴奋、易激动、睡眠障碍等心理异常现象。

(2) 诱因。幼儿口吃的诱因包括模仿、心理紧张和教养方式不当三种。幼儿天性喜好模仿，如果家人或周围的人有口吃，幼儿出于好奇进行模仿，时间长了就容易形成口吃。突然的精神刺激、环境的改变、过度精神紧张等也都容易导致幼儿发生口吃。家长的教养方式不当也是导致幼儿口吃的重要原因，特别是当孩子发音不准、说话不流畅时，父母的过分指责给幼儿造成心理压力，也容易导致口吃。

(3) 对策。教师和家长应当为幼儿创造良好的语言环境，说话时要正确示范，科学看待幼儿早期说话不流畅的现象，避免对幼儿的过度指责，消除幼儿的紧张情绪。教师和家长要经常和幼儿交谈，多为幼儿创设语言表达的机会，并注意营造安全的心理环境。

(三) 情绪障碍

情绪障碍是发生在儿童期和少年期以焦虑、恐怖、抑郁等为主要临床表现的一组心理疾病的总称。只要很小的诱因，就会引发患儿发病。情绪障碍主要发生在15岁左右的中学生群体，幼儿期也有一定的发病率。特别是在教师和家长不注意与幼儿进行充分的交流和表达、对幼儿情绪情感的过度压抑等情况下都容易导致幼儿产生情绪障碍。

常见的幼儿情绪障碍包括入园焦虑和恐惧等。

1. 入园焦虑

(1) 表现。入园焦虑主要表现为幼儿早晨入园时会有焦虑、不适应，经常哭闹、抱着父母不肯进班。进入班级后，仍然哭闹不止、焦虑不安、睡眠不好、依恋自带物、依恋老师、不能积极参加老师组织的活动、食欲下降，并伴有心慌、气短、出汗、尿频等神经官能症状等。

(2) 诱因。从本质上说，幼儿入园焦虑是一种分离焦虑。幼儿产生分离焦虑与不安全感有关。新入园幼儿初次离开父母进入一个全新的生活环境，生活规律和生活习惯发生很大改变，接触的同伴和教师也都是陌生面孔，同时，家长和教师对入园后幼儿在各方面的要求也有一定的提高，短期内幼儿会感觉难以达到。这些很容易导致幼儿入园焦虑。另外，幼儿的入园焦虑也与幼儿的家庭教养方式和生活经验有关，家长平时如果不溺爱孩子，注重幼儿独立自主能力的培养，积极鼓励孩子探索新环境，与新同伴交往等，幼儿的入园适应期就会大大缩短。

(3) 对策。对于幼儿的入园焦虑，教师和家长首先要有科学的认识，作为家长，在孩子入园之前，就要做好预备性工作，提前带孩子熟悉幼儿园的环境。在孩子入园后，要坚持接送，并用积极的情绪影响孩子，主动和孩子交流在幼儿园生活和交往的情况，帮助孩子从对家庭的依恋逐渐转向对教师和新同伴的依恋。作为教师，要善待孩子，用游戏、玩具等积极刺激帮助孩子转移注意力。在组织教育活动时，对新入园幼儿应当以户外活动为主。

2. 恐惧

(1) 表现。幼儿恐惧表现为很多种类型，包括对具体事物的恐惧，如害怕动物、怕雷电、怕黑、怕水、怕陌生人、怕噪音等；对抽象概念的恐惧，如怕死亡、怕被拐卖等；对具体事件的恐惧，如怕打针、输液、接种疫苗、洗头、洗澡等。幼儿恐惧时表现为呼吸和心跳加快、表情紧张、大喊大叫、伴有踢打等攻击性动作，严重者可呈现面色苍白，甚至大小便失禁或精神抑制等。

(2) 诱因。幼儿产生恐惧心理的诱因主要有三种：第一，幼儿熟悉的环境发生意外的变化，从而使儿童产生焦虑和不安；第二，受他人恐惧情绪的影响；第三，后天经验所致，如幼儿一旦有被狗咬的经历，再见到狗时，就会产生严重的恐惧心理。

(3) 对策。教师和家长首先要弄清幼儿产生恐惧情绪的原因和类型，采用言语解释的方法帮助幼儿了解恐惧对象的本质，从而消除恐惧心理；当幼儿产生恐惧心理时，教师和家长还可以采用玩具或语言转移幼儿的注意力；榜样示范的方法也可以帮助幼儿克服恐惧心理，教师、家长和同伴都可以成为幼儿的好榜样。对于严重的恐惧症，要进行必要的心理干预。

(四) 儿童孤独症

儿童孤独症又称儿童自闭症，是一类严重孤独，缺乏情感反应，语言发育障碍，刻板重复动作和对环境奇特的反应为特征的疾病，约每 1 万名儿童中有 2～4 例，男孩多于女孩，男女比例约为 4～5：1。

1. 症状

典型的儿童孤独症患儿主要表现为社会交往障碍，避免与他人对视，缺乏面部表情，对人态度冷漠，对别人的呼唤不理不睬，害怕时也不会主动寻求帮助；语言发育障碍，经常默默不语，或者讲话的时间比他人晚，语言内容刻板，不能主动与人交谈，也不会使用手势、眼神等肢体语言来表达自己的需要和情绪；行为异常，常常坚持重复刻板的游戏模式，有的甚至出现自伤自残等行为。

2. 诱因

儿童孤独症的主要诱因有两种，一是生物学因素，主要是指母亲在孕期和围产期对胎儿造成的脑损伤，如病毒性感染、宫内窒息等；另一种是环境因素，如父母忙于工作，使幼儿长期生活在环境单调、缺乏情感、语言刺激的环境中，从而失去养成良好社会行为的机会。

3. 对策

教师和家长要对孤独症患儿的康复充满信心，国内外孤独症康复训练的结果表明，绝大多数孤独症患儿随着年龄的增长，通过加强康复训练，症状都会不同程度地得到康复，并且，发现和干预得越早，康复的效果越好。对孤独症患儿的康复训练重点应该放在提高幼儿基本生存和交际能力上。家长应当尽可能为孤独症患儿创造正常的生活和学习环境，加强和患儿的言语交流。最好让患儿上普通幼儿园，加强和教师的沟通，共同制定康复计划。

（五）多动症

多动症又称注意力缺陷多动症或脑功能轻微失调综合征。是一种常见的儿童心理疾病。多动症多出现在6周岁以前，随着年龄的增长，症状通常会逐渐减轻，但也有部分患儿病情延伸到成人。这类患儿智力正常或基本正常，但学习、行为及情绪方面有缺陷。

1. 表现

儿童多动症主要表现为注意障碍，注意力不集中，上课不能专心听讲，易受环境的干扰而分心，注意对象频繁地从一种活动转向另一种活动。活动过度，多动、好哭闹、不安静、难以满足，做事情有始无终。活动杂乱，缺乏组织性和目的性。冲动，行为先于思维，做事不考虑后果，不能自制，乱翻物品，任意拆卸，乱丢弃书本、玩具等。容易抢夺他人的食品、玩具，或攻击别人，集体游戏时，不能等待。

2. 诱因

导致儿童多动症的原因包括：遗传因素，先天体质缺陷、器官异常、染色体异常、父母的精神疾病等因素会不同程度地影响孩子的脑功能，从而导致多动症；脑部器质性病变，母亲孕期患高血压、甲状腺疾病、肾炎、贫血等，以及幼儿出生后1～2年内，中枢神经有感染或外伤，幼儿都容易患多动症；另外，父母教养方式不当，如早期智力开发过度、给孩子的压力大大超出孩子的心理承受能力，以及过量摄入铅、人工色素等都容易诱发幼儿多动症。

3. 对策

对多动症儿童的矫治主要有四种：第一种是心理干预，包括消除各种紧张因素，严格作息制度，增加文体活动，特别是音乐律动对治疗儿童多动症有积极的作用；第二种是行为矫治，治疗的重点在于培养和发展患儿的自制力、注意力，逐步提高幼儿集中注意的时间；第三种是饮食疗法，医学研究表明，儿童限制摄入驴肉、鱼片、干贝、奶酪、西红柿、人工调味品等含甲醛、色氨酸类食品，会缓解幼儿多动症的发生率；第四种是药物治疗，对于病情严重的多动症患儿，应采用必要的药物治疗。

第三节　幼儿园体育活动的设计与指导

一、幼儿园体育活动的目标

根据《幼儿园教育指导纲要（试行）》的精神，幼儿园体育活动的目标定位为：幼儿园体育是遵循幼儿身体生长发育、发展的特点和规律，以身体练习为基本手段，增强幼儿的体质，发展幼儿的身心素质和初步的运动能力，提高幼儿的健康水平和健康意识为主要目的而进行的一系列锻炼身体的教育活动。

二、幼儿园体育活动的内容与方法

身体练习是幼儿体育活动最基本的也是最重要的途径和手段。而所谓身体练习则是指为锻炼身体、增强体质、增进健康、促进生长发育所采取的各种动作的过程。幼儿园体育活动的内容主要包括：体育的基本动作，走、跑、跳跃、投掷、钻爬、攀登、平衡等人体最基本的活动技能；基本体操，包括幼儿徒手操、轻器械操、排队和变化队形；体育游戏，主要是由各种基本动作所组成的，有一定的游戏方法或一定的规则，并且要求达到一定结果的一种游戏。它是体力活动与思维活动紧密结合，这是区别于其他各种游戏的主要特点。

幼儿园体育活动的方法：常用的有讲解法、示范法、练习法。

（一）讲解法

讲解法是指教师在指导幼儿体育活动中，运用各种形式的语言向幼儿说明所学的名称、要领、做法及要求，指导幼儿掌握基本动作技能的一种方法。运用此方法要注意：

（1）讲解的内容要正确，符合幼儿的知识经验水平和理解能力。

（2）讲解内容要简明扼要，突出重点，语音要形象、生动、有感染力和鼓动性。使用幼儿语言，善于用比喻和象声词，注意语调、节奏、表情、手势、动作的巧妙变化和结合。

（3）讲解要有启发性。适当结合提问方式，以启发幼儿积极思考，并能随时了解幼儿对学习内容理解的程度。

（4）讲解要掌握好时机。在一般情况下，要在幼儿注意力集中、情绪稳定或表现良好时讲解或讲评，才能收到良好的效果。

（5）讲解要与示范相结合与身体练习相结合，这是体育活动过程中的一个重要特点。

（二）示范法

示范法是教师运用具体直观的动作和活动方式为范例，使幼儿了解所要学的动作形象、结构和完成的顺序所接受教育的一种方法。运用此方法要注意：

（1）目的要明确。每次示范都应明确所要解决的问题，示范什么，怎样示范，都要根据教学任务和幼儿的情况而定。

（2）示范要正确，并力求熟练、轻松、优美。高质量的示范常会引起幼儿惊喜、羡慕和激动的情绪，随着就会跃跃欲试，模仿起来。

（3）要引导幼儿观察示范，发展其观察力。示范前要集中幼儿的注意力，激发他们的观察兴趣，也要引导他们选择观察顺序和观察部位。

（4）教师要力求自己做示范，如果有的动作，限于教师本身的条件，不便亲自做示范，可请幼儿做示范，但事前帮助他们把动作做正确。

（5）示范的位置、方向和速度：

①示范的位置应选择在幼儿都能看清楚和教师也能看到幼儿的地方。应让幼儿背向阳光、风向和容易分散幼儿注意力的事物站立。

②示范方向要根据动作特点和要让幼儿观察的部位而定。教师可选用正面、侧面、背面、镜面示范。教师必须做镜面示范：即教师与幼儿面对面站立，动作相同，方向相反的动作。

③示范基本采用正常速度，为了使幼儿看清动作的方向、路线，可以把示范的速度放慢。

（三）练习法

练习法是在教师的指导下，幼儿做身体练习以实现教学任务的方法。练习法可分为两种形式进行。其一，在固定的同样的条件下反复练习同一动作，称之为重复练习法。其二，在练习过程中变换练习的环境、条件、动作的组合等等，称之为变换练习法。运用此方法要注意：

（1）练习时要目的明确，要求要具体。

（2）要及时、准确而又全面地了解幼儿的表现。了解幼儿的体力状况、动作质量、情绪状态及品德行为、智力表现等方面的情况。

（3）练习的过程中，要处理好练习与间歇问题、运动负荷与休息的关系。

（4）练习过程中，要采用多样活动形式，提高幼儿练习的兴趣性和积极性，提高练习的效果。

练习法还有游戏法、比赛法、模仿法、领做法、完整练习法和分解练习法、循环练习法等，在教学中灵活运用。

三、幼儿园体育活动的设计与指导

幼儿园体育活动包括了幼儿体育活动、体育游戏、幼儿体操、户外体育活动、幼儿运动会等。

（一）体育活动

目前体育活动多采用“开始（或准备）——基本——结束”的环节结构。

现对三部分作介绍。

1. 开始部分

开始部分（也称准备部分）的主要任务是迅速地将幼儿组织起来，集中注意力，并从生理方面和心理方面做好准备和动员工作。同时，也要为完成体育活动的任务，开展一些动作简单的、负荷量不大的身体运动内容。如，排队、变换队形、走步、慢跑、体操以及发展身体素质的各种练习动作。

生理方面的准备活动，主要指让幼儿做一些身体运动练习，提高身体的机能的活动能力，使其身体各器官系统的机能逐步进入到工作状态，为基本部分开展较大活动量的身体运动做好准备。

心理方面的动员工作，主要是指调动幼儿参与活动的积极性和愿望，使他们精神振奋、情绪饱满、跃跃欲试。教师要用自己的言行感染和影响幼儿，要通过本人的情感和姿态吸引幼儿的注意力，并产生参加体育活动的兴趣和欲望。

开始部分的设计最好是新颖简短，一般的情况下需要根据幼儿的特点、基本部分的目标、气候等因素来确定活动的内容和时间，一般大约占总时间的10%～20%为宜，幼儿的年龄越小，所占的时间越少。

2. 基本部分

基本部分的主要任务是，实现本次体育活动的主要教育和教学的活动目标，即通过一定的身体动作练习，提高幼儿的身体素质，发展基本动作的活动能力。学习粗浅的体育知识和技能，培养优良品德和良好的性格等。

本部分内容的选择和安排要符合科学规律性。如果有新的教学内容，就应该根据幼儿认知活动的特点，将此内容安排在该部分的开始阶段，以便使幼儿能有较集中的注意力、饱满的情绪和充沛的体力去学习和练习。至于能引起幼儿高度兴奋或活动量较大的游戏活动，则应该放在该部分的后半段，以便使之与幼儿身体机能活动的水平相适应。基本部分活动的时间一般约占总时间的70%左右。

3. 结束部分

结束部分的主要任务是，有组织地结束这次体育活动，缓解幼儿身心高度兴奋或紧张状态，使之能较快地恢复常态。

其内容一般包括两个方面：一是做一些身体放松的游戏活动或动作，帮助幼儿放松肌肉，消除疲劳，使幼儿的身体和情绪由高度的紧张、兴奋、激动状态逐渐过渡到相对平静的状态。二是进行简单小结，肯定和称赞幼儿的努力和成功，并组织幼儿整理教具，养成做事情有始有终的好习惯。结束部分活动的时间约占总时间的10%左右，并视具体的活动情况而增减。

上述的三个部分之间是相互联系的，虽然各个部分都有其主要任务、内容，但它们之间又是一个紧密结合的统一整体，上一个部分是下一个部分的准备，而下一个部分又是上一个部分的自然延续或发展，它们的中心目标是共同完成本次活动的教育任务。

当然，幼儿体育活动的结构并不是固定不变或千篇一律的，可以是多种多样的，但不论是哪一种结构，应该遵循一些基本的规律和特点，如人体生理机能活动变化的规律以及幼儿身体方面的特点、幼儿认知活动的特点等。

案例 8－7

有趣的皮球

适合班级：小班、中班

活动目标：

1. 幼儿喜欢皮球，学会滚、拍皮球，并能人球互动。

2. 发展幼儿的动作的灵敏性、协调性。

3. 培养幼儿的想象力、创造力、相互合作，团结一致的精神，想出不同玩皮球的方法。

活动准备：皮球每人一个，手偶乌鸦（头饰）一只，玩具狐狸（头饰）一个。

活动过程及指导：

（一）开始部分

1. 师幼问好。

2. 准备活动：游戏表演“变变变”。教师：“小朋友，走走走，跟着老师走，走走走，跟着老师走，小朋友，跑跑跑，跟着老师跑，跑跑跑，跟着老师跑，一二三，变变变，变成一个大皮球，皮球爆炸了，砰……”（当老师说到“砰”的时候，“小皮球”们立即跳起来，然后落地蹲下，做爆炸状。）教师：“小皮球都爆炸了，没气了，这可怎么办？来，咱们再来吹个大皮球，深深地吸一口气，看谁的皮球吹得又大又圆，谁就会跳得又高又远。”游戏表演“大皮球”。“大皮球，真好玩，拍一拍，跳一跳，拍得快，跳得快，拍得慢，跳得慢。”（教师拍手，幼儿当大皮球。）

（二）基本部分

1. 教师：“现在呀，我要问问大皮球：你们都有什么本领呀？”……“那老师要给小朋友们一人一个大皮球，请小朋友们想怎么玩就怎么玩，看谁玩得方法最多。”

2. 幼儿自由玩球，教师巡回指导。（可滚、可拍、可抛、可踢、可顶……）

3. 集中幼儿，启发幼儿几个人组合玩球。（可滚、可传、可抛、可踢……）

4. 幼儿开始自由结合玩球，教师巡回指导。

5. 集中幼儿，出示手偶乌鸦，告诉幼儿一个坏消息：“狐狸把森林里的小动物咬伤了，我想请小朋友们帮个忙，帮我抓住狐狸，怎么抓？”……“狐狸跑得可快了，老师请小朋友们把皮球当车轮子，开着车去追，看谁能抓住狐狸，好不好？”（教师拿着狐狸玩具跑，幼儿追。）

（三）结束部分

1. 教师：“小朋友们真能干，一下就把狐狸抓住了，那现在该怎样处置它？”（幼儿回答后，教师请小朋友们开着车，把狐狸交给黑猫警长。把大皮球放回原处。）

2. 放松活动，教师带小朋友们踏踏步，甩甩臂。（放松上下肢）

（四）课的延伸

回家自己玩，想出更多的玩法，也可以和自己的爸爸妈妈一起玩。

（五）评议

在这次活动中，幼儿表现出很浓厚的兴趣，并且想出了许多的玩球方法。

同时，在游戏中，掌握了指定方向的滚球的本领。教师充分发挥了幼儿的想象力和创造力，激发了幼儿积极性，体验到了玩球的乐趣和抓住狐狸后的愉悦心情。组织如简图：

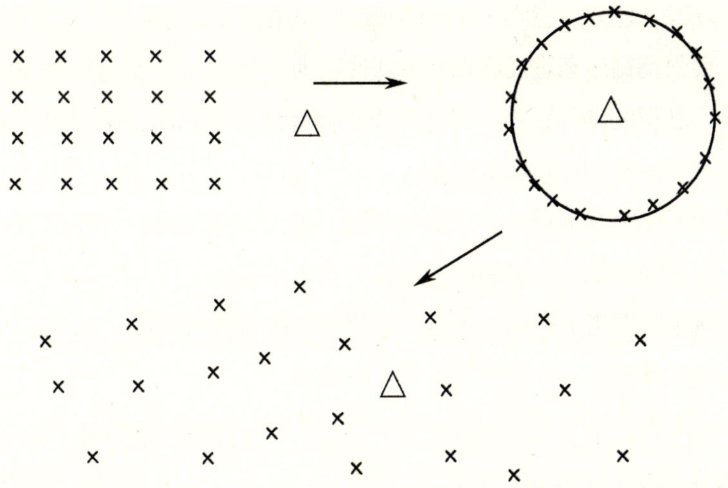

（二）体育游戏

1. 体育游戏的选编

（1）明确选编体育游戏的目的

选编体育游戏的目的是为了更好地完成教育和体育教学的任务。

①为实现体育活动的目标而选编的游戏

选编体育游戏时，必须要考虑体育活动的各部分任务。各部分对活动量和动作的要求是不同的。

②为培养幼儿形成基本动作技能而选编的游戏

运用游戏进行复习巩固学过的动作，效果是很好的。因为游戏能激发幼儿的情绪，能提高幼儿的积极性。他们能自觉地、主动地运用学过的动作参与游戏，达到了较好的复习和巩固的目的。

③为开展户外体育活动而选编的游戏

户外体育活动时间所选编的体育游戏应该是与一天生活的各个环节紧密配合。集体游戏以动为主，幼儿参加时要付出一定的体力。

有时教师为了培养幼儿某些方面的意志品质，如勇敢、抑制力等，可以选些规则性较强的游戏。

（2）要符合幼儿的年龄特征和发展水平

各年龄幼儿在体能和智能方面都有很大的差别，所选编的游戏也要符合其特点，同时，还要注意同一年龄幼儿的具体情况。

（3）要贯彻循序渐进性原则和巩固性原则

幼儿所获得的动作技能，是在原有的基础上建立和积累起来的，所以应该在不断地教给他们新的知识基础上，进行必要的复习，达到熟练程度。开始选编的游戏要容易简单些，以后可以逐步地过渡到选编一些较复杂难度大的游戏，从而提高幼儿的兴趣性，并能增强自信心。

（4）选编时要考虑时间、地点、季节和条件等各种因素

（5）编写体育游戏要符合基本格式的要求

①游戏名称。

②适合的班级或幼儿的年龄。

③游戏的目标。

④重点、难点。

⑤游戏的准备（场地、器材或能力、知识的准备）。

⑥游戏的过程方法（组织要求及指导）。

⑦游戏的规则。

⑧活动建议（延伸活动）。

⑨配场地图或动作示意图。

案例8－8

萝卜回来了（中班）

活动目标：

1. 小朋友学会双脚跳，并能在直线两侧连续曲线跳。

2. 培养小朋友之间互相关心、互相帮助的好品质。

重点难点：

练习在行进中跳的能力，在跳的过程中不踩线。

活动准备：

萝卜实物若干，场地布置如图。（附后）

活动过程及指导：

1. 讲故事："萝卜回来了"。让小朋友懂得小朋友之间应该互相关心、互相帮助。

2. 游戏玩法：

（1）教师扮兔妈妈，小朋友分成人数相等的三组，分别扮黑、灰、白兔，各组成一路纵队站在自己家里，每只小白兔手中拿着一只大萝卜。

（2）用启发性的语言使小白兔主动把萝卜送给小黑兔，小黑兔再送给小灰兔，小灰兔最后再把萝卜送给小白兔，但行进中必须一个跟着一个双脚在直线两侧跳，双脚不能踩线。最后大家一起跳到中间高高兴兴地吃萝卜。

3. 表扬、鼓励小朋友都是团结、友爱、互相关心的好孩子。

活动延伸

可利用废旧的轮胎让小朋友练习单脚、双脚跳的能力。

活动评价

能双脚在直线两侧行进跳。

活动分析

采用角色游戏的形式，小朋友很容易接受，不仅锻炼了小朋友在直线两侧行进曲线跳的能力，还培养了小朋友之间互相关心、互相帮助的好品质，这对小朋友来说很有教育意义。

2. 体育游戏的组织领导

（1）游戏的准备阶段

①首先教师要熟悉游戏的内容，领会游戏的教育作用，研究教材教法，编写好教案。

②自己首先要学会动作，并要了解幼儿情况。包括人数、体能、智能、心理水平等等。

③选择好场地，准备好玩教具。培养好小助手。

（2）游戏的进行阶段

①集会幼儿到练习场地。

根据游戏内容要求，正确选择幼儿观看和练习位置。一般选择在练习（玩教具）的两侧。

②讲解与示范。

讲解游戏时，语言要生动、形象、简明扼要，要用幼儿能够理解的语言，讲出游戏的名称、内容、方法和规则，动作要领。讲解的一般顺序是：a. 游戏名称；b. 游戏的内容（玩法）和规则；c. 游戏的结果。

为使幼儿更快地理解游戏，讲解时可以伴有示范。简单的游戏可以部分示范，较复杂的游戏可以全部示范。有的游戏如果教师一人示范有困难，可请幼儿示范。

复习已学过的游戏时，只需要用语言提示游戏内容，补充或说明规则和方法即可。

③角色的分配。

选定某个幼儿在游戏中充当某一角色时，必须考虑到：

第一，对开展游戏是否有利，能否保证游戏顺利地进行。

第二，该幼儿能力如何，能否担当起来。

第三，对全体幼儿或他本人能否起到教育作用。

分配角色的方法，可根据具体情况而定。在小班学新游戏时，主要角色一般是由教师担当，待游戏玩得熟练后再选能力强的幼儿担当，以后可以根据教育方面的需要，选用能力不同的幼儿来担当。在较大年龄班，老师可以根据具体情况，针对幼儿各方面的特点适当地分配角色。可选用指定法、推选法、斗智法、随机决定法等。在分配角色时，教师不能只注意一些能力较强的幼儿，应培养全班幼儿都具备能担当主要角色或游戏中的“总指挥”的能力和愿望，从而调动每个幼儿参加体育活动的积极性和兴趣性，以此达到促进身心全面健康发展的目的。

指导分队的游戏时，要注意将男女幼儿、能力强弱均衡分开。两队或四队的力量尽量做到均等，使竞赛的结果比较合理和公正。

④游戏进行中要科学地掌握活动量。

教师主要根据儿幼儿在游戏中身体生理变化情况（主要是心率）和外部反应情况及时掌握活动量。

掌握活动量的过程中注意两点：

a. 当幼儿兴奋强于抑制在情绪高涨时，他们就会过高地估计自己，兴奋也会暂时掩盖疲劳。所以教师要注意观察幼儿的外部表现，了解他们的健康状况和能力，适当地调解活动量。

b. 随时注意体弱幼儿和个别幼儿，要给体弱幼儿规定出游戏的次数，适当减少活动量。对个别能力强或好胜的幼儿应该给以适当关照，在可能的条件下要尽量地满足他们体力和智力发展的需要，从而达到促进发展的目的。

⑤严格要求幼儿遵守规则。

遵守规则是培养幼儿纪律性的有力手段。教师要严格要求和培养幼儿自觉地遵守规则。要求幼儿能自觉地遵守规则，一方面保证游戏能顺利进行，达到预定的目的，另一方面是对幼儿进行优良品德教育的时机。在对游戏不熟练的情况下，老师要多提醒幼儿遵守规则。

⑥培养正确的动作姿势。

开展体育游戏的目的之一，就是要发展幼儿的基本动作，并能形成熟练的技能。可是他们常常受游戏情节或竞赛成分的影响，只想获得好的结果。有时很难以控制自己的兴奋情绪，做出的动作往往出现不正确的姿势。所以，老师发现问题后要及时纠正并提出要求。如果发现个别幼儿的动作有问题，应及时用语言提示或具体帮助，以免使他们的动作形成不良的动力定型。

⑦注意安全。

体育游戏经常是在户外进行，场地大，器械多，外部的干扰也多，所以必须注意幼儿的安全。游戏活动之前，场地要打扫干净，清除杂物，地面平坦，不起尘土。各种器械要齐全、清洁、牢固，更不应带有尖、棱角，要随时检查器材的使用情况，同时还要教会幼儿使用的方法。检查幼儿服装，不穿过多过厚衣服，不穿硬底皮鞋、裤带、衣扣系牢，口袋里不装有硬物。另外，还要提醒幼儿擦净鼻涕，以免影响呼吸，影响活动。

(3) 游戏的结束阶段。

①结束游戏既要按原订计划，同时也要随时地掌握好结束游戏的时机。应该选择幼儿对游戏已感到满足，又不感到疲劳的时候结束。游戏结束后，老师对中大班幼儿可以用很短的时间进行小结，肯定优点，提出缺点和改进方向。对表现好的幼儿加以表扬，对出现的问题要从正面提出要求和希望。教师要对能力差不理解游戏内容而做错的幼儿，在活动后选择时机给他讲解和示范，并给予鼓励增强其信心。

②整理活动。激烈的游戏结束后，要做整理活动，使幼儿的身体和情绪逐渐恢复平静。

③组织年龄较大的幼儿帮助教师整理运动器材和玩具。

案例 8－9

小马运粮

适合班级：小班

游戏目标：

1. 小朋友学会手膝向前爬的动作，促进四肢和躯干主要大肌肉群的均衡发展，提高爬行的能力。

2. 发展小朋友动作的灵敏性、协调性和平衡性。

3. 提高反应能力和抗挫折的能力。

游戏准备：平整场地一块，垫子若干（泡沫板，包装箱纸板），小马头饰若干，沙包（其他东西）若干。

重点难点：安全，上下肢的配合。

游戏过程：

1. 讲（小马运粮）的故事。

2. 教师："现在呀，小马遇到困难了，我们帮帮它，帮它把粮食运回家好不好？"小朋友们："好！"

3. 小朋友们站在场地一侧，戴上小马的头饰，趴下把粮食（沙包或其他东西）固定在背上。听老师的信号依次爬过去。

4. 教师："小朋友们真棒，帮小马把粮食送到了家，但粮食还不够，我们还要帮小马送，看谁送得又多又好。"

5. 小朋友们在老师的指导和鼓励下再玩2～3次。

6. 游戏结束：

教师："小朋友们，刚才我们把粮食帮小马送回了家，我替小马的妈妈谢谢你们，我们要多做好事，多去帮助别人，做一个乐于帮助别人的好孩子。"

"小朋友们，你们知道小鸟是怎样飞的吗？（小朋友们做）我们学着小鸟飞的样子，跟老师一起飞回家吧。"（好）小朋友们跟老师一起学着小鸟飞的样子绕场地一周。

活动延伸

小朋友们回家自己玩，想出更多爬的玩法，也可以和自己的爸爸妈妈一起玩。

活动评价

通过"小马运粮"的游戏，提高了幼儿的爬行能力，发展幼儿动作的灵敏性、协调性、平衡性，锻炼了身体、意志品质和抗挫折的能力。如图：

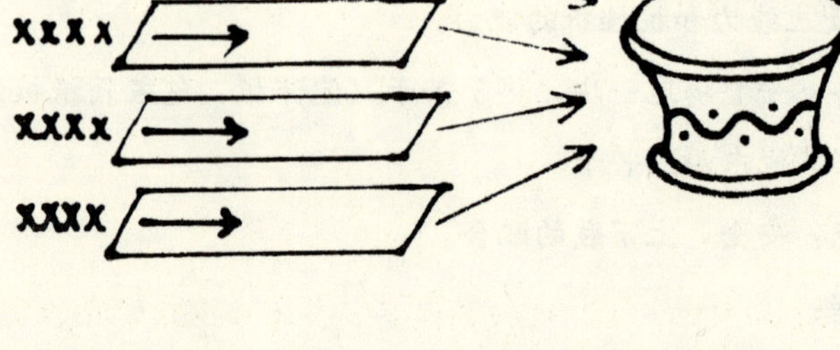

"小马运粮"的游戏适合于小、中、大班。只不过从爬道、爬行动作、驮

物等方面变化而已。

1. 爬道的变化：可直、可曲、可宽、可窄、可高、可低、可放障碍等。如图：

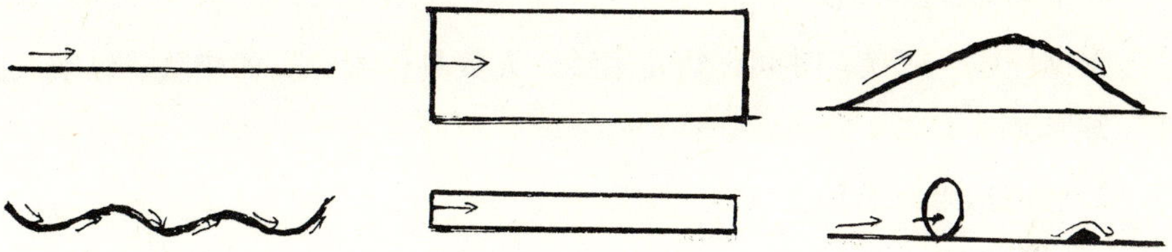

2. 爬行动作的变化：可手膝爬、手脚爬、匍匐爬、正爬、倒爬、侧爬、后退爬等。如图：

3. 驮物的变化：沙包、纸盒、球、其他东西等。如图：

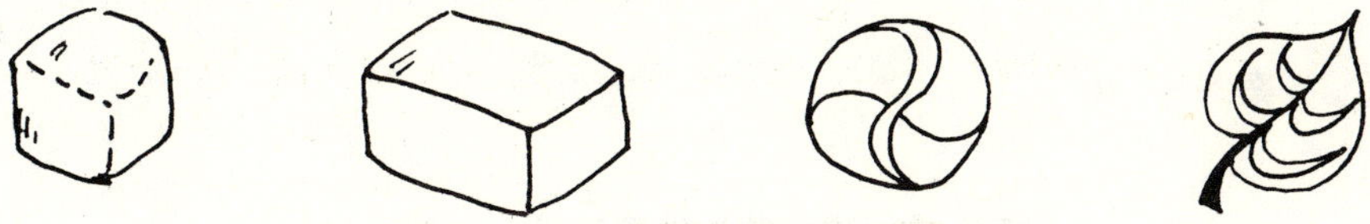

4. 放置部位的变化：头部、肩部、背部、臀部、腹部等。

5. 名称的变化：如“蚂蚁搬豆”“小兔搬家”等。换个名称，幼儿有新鲜感，就会提高幼儿兴趣，爱玩。

活动分析

这样，难度加大了，幼儿的兴趣提高了，还可以让幼儿想出更多的玩法，发挥幼儿的主动性和创造性，达到锻炼身体的目的，发挥健康领域在幼儿园的重要作用。

（三）幼儿体操

幼儿体操的教学：

1. 合理地组织队形

根据环境、气候、时间、幼儿年龄、人数具体组织。如横队、纵队、圆形、方形等。

2. 正确运用教学方法

（1）先介绍操节名称。

（2）教师完整做一遍示范。要求示范准确、规范、形象、优美。必须做镜面示范。

（3）分解教学。一拍一拍地教，一个动作一个动作地讲。要求边讲解边示范，讲解要清楚，语速要慢，讲解顺序是：先下后上，先左后右，先四肢后躯干。

（4）教师与幼儿用正常速度随口令完整做一遍。

（5）正确运用口令。根据操节动作注意节奏、轻重缓急，声音宏亮。还可配音乐。

（6）注意及时纠正错误动作。

案例 8－10

徒手操　第一节　伸展运动　（2×8）

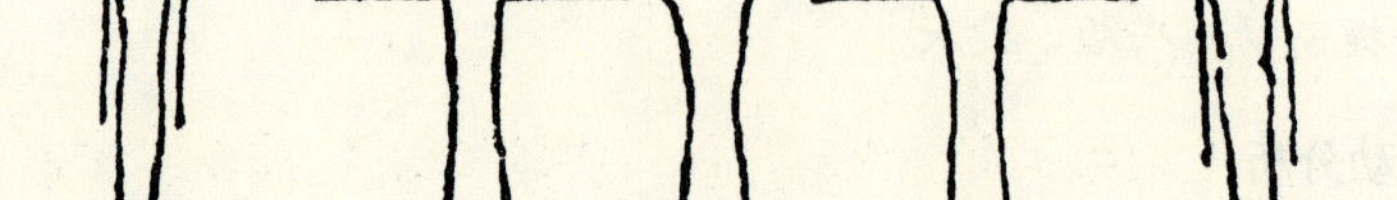

预备：直立

(1) 左脚向左出一步，与肩同宽，两手侧平举，掌心向下，眼看前方。

(2) 两手侧上举，掌心相对，眼看侧上方。

(3) 两手侧平举，掌心向下。

(4) 左腿收回成直立。

(5) ～(8) 同 (1) ～(4) 动作相同，方向相反。

2×8 同 1×8

要求：动作舒展有力，两臂要平要直。

(四) 户外体育活动

户外体育活动是体育活动的重要的组织形式之一。幼儿每天上午除了参加各种课程的活动之外，其余大部分的时间是独立的自由活动时间，依据《规程》的要求每天必须组织幼儿在户外开展一小时以上的体育活动，由此不难看出它的地位和作用是何等的重要。

1. 户外体育活动的任务

(1) 巩固和提高体育活动中所获得的知识和动作技能。

(2) 扩大幼儿对体育活动技能的范围，丰富和活跃他们的生活。

(3) 培养他们对体育活动的爱好，养成经常地、自觉地到户外锻炼身体的好习惯。

(4) 通过户外体育活动，教师能有较多的机会充分地观察幼儿，了解幼儿；可以培养幼儿的积极性、主动性和创造性，促进他们社会性的发展。

2. 户外体育活动的时间和条件

(1) 时间：最好上、下午各组织一次活动，每次活动的时间要根据幼儿的年龄、体力、活动内容、季节气候等条件而定。托儿、小班 20 分钟左右；中、大班 30 分钟左右。

(2) 准备一定数量的各种大小型体育器材和玩具，如大小跳绳、皮球、风车、铁环和滑梯、滚筒、摇船、秋千及攀登架等。教师要教育幼儿爱护器材，并学会使用和取放的方法。

（3）最好选择宽敞、平坦的室外场地，四周有树木和围栏。经济条件好的单位也可以搭起遮棚，种些花草。

3. 户外体育活动的内容

户外体育活动的内容应与体育活动、早操活动的内容相配合，既要注意复习、巩固已学过的内容，又可以适当地教些新的内容。

（1）基本体操：可以教一些新的操节或准备运动会、节日表演的体操。

（2）基本动作：较多的时间是复习、巩固已学过的基本动作，在个别的情况下，也可以有计划地教授新内容。

（3）体育游戏：除了复习已学过的游戏外，还可以选学一些适合在户外活动中玩的游戏。如“贴人”、“跳房子”、“切西瓜”、“踢毽子”、“跳大绳”“有趣的轮子”等。

（4）各类运动器械练习。

（5）水、沙上游戏。

（6）球类游戏。

（7）“三浴”锻炼。

（8）假如天气不好，可以在室内组织幼儿看体育题材的电视、电影、录像、幻灯片，或者听讲有关体育、卫生保健方面的以及促进身心健康方面的故事。

4. 户外体育活动的组织形式

组织形式可分集体和分散的两种形式。集体形式可以分为全班和小组活动形式，分散活动又可以分为个人和几个人自由在一起活动。

案例 8－11

有趣的轮子

活动目标：

1. 会用轮子玩多种游戏，发展小朋友身体的协调性。

2. 在不同的路面上滚动，体验轮子的力度不同。

3. 培养小朋友们的同情心和乐于助人的态度。

重点难点：

感受轮子力度的不同，感知不同地面用力的大小不同。

活动准备：

轮胎若干、沙袋或纸团若干、大篮子一个。场地布置如附图。自编一封来自“灾区”的感谢信。

活动过程：

1. 热身活动。

（1）教师带领小朋友在场地上做各种动作，活动全身。

（2）讨论：什么地方有轮子？轮子有什么好处？

2. 自由玩轮胎。

可自己玩，也可以几个人合作玩。

3. 游戏：“给灾区送粮”。

（1）教师告诉小朋友给灾区送粮要经过上坡、下坡路、沙漠、山地才能到灾区，要不怕困难。

（2）教师讲解并示范用沙包或纸团当做粮食，放进篮子里，手推轮胎，轮胎在上坡路、下坡路、沙漠、山地上滚动，将粮食运到目的地。然后绕道返回，依次进行。

4. 教师给小朋友读灾区人民来的感谢信，让小朋友体会帮助别人的快乐。

活动延伸

1. 自由玩轮胎。

2. 给灾区的小朋友写回信。

活动评价

能安全地将轮胎滚过障碍。

活动分析

本次活动以轮子为主，在玩轮子的过程中，渗透了对小朋友创造力的培养，感受到动力与摩擦力的关系，同时还培养了小朋友的同情心。小朋友玩有趣的轮子滚动，不但锻炼了身体，还增进了对体育游戏的兴趣。

(五) 幼儿运动会

1. 幼儿运动会的意义

通过运动会能推动幼儿园日常体育活动的开展，对教师的工作有很大的促进和推动作用。举办具有一定规模和声势的体育表演和比赛活动，能激发幼儿从小热爱体育的兴趣，提高锻炼身体的积极性和主动性，同时，也是他们互相学习和观摩的良机。在运动会上，可以邀请家长和上级领导观看并参加表演，不仅使他们对幼儿园孩子的健康情况和体育活动情况有所了解，同时，还能促进与幼儿园的关系，有利于共同为开展好体育活动，增强幼儿体质而协同工作。

2. 内容

包括表演和比赛两个部分内容。

（1）表演内容：

①体操：以班级或平行班级为单位，表演徒手操、轻器械操或团体操。

②游戏：组织部分幼儿或全班幼儿进行表演。如托儿、小班的游戏有“拾麦穗”、“拣松籽”、“动物找食”、“小驾驶员”等；中、大班可以组织球类游戏、跳绳、跳皮筋等活动。

③家长和孩子联合表演体操或游戏；组织教师和来宾表演各种体育项目。

（2）比赛内容（包括个人和集体项目）：

①基本动作项目。

②球类基本动作项目。

③自行车、跳绳等。

3. 运动会的组织领导

（1）准备工作：

①制订计划和运动会程序。

计划内容应该包括运动会的目的、表演和比赛的日期、工作步骤、项目程序表、人员分工、奖励办法、奖品准备等等。

运动会程序：

a. 入场式。

b. 园长和幼儿代表讲话。

c. 运动员退场。

d. 表演和比赛开始。

e. 总结、发奖。

②组织幼儿项目。

③邀请上级的领导、来宾及家长表演体育项目。

④准备器材，安排好场地，准备奖品及冷饮之类的食品。

（2）运动会进行过程中的注意事项：

①按运动会程序紧凑、活泼地进行。

②组织好参观助兴活动。

③时间不宜过长，1～2小时为宜。

（3）做好总结工作。总结工作的内容包括：召开运动会对幼儿教育的效果、教师工作的经验、做家长工作的经验，整理一些好的表演和比赛项目做为今后运动会的传统内容。写书面总结材料，并整理拍摄照片或录像片；对工作好的教师和工作人员要充分肯定，给予表扬。

4. 指导工作的注意事项

（1）运动会应与日常的体育活动结合好：

①运动会的项目与体育教学和体育活动的内容是一致的，所以通过日常的练习过程，就能达到锻炼身体的目的。

②运动会的要求在开学初就布置好，准备时间可以长一些，一般不要占用其他活动的时间，不搞突击，要保持正常的生活规律。

（2）选择的项目要适合幼儿的年龄特点，不宜过多。

（3）要面向全体幼儿，让每个幼儿都能参加表演或比赛。

（4）运动会前后要与家长保持密切联系，了解孩子的情况，互相配合好。

（5）做好卫生保健工作：

①注意幼儿的运动负荷。

②增加运动负荷后，营养、休息、卫生等工作都要跟上。特别是运动会当天的伙食、进食的时间都要安排好。

③医务人员和教师对幼儿要细心观察和检查，免得发生事故。

④运动会后，要让幼儿很好地休息。

案例 8－12

春季运动会

活动目标：

1. 积极主动地自报运动会竞赛项目，活动中自主、合作、勇敢、不怕困难。

2. 能积极参与运动会的策划与准备，在活动中自然、有序。

3. 在积极参与项目的过程中，有良好的竞争意识和合作意识。

4. 有自我保护意识和安全意识。

5. 在“大带小”活动中养成心中有他人的责任意识。

活动准备：

1. 班级内师生讨论运动会的主要程序与内容。

2. 师生共同制作班徽、班牌、项目所需的材料等，创编班级口号、参赛项目的儿歌等。

3. 提前熟悉场地、项目和运动会程序。

4. 讨论、制定相关规则。

活动过程：

1. 运动员入场。

队伍最前面的是国旗手和护卫队，紧随其后的是各班幼儿，由运动员代表高举班牌率领全班幼儿分两路纵队进入会场，走到主席台前时，喊本班的口号。

队伍绕场一周，在主席台前站好。

升国旗，奏国歌，行注目礼。

2. 园长讲话。

3. 幼儿代表讲话（男孩、女孩各一名）。

4. 师生表演：啦啦队之舞。要求教师精神饱满、动作到位；幼儿情绪愉快、积极投入。

5. 运动员退场。各班老师将幼儿带到指定场地。

6. 体育项目。集体比赛项目。

注：此项目是在运动会之前，由各班师生讨论报上来的项目，并且幼儿根据自己的能力已在班级内自报了参赛的项目，此刻代表班级争夺奖牌。

第九章　幼儿园科学教育活动的设计与指导

第一节　幼儿园科学教育活动概述

幼儿园科学教育的概念是在国家《幼儿园工作规程》颁布前后出现的。随后幼教界一直交叉使用着“科学教育”和“常识教育”这两个概念。有的观点认为“科学教育”与“常识教育”没有什么区别。事实上，幼儿园科学教育与传统的常识教育是不同的。常识教育强调的是教幼儿一些概念，认识一些事实，形成初步的概括能力。而科学教育是在传授基本科学知识的同时，注意让幼儿了解事物间的关系，注重幼儿的亲身活动和动手操作，旨在培养幼儿的探索能力和理解能力。

在2001年颁布的《幼儿园教育指导纲要（试行）》中，“科学”成为幼儿园五个领域的教育内容之一。幼儿园有关科学领域的各种学习活动都被称为“科学教育活动”。科学教育是教育的一个组成部分，是以数学、自然科学教学为主的一种社会活动。科学教育的目标有三个方面：科学知识技能、科学方法和科学精神。科学教育不仅要使学生掌握科学知识技能、科学方法及技术，而且能应用这些来了解环境、关怀社会、解决问题，掌握更多的操作技巧，并具有乐观积极的科学精神。

一、幼儿园科学教育的概念

幼儿园科学教育是指幼儿在教师的指导下，通过自身的活动，对周围的自然界进行感知、观察、操作、发现，以及提出问题、寻找答案，从而获得有关周围物质世界及其关系的经验的探索过程。

例如：秋天，在进行户外活动时，教师引导孩子们采集地上的各种落叶，然后带回活动室，让孩子向同伴介绍自己采集的叶子，互相交流相关知识经验，并进行分类、制作活动。在这些活动中，不仅发展了孩子的观察能力、思维能力、审美能力，而且还培养了探索大自然的兴趣和热爱自然的情感。

学前儿童科学教育的实质是对学前儿童进行科学素养的早期培养。幼儿园科学教育的内涵应包含以下几个重要方面：

1. 幼儿科学教育是引导幼儿主动学习、主动探索的过程

主动性是幼儿终身学习和发展的动力，社会的发展要求教育要培养人的主动性和创造性。不仅如此，人原本就是一个能动的个体，学习是学习者主动建构的过程。幼儿科学教育必须成为幼儿主动学习、主动探索的过程。

2. 幼儿园科学教育是支持幼儿亲身经历探究过程、体验科学精神和探究解决问题策略的过程

科学教育最重要的价值是使幼儿学得如何去获取知识，如何学习。幼儿科学教育应成为教师支持幼儿通过自己的探索获取知识、解决问题的过程。

3. 幼儿园科学教育是使幼儿获得有关周围物质世界及其关系的感性认识和经验的过程

幼儿认识事物的特点决定了幼儿科学教育不应要求幼儿掌握严格的科学概念，而应引导、支持幼儿通过自身与周围物质世界的相互作用，获得真正内化的经验。

二、幼儿园科学教育的意义

每个个体从出生到成年都要经历漫长的受教育过程，这既是社会的要求，也是个体成长发展的需要。幼儿园科学教育作为全面发展教育的重要组成部

分，在发展幼儿智力，锻炼身体和个性，陶冶情操方面具有不可替代的作用。每个幼儿教师都应该认识到幼儿科学教育的意义和价值。

（一）幼儿园科学教育与社会发展

国与国之间的竞争，主要是科学技术的竞争，而科学技术的竞争的关键是教育。科学教育质量的高低是一个国家能否在竞争中取胜的关键因素之一。

现在的幼儿是我国现代化建设的人才资源。终身教育的研究表明，生命的最初几年对于往后教育过程的成功是非常重要的。它是智力发展最为迅速的时期。幼儿园的科学教育是学前教育的一个重要方面，学前阶段的科学教育，虽然不可能直接培养出儿童科学家，但往往会有某种潜在的影响和作用。科学史上许多科学家的成长过程说明正是一些有趣的自然现象、科普活动和科普读物，从童年时代就激发了他们对科学的热爱，喜欢接触科学，后来走上研究科学的道路。如：英国生物学家达尔文的父亲是个医生，他非常喜欢园艺，达尔文耳濡目染，从小就对大自然有一种特殊的热爱和想象力。长大后，他从对大自然的观察中得出"物竞天择"的结论，使他成为举世闻名的科学家。有人曾问一位白发苍苍的诺贝尔奖金获得者"你认为哪所大学、实验室学到了你一生中最重要的本事?"他的回答是"幼儿园"。由此可见，幼儿早期的学习对于其一生有着重要影响。幼儿时期获得的各种经验、萌发的好奇心和对科学的兴趣，为他们一生追求科学真理奠定了基础。

（二）幼儿园科学教育与个体发展

幼儿园科学教育是全面发展教育的重要组成部分。

1. 幼儿园科学教育中蕴涵了促进幼儿身体健康发育的良好教育价值

首先，大自然的阳光、空气是促进幼儿身体发育必不可少的元素。而幼儿园科学教育就能为幼儿提供这样的机会和条件。当幼儿在阳光明媚的春天找寻春的足迹，在白雪皑皑的雪地嬉戏打闹，幼儿的身体也得到了锻炼。其次，科学教育活动为幼儿健康生活提供基础。如：幼儿在科学教育活动中认识了自己身体各部分器官及其功能，知道鼻子的功能和鼻子易受损伤，就会很容易克服抠鼻孔的习惯。知道蔬菜的营养价值对身体有益，就会改掉偏食厌食的习惯。

2. 幼儿园科学教育是早期智力开发的主要内容

近年来，随着现代生物学、心理学、教育学以及人类学的不断发展，许多实验结果表明：儿童早期是智力发育极为迅速和旺盛的时期，人类早期的启蒙教育可以为幼儿的成长打下良好的基础。其中，科学教育是早期智力开发的重要内容和手段。如，世界著名的发明家爱迪生小时候好奇心特别强，他听说发酵粉放在面粉中会产生气体，他就让小女孩米嘉去吃发酵粉，看产生的气体会不会把她升上天，结果米嘉吃后肚子疼痛不止，爱迪生因此遭到母亲痛打。但由于他对事物强烈的好奇心和丰富的想象力，加上他的刻苦钻研，一生发明了电灯、电话、留声机、电报、电影等 2000 项发明，成为世界第一流的发明家。

3. 幼儿科学教育对幼儿终身发展有重要影响

科学活动中提倡幼儿“做中学”，让幼儿在做做、玩玩中学习科学，幼儿亲自动手操作既可以培养幼儿学科学的兴趣，激发幼儿的好奇心，又发展幼儿的创造性。例如，在进行“怎样让纸落得快”的科学教育活动时，教师将两张形状、大小一样的纸放在椅子下，先让幼儿玩游戏“纸片落下来”，让幼儿感知两张纸是怎样落下来的，然后提出问题：有什么办法能使其中的一张纸落得快一点？让幼儿自己去操作发现。这时幼儿的兴趣很高，每个孩子都想了不少的办法，然后让幼儿自己来讲述、总结自己是怎么做的，发现了什么？通过自己的实践和讲述，幼儿懂得了包有沙包的纸会落得快一点。通过操作，幼儿获得了纸增加了重量，落下的速度就会快一点。幼儿在玩纸的过程中既获得了知识，又拓展了探索的思路，培养了学习科学的兴趣，同时，儿童在自己的操作中创造性也得到了提高。

4. 幼儿园科学教育为幼儿园其他课程提供了知识基础和学习内容，使幼儿获得发展

科学教育和发展幼儿语言之间有着密切的关系。幼儿的语言是以自然和社会为对象进行的，教师在发展幼儿语言的过程中同样也认识了事物，如散文《蒲公英》既是语言教育又是科学教育，教师在教幼儿学习散文之前先要带领幼儿通过图片或实物的形式一起认识蒲公英，让孩子知道蒲公英的形态

和传播的方式，这就是科学教育，在熟悉事物的基础上加上散文的学习，这就是语言教育，其中科学教育是语言教育的基础和前提。科学教育为幼儿艺术教育提供了教育内容。在艺术活动中，幼儿反映他们对自然界和社会中各种事物和现象的认识。如幼儿唱关于春天的歌曲，画春天的图画都来源于对春天的认识，同时加入了自己的想象。

5. 幼儿园科学教育能够促进幼儿个性的形成

幼儿对环境的认识和情绪体验是形成道德观念的情感基础，幼儿道德观念的形成不是仅仅靠解释道德概念和单纯的说教形成的，而是要结合幼儿切身的情绪体验，并加上简单明了的说理教育。在科学教育中，利用环境对幼儿进行爱自然、爱动植物、爱祖国、爱劳动等教育，有利于促进幼儿道德观念的形成。例如在幼儿园创设植物角、动物角，让幼儿在观察和照料动植物的过程中增长见识，丰富感性经验和情绪体验，从而培养幼儿爱护动植物，热爱生命的情感。

三、幼儿园科学教育的理论基础

（一）3～4 岁儿童学科学的特点

1. 认识处于不分化的混沌状态

纷繁复杂的客观世界在刚入园幼儿的头脑中是一片不分化的混沌状态，他们对一些物体的现象分辨不清。例如，有的幼儿把绿草、绿叶都叫做绿花；有的幼儿把所有颜色的兔子，不管是有生命的兔子，还是玩偶都叫小白兔。因此，他们常向成人提问：“这是什么？”“那是什么？”

2. 认识具有模仿性，缺乏有意性

这个年龄阶段的儿童不仅不会有意识地围绕一定的目的去认识某一事物，并且还不善于根据自己的所见所闻来表达自己的认识，调节自己的行为，而是爱模仿别人的言行，别人做什么他也做什么。例如，家里养了一盆观赏花，儿童看见爸爸妈妈给花浇水，自己也学着浇起来，由于把握不好浇水的量，结果弄得到处都是水。看见大人喂金鱼，孩子也模仿大人喂起来，常出现喂食过量，导致金鱼死亡的事情。

3. 认识带有明显的拟人化倾向

由于幼儿的感知受自我中心的影响，常以自己的生活体验去解释科学现象，对有生命的物体和无生命的物体辨不清，认识带有明显的拟人化现象。例如，看见皮球从凳子上滚下来，就指着皮球说“它不乖”。或“它摔疼了，它哭了吧”。

4. 认识带有表面性和片面性

幼儿的感觉是有偏好的，他们的注意力比较容易集中在具有鲜艳颜色、悦耳声音、会动的物体上，同时由于思维主要依靠感知和行动，所以对客观事物的认识就会停留在表面，从而忽略对事物主要方面和主要特征的认识。

（二）4～5 岁儿童学习科学的特点

1. 好奇好问

随着年龄增长，四五岁的儿童变得更加活泼好动，好奇好问，对大自然产生浓厚的兴趣，什么都想去看看摸摸。会学习使用感官去探索，了解事物。他们不但喜欢问“是什么”还喜欢问“为什么”。

2. 初步理解科学现象中简单的因果关系

4～5 岁儿童，一般已经能够从直接感知到的自然现象中理解一些表面的和简单的因果关系。但他们还难以理解科学现象中内在的和隐蔽的因果关系。因为儿童对于事物的认识依然受形状、颜色、活动等外部的非本质特征的影响，而做出错误的判断。如：乒乓球会浮在水面上，是因为它是白色的，是滑的。

3. 开始根据事物的表面属性、功能和情境进行概括分类

儿童能在感性经验基础上对具体事物进行概括分类，但概括的水平还很低。分类的根据主要是事物的表面属性（如颜色、形状）、功能或情境。由于不能从事物的内在和本质属性上进行抽象概括，所以不能正确按客观事物的分类标准进行概括分类。例如，在利用图片分类时，幼儿把苹果、香蕉、面包归为一类，原因是能吃。把太阳、圆茄归为一类认为都是圆的。

（三）5～6 岁儿童学习科学的特点

1. 有积极的求知欲望

此阶段的儿童对周围世界有着积极的求知欲和探索欲。对自然现象的起源和机械运动的原理开始感兴趣，渴望得到科学的答案。他们不仅爱问“是什么，为什么”，还想知道怎么来的，什么做的。有的幼儿喜欢把玩具拆开，想看看其中的奥秘

2. 初步理解科学现象中比较内在的、隐蔽的因果关系

5～6 岁的儿童已经开始能够用内在的、隐蔽的原因来解释科学现象的产生。比如在解释水的浮力现象时，能够知道乒乓球是塑料做的，很轻，所以能浮在水面上，而铁钉是铁做的，所以会沉在水底。但同是钢铁制成的轮船为什么会浮在水面上就解释不了了。这是由于科学现象中的因果关系比较复杂，儿童的认知水平低，思维的抽象概括能力不高造成的。

3. 能初步根据事物的本质属性进行概括分类

通过有目的的教育，随着抽象逻辑思维的萌芽，儿童开始能够根据事物的本质属性，按照客观事物的分类标准进行初步的概括分类。但受知识经验、语言、抽象概括水平的制约，对类概念的掌握还是比较初级和简单的，不能正确掌握概念的内涵和外延。有的孩子把动物园看到的动物还有家禽、家畜概括为动物，把蜻蜓、蝴蝶、蚂蚁等排斥在动物之外。

以上幼儿学习科学的特点对幼儿园科学教育的几点启示：第一，幼儿学习科学不仅是可能的，同时也是幼儿的兴趣和需要。幼儿通过学习科学，能得到各方面的发展。第二，应根据科学教育的总目标，制定符合幼儿认知水平的年龄目标，选择内容，确定教法，并遵循由近及远、由浅入深、由具体到抽象的原则，逐步加深和提高要求。

第二节　幼儿园科学教育的目标和内容

科学教育是培养科学技术人才和提高民族科学素质的教育，科学教育的

基本目标有三个方面：科学知识、科学方法、科学精神。科学教育不仅要使人掌握科学知识、科学方法和技术，而且要能应用这些来了解环境、关心社会、解决问题，不断追求进步，并具有实事求是、乐观积极的科学精神。

一、幼儿园科学教育的总目标

《幼儿园教育指导纲要（试行）》中科学教育活动的总目标是：对周围的事物、现象感兴趣，有好奇心和求知欲；能运用各种感官，动手动脑，探究问题；能用适当的方式表达、交流探索的过程和结果；爱护动植物，关心周围环境，亲近自然，珍惜自然资源，有初步的环保意识。这一总目标充分体现出：幼儿的科学教育注重儿童的情感态度和儿童探究解决问题的能力、与他人及环境的积极交流与和谐相处。通过开展科学教育活动可以实现如下的教育价值：

（1）科学教育活动引导幼儿保持持久的好奇心和科学探究欲望。

（2）科学教育活动发展幼儿实际探究解决问题的能力及一定的逻辑思维能力。

（3）科学教育活动增进幼儿表达与交流能力。

（4）科学教育活动引导幼儿关爱环境，珍爱生命，珍惜资源。

二、幼儿园科学教育各年龄阶段目标

国际上通行的对国民科学素质的考察主要包括三个方面：对科学知识的理解，对科学过程与方法的理解，以及对科学对社会作用的理解。根据幼儿的年龄特点，他们的科学素质应包括：科学知识和概念的获得，科学方法的掌握，科学情感、态度的培养。与《幼儿园教育指导纲要（试行）》中提到的科学教育的目标相契合。小班、中班、大班在教育的具体目标和要求上有所不同。

（一）幼儿园小班科学教育的目标

1. 科学态度

（1）乐意参加科学活动。

(2) 喜爱动植物。

(3) 能注意周围的自然环境。

2. 科学知识

(1) 观察周围自然现象的明显特征，并获取粗浅的科学经验。

(2) 观察常见的几种动植物，并初步了解他们与人、环境的关系。

(3) 观察常见的几种无生命物质，并初步了解他们与人、环境的关系。

(4) 观察日常生活中几种人造物品的特征及用途。

3. 科学方法

(1) 了解各种感官在感知中的作用，学习运用各种感官感知的方法，发展感知能力。

(2) 能从一组物体中根据一个或两个特征，挑出物体，归入一类。

(3) 能通过观察知道物体数量的差别。

(4) 能以词汇或简单的句子描述事物的特征或自己的发现，与成人或同伴进行交流。

(二) 幼儿园中班科学教育的目标

1. 科学态度

(1) 能主动参加科学活动。

(2) 喜欢探究周围的自然界。

(3) 关心、爱护动植物和周围的自然环境。

2. 科学知识

(1) 了解四季的特征及其与人们生活的关系。

(2) 观察简单的理化现象，获取感性经验。

(3) 获取有关自然环境中有生命物质、无生命物质及其与人类关系的具体经验。

(4) 了解不同环境中某些动植物的形态特征、生活习性、生长过程。

(5) 了解周围生活中的某些科技产品及其与人们的关系。

3. 科学方法

(1) 能综合运用多种感官感知事物的特征，发展观察力。

（2）能按照指定的标准对物体进行简单分类。

（3）学习运用简单的工具进行测量的方法。

（4）能以自己的语言描述自己的发现，并与成人或同伴进行交流。

（三）幼儿园大班科学教育的目标

1. 科学态度

（1）喜欢并能较长时间参与科学活动。

（2）能主动探索周围自然界并能发现问题、提出问题、寻求答案。

（3）能关心、爱护自然环境。

2. 科学知识

（1）获取有关季节与人类、动植物、环境等关系的感性经验，形成春、夏、秋、冬四季轮换的初步经验。

（2）探索周围生活中常见的理化现象，获取有关的科学经验。

（3）初步了解各种环境中的动植物及其与环境的相互关系。

（4）了解能理解的或能看见的现代社会生活中的科学技术产品及其对人类的影响。

3. 科学方法

（1）能主动运用多种感官观察事物，学习观察的方法，发展观察力。

（2）能按照自己规定的不同标准对物体进行分类。

（3）学习使用准确量具进行测量并学习正确的测量方法。

（4）能以语言与成人或同伴交流自己的发现、探索过程和方法，表达存在的问题和自己的愿望。

三、幼儿园科学教育的内容

对天真活泼的幼儿而言，科学不是公理、定义、原理、法则，它是身边的花鸟虫鱼，是常见的风云雨雪，是有趣的活动，是快乐的游戏。《幼儿园教育指导纲要（试行）》中指出：“引导幼儿对身边常见事物和现象的特点、变化规律产生兴趣和探究欲望。”幼儿从身边的事物开始科学探究活动，有益于保持幼儿的好奇心，激发他们的探究热情，使他们从小就善于观察和发现。

同时有益于幼儿真正地理解科学、热爱科学。幼儿园科学教育的内容主要有以下几个方面：

（一）探究和认识植物，发现植物的神奇与变化

自然界是美妙的，大自然对幼儿充满魅力，是幼儿的快乐之源。通过观察和探究各种各样的植物，幼儿可以感受植物种类之繁多以及不同的根、茎、叶、花和果实及不同的生长条件。

（二）关爱和研究动物、寻找人与动物的奇妙关系

幼儿通过观察、饲养、照料小动物，能够发现小动物的食性、居住方式各有不同，同时发现动物是人类的朋友，需要得到关爱，需要安全的生存环境。

（三）亲历探究过程，发现事物之间的关系

自然界奇妙无穷，物体相互间会表现出一些基本特点以及相互关系。如：浮力、摩擦力、各种化学反应等。这些可以在幼儿的生活和游戏中发现，通过探究活动，可以引发幼儿体验探究的乐趣。

（四）观察自然现象，感受大自然的神奇

大自然奇妙无比，风云雨雪给予幼儿观察的内容，同时又带给幼儿游戏的机会。通过观察、记录、猜想、验证等活动可以极大地激发幼儿对自然界的好奇心和探究欲望。

（五）尝试使用操作工具，体验发现乐趣

幼儿从小对工具的操作和摆弄就表现出很浓的探究欲望，通过对镜子、尺子、各种容器的操作，可以引导幼儿体验工具的作用，发展幼儿的动手能力。

（六）关爱环境、珍视生命、珍惜资源

幼儿通过感受大自然的美丽，体验人与动物的关系，会用自己的行动来保护环境、珍视生命、珍惜资源。

第三节 幼儿园科学教育活动的设计与指导

幼儿园科学教育活动的设计，是对科学教育活动的各要素（即目标、内容、材料、学习活动、媒介、时间、环境和方法）按一定的方式进行编制和处理，从而形成特定的相互关系的过程。具体活动的设计，是根据已拟定的学期、月或周计划对某一具体活动的设计。

一、幼儿园科学教育活动的组织形式

（一）预定性科学教育活动

1. 活动目标的设计

活动目标的设计就是教师根据幼儿科学教育总目标及该年龄段的目标、结合每次活动内容的具体特点，对幼儿提出的全面、适当的要求。设计活动目标时应注意以下几点：

（1）活动目标的内容应包括科学知识、科学方法、科学态度三个方面。科学知识是指科学经验的获得、科学概念的学习，例如，了解某种动物的外形、生活习性等。科学方法是指通过活动，帮助幼儿发展哪些能力，形成哪些技能，学习哪些方法。例如培养幼儿细致观察的能力，并能用恰当的语言表达自己的观察结果等。科学态度包括情感态度及个性品质的培养，例如培养幼儿热爱小动物的习惯，对科学小实验的兴趣等。

（2）活动目标的表述应明确具体，并采用行为目标的表述方法。首先，应采取行为目标的表述方法，即把教师认为重要的某项行为加以清楚地确定，其所期望的教育成果基本上是可观察到或测量到的，是一种可由幼儿具体行为来评估的目标。其次，目标的叙写应明确具体。明确说明，通过科教活动幼儿应能做什么，有什么行为产生等。例如，“认识纽扣”（大班）的活动目标：①能独自将纽扣按颜色、形状、大小、材料等各种标准进行分类。②知道纽扣的用处。③发展幼儿观察分类能力。

(3) 活动目标应着眼于幼儿的发展。目标的制订应适应幼儿已有的发展水平，但又要促进幼儿的发展，体现出对幼儿已有生活经验的拓展和提升。

2. 活动准备

教师应在科学教育活动前准备好安全、充足又能激发幼儿探索兴趣的材料，设计幼儿科学探索的理想环境。具体应注意以下几点：

(1) 提供的材料应有典型性。在准备材料时，必须考虑到其具备的典型特征，通过特征很鲜明的并且能直观地感受的突出事例，就能使幼儿形成表象。例如，菊花的品种很多，有些品种的外形、颜色等与本来的菊花已相去甚远，那么让幼儿观察时，就应该提供一般的具有典型特征的菊花，如白色菊花、黄色菊花等。

(2) 提供的材料数量要充足。材料充足与否，直接影响到幼儿探索过程的进行，影响到幼儿科学经验的获取，数量充足的材料可以减少幼儿的等待、闲逛和攻击性行为，提高幼儿学习科学的积极性和效率。

给幼儿提供的材料也不是越多越好，应根据活动的具体性质确定材料数量与幼儿人数的比例关系，要从幼儿科学探索过程的需要出发，还要考虑到具体条件的限制。操作性实验，一般需每人一份，例如，在“有趣的玻璃片”活动中，应为每个幼儿准备一份包括凹、凸、平三片玻璃在内的活动材料；有的活动可以几个人或小组共用一份材料，例如，认识鲫鱼，每组有一份包括鱼缸、活鱼等在内的材料即可；有的活动也可以全班一份材料，例如，认识家电。

(3) 活动材料应具有趣味性。设计具有趣味性的材料，能激发幼儿的好奇心和探索欲望，增强活动效果。例如，在“会滚的轮子”活动中，教师设计了缺少一个或两个轮子的拖拉玩具，活动时，一拉牵绳，该拖拉玩具东倒西歪，不能前进，幼儿在大笑之余，也直观地感受到了缺少轮子的不便。

(4) 活动材料必须紧扣活动目标。整个活动中所出示的材料，都必须围绕活动目标而选用，没有任何多余的材料出现。例如，为了使幼儿清晰地观察蚂蚁的外形特征，教师为幼儿选择设计了装蚂蚁的小盒子，盒子的上面是用玻璃封住的，既便于幼儿观察，又防止蚂蚁爬出，盒子的边上钻有细细的透气孔，使盒子里空气能够流通，另外，还为幼儿准备了放大镜，可以清楚地观察蚂蚁。有的材料很吸引人，但在活动中是不必要的，那就需要老师“忍痛割爱”，绝不要因此影响活动效果。

3. 活动过程的设计

（1）第一阶段：导入活动的目的在于导出幼儿的学习积极性，将幼儿的注意力引向活动课题。教师在设计导入活动时，可考虑以下几种方法：

①利用多种物质材料：科学教育活动往往为幼儿准备了丰富的物质材料，教师可利用这些材料来导入活动，例如，实物、图片、模型等。这时，教师只要辅以简单明了的说明、提问或指令，幼儿就能很快地按照教师的设计思路进入科学活动过程。

②利用各种文学艺术作品：即用儿歌、谜语、歌曲等形式作为导入的方法，如用谜语“远看像只鸟，近看像只猫，晚上捉老鼠，白天睡大觉”，来导入认识猫头鹰的活动。

③利用情境表演：即活动开始时，由几名幼儿表演一段情景，引出一个疑问，或提出一个问题，然后由全班幼儿针对这个问题进行讨论、实验、观察，来解决或回答这个问题。

④利用环境设置：教师预先布置一个可以引出课题的环境，然后带领幼儿进入这个环境，由此导入活动。例如，教师放入屋内一锅冒着热气的肉汤，幼儿纷纷说“好香，好香”，教师接着问“怎么知道的”，由此引出用鼻子闻出香味，引入认识鼻子这一主题。

⑤利用直接指令或提问：有时也可以利用直接指令或提问，开门见山地开始活动，例如，在认识交通标志的活动中，教师一开始就问：“马路上有各种各样的交通标志，你认识哪些标志？”在观察蚂蚁的活动中，教师带幼儿到花坛边，提出要求：“仔细找一找，看看哪里能找到蚂蚁？”

（2）第二阶段：主要活动阶段

在这一阶段中，教师要安排如何让幼儿活动，用什么方法活动，教师如何提问，如何出示教具等。关键是要使这个过程中的每一个步骤、每一个活动有序。充分地让幼儿动手、动口、动脑，主动积极地去活动、去探索、去发现。幼儿的主要活动包括：

①操作活动：就是充分利用周围环境，各种设备材料，进行各种尝试，获得直接的体验与感受。例如，在小班“有趣的鸡蛋”活动中，可为幼儿设计如下的操作活动：用碎海绵、沙子、碎布、各种各样的瓶子、盖子、珠子等让幼儿探索“怎样让鸡蛋站起来”，孩子们通过操作，让鸡蛋站在沙子里，油泥里，瓶口上……由此了解了鸡蛋的形状。

②讨论活动：就是把教学内容中的重点、难点和幼儿的疑点，作为疑问向幼儿提出，让幼儿七嘴八舌地讨论，互相补充、互相启发、充分思考。讨论可以让幼儿人人动口，给每一个幼儿更多的说话机会，无论幼儿处于何种水平，都可以得到发展。

③发现活动：即不把答案告诉幼儿，而是创设环境，准备材料，带领幼儿寻找答案。让幼儿多动脑。例如，在“认识棉花”的活动中，教师并不是直接指导幼儿得出棉花有何特性的结论，而是通过为幼儿准备各种材料：棉花、小瓶子、小盆子（内装有水，剪刀等各种材料），然后，鼓励幼儿用各种方法玩棉花，比一比，哪个小朋友玩棉花的办法最多，在玩的时候，想一想，你发现棉花是什么样子的？幼儿通过撕棉花、吹棉花、往空瓶子里塞棉花、往有水的盆子里放棉花等活动，发现棉花能吸水、有弹性、很轻、能用手撕开等特性。

（3）第三阶段：总结阶段。可用故事式结尾、游戏式结尾等方式，教师可以鼓励幼儿在活动结束后，继续在科学角、科学活动室或家里等地方进行探索活动。预定性科学活动的结尾可以是开放性的，一般多采用布置任务、鼓励幼儿继续发现的方式结束。

（二）选择性科学教育活动

选择性科学教育活动是指幼儿在科学发现室或自然角、科学桌等场地内进行的科学教育活动。在选择性科学教育活动中，教师主要是进行间接指导，但同样要求教师进行精心设计，只是设计的重点和角度有所不同而已。

1. 活动目标的设计

选择性科学教育活动，在设计活动目标时，除了预定性科学教育活动目标设计应该注意的方面外，还应做到：

（1）根据个别幼儿的情况设计具体活动目标。选择性科学教育活动，是幼儿在活动中具有较大的自由度和灵活性，可以根据自己的兴趣和需要，从自己的水平出发，用自己的方法进行选择。在这样的活动中，教师可以有意识地对个别幼儿进行指导，如比正常幼儿发展快的，或发展特别慢的，或某些方面有特殊需要的。教师可以针对这样一些孩子的特殊情况来设计具体的目标。例如，班上有一名有些智障的孩子，教师可以根据他的情况设定比一般孩子低一些的目标，多指导他进行选择性科学教育活动。

（2）根据相近的预定性科学活动的结果设定目标。选择性科学教育活动的另外一个重要特点，就是可以与预定性科学教育活动相互配合，并作为它的延伸，例如，教师发现，上次活动中，部分幼儿对透镜的兴趣意犹未尽，他们发现了凹与凸的不同，又提出透过平面玻璃看东西，会怎样呢？于是在选择性科学教育活动中，提出的目标就是：比较平、凹、凸三种玻璃的异同。教师在选择性科学教育活动中，要仔细观察幼儿的活动，不断对幼儿提出进一步的行为发展的要求。

2. 活动材料和设备的设计

选择性科学教育活动可以根据场地大小等条件进行材料准备。具体可包括以下几类：

（1）观察阅读类。这些材料主要是通过眼睛观察，不宜用手摆弄操作。主要有：

①壁画：是悬挂在墙上的有关科学内容的画面，例如，未来世界、春夏秋冬、科技发展、天空海洋等。

②悬挂：在屋顶、窗口、门前悬挂飞机、飞船、火箭、各国国旗、小鸟、小动物、柳条，或布置成太空，悬挂各种星球、卫星等。

③模型：大地球仪、地图拼图、还可制作各种模型箱，如海底世界、森林里的野兽、鸟的家、猿人生活、南极、北极等。

④标本：如各种动物、植物的标本。

⑤图书：如科学画刊、各类科学图书等。

⑥音像：录音故事、科学幻灯片、录像。

⑦实物：各种有关的真实物体。

（2）科学玩具类。大多为买来的玩具成品，这些玩具都是利用一种科学原理进行游戏，如电动玩具、声控玩具、遥控玩具、磁性玩具、学习玩具、拼插玩具等。

（3）操作实验类。可供幼儿自己实验、操作、观察的物品。如：光学实验的各种镜子、电学实验的小电珠、走迷宫的用具、力学实验的天平、弹簧秤、生物实验的黄豆、麦子等。

（4）制作创造类。提供各种材料工具，供幼儿自己制作各种物品。例如：制作玩具风车、小电话等的材料，制作标本的树叶、花、种子、昆虫等。

3. 活动过程的设计

选择性科学教育活动的过程，不同于预定性科学教育活动，不需要全班统一的行动，也没有固定的程序，是在宽松、自由、和谐的气氛中进行的。应注意以下几点：

（1）合理安排参与选择性科学教育活动的幼儿人数。同时进行选择性活动的幼儿人数不宜过多，一般以大多数幼儿都能拿到自己想要探索的材料，且活动室内声音不过于嘈杂、可自如地走动、更换材料为准。

（2）说明材料名称和操作方法。在活动中，每当有新的材料投放，或当个别幼儿不熟悉手中材料的操作方法时，教师对材料应予以介绍和说明，并对一些复杂材料予以演示示范，使幼儿了解材料的用途，能独立进行探索。另外，教师也可提出一些问题，吸引幼儿探索。

（三）偶发性科学教育活动

由于受到认知水平、生活经验的局限，幼儿自发的科学活动，如果没有教师适时的关心和指导，会因此而自生自灭。教师对幼儿的偶发性科学活动主要有三种态度：

1. 支持、引导

2. 制止、指责

3. 不闻不问

而且第三种状况占到80%，这势必会影响到幼儿偶发性科学教育活动的积极性。在幼儿的偶发性科学教育活动产生后，教师的支持、鼓励和灵活的指导是相当重要的。

1. 要关心、发现幼儿的偶发性科学活动

教师必须做一个有心人，要用敏锐的眼光关心孩子们的活动，例如，几个幼儿围在一起，面红耳赤地争论着什么，应该去听一听。几个幼儿用小木棍在墙角挖东西，应该去看一看。

2. 要以积极的态度对待幼儿的偶发性科学活动

教师的赞许和参与，会使幼儿更仔细地观察和延续科学探索活动，反之，若教师漠不关心，甚至制止、干涉，将损害幼儿主动探索的积极性，影响他们学科学的兴趣。

二、幼儿园科学教育活动的方法

（一）观察

1. 概念

观察是指教师有目的、有计划地组织和启发幼儿运用多种感官，去感知客观世界的事物与现象，使之获得具体的印象，并在此基础上逐步形成概念的一种方法。观察可为幼儿形成概念和发展思维能力提供丰富的感性经验，它是幼儿科学教育中最基本和最主要的方法，也是幼儿学科学运用最多的方法。

2. 观察的类型

观察的类型从不同角度可以有多种分法：从观察的时间分，可以分为间或性观察或长期系统性观察；从观察的对象分，可以分为个别物体的观察和比较性观察；从观察的空间分，可分为室内观察和室外观察。以上分类也存在交叉现象，下面将几种重点类型介绍一下。

（1）个别物体的观察。个别物体的观察是指幼儿对单个的物体（或一类物体）的观察。通过个别物体的观察，帮助幼儿获得有关物体的以下信息：观察物体的外形特征，如形状、颜色、大小；发出的不同声音；散发的不同气味；软和硬；粗糙和光滑；轻和重，以及弹性、光滑度、湿度等不同特性。观察物体的外部结构和功能；生长习性和特点；个别物体的存在与周围环境的关系等。

（2）长期系统性观察。长期系统性观察是指幼儿在较长时间内，持续地对某一物体或现象进行系统的观察，对其质和量两方面的发展变化过程有较完整的认识。如对青蛙“卵——蝌蚪——青蛙”的整个生长过程的系统观察。长期系统性观察主要用于观察动物、植物的生长过程，以及气象的变化。

（3）比较性观察。比较性观察指同时观察两种或两种以上的物体并进行比较，以找出物体间的异同点，并通过比较分析，判断和思考，精细、完整地认识事物。通过比较性观察使幼儿发现物体的不同点和相似点，学习以两样物体的相应部分或整体进行比较，挑选出同类物，并进行分类。

（4）间或性观察。间或性观察是指间隔一定的时间，带领幼儿对某个物体或现象进行的观察。每次的观察是在原来的基础上，复习巩固和加深对观察物的认识。例如认识兔，第一次观察兔的明显的主要特征和习性。第二次在复习原有认识的基础上，增加比较隐蔽的主要特征（如三瓣嘴、前腿短、后腿长等）。第三次侧重兔的功用，每次观察互相联系、互相制约。

3. 观察活动的指导

（1）尽可能提供实物、实景。幼儿年龄小，模型或图片供幼儿观察，会使幼儿的感性经验不真实、模糊甚至出现错误。所以教师要经常带领幼儿外出活动，到实地进行观察，使幼儿的印象更加清晰、准确。例如，观察秋天的景色，可以到公园或郊外树木较多或比较开阔的场所，让幼儿观察秋天的落叶及收获的景象。

（2）调动幼儿的多种感官进行观察。在观察过程中，只要条件允许，就应该让幼儿的各种感官都参与。用眼睛去看，用耳朵去听，用手去摸，用鼻子去嗅，有些东西甚至可以用嘴去尝。使大脑接受的信息来源于视觉、听觉、嗅觉、味觉各种途径。在大脑皮层建立起多通道联系，从而使幼儿从物体的不同角度对其属性有一个较完整的认识。

(3) 引导幼儿从多角度观察事物。可以引导幼儿从正面、侧面、上面、下面远距离、近距离等多种角度去观察，另外，还可提供条件让幼儿观察事物的静态和动态，了解事物的各种不同姿态。

(4) 指导幼儿学习观察方法。教师在指导幼儿观察事物的过程中，应教给幼儿一些最基本的观察方法。主要是顺序观察法和比较观察法。顺序观察法就是根据观察对象外部结构的特点有顺序地进行观察，如从上到下、从下到上、从左到右或从右到左、从整体到部分、从明显特征到不明显特征等。比较观察法就是对相似事物中的不同因素，对不同事物中的相同因素进行对照和辨别。如将橘子和皮球进行比较，使幼儿认识到橘子和皮球的圆是不一样的。

（二）小实验

1. 小实验的概念

小实验是指教师或幼儿按照预想的目的或设计，利用一些材料，通过简单的演示或操作，对周围常见的科学现象加以验证的一种活动。幼儿科学教育活动中的小实验与研究自然科学的实验法不同，主要表现为：

(1) 仅是重复前人的实验，不要求有新的科学发现。

(2) 实验内容和方法比较简单，幼儿在较短的时间内就能见到实验结果。

(3) 实验采用游戏的形式，幼儿是在十分有趣的活动中，生动活泼地进行实验。

2. 小实验的类型

(1) 教师演示实验。这是指由教师操作实验的全过程，幼儿观察实验的过程、现象、变化和结果的一种形式。这种实验一般是由于实验难度大，幼儿操作困难或者因为所需仪器设备条件不足而采用的。教师应该做到：动作熟练，操作速度慢；边演示边用简洁明了的语言进行讲解；幼儿的座位、仪器的大小及安放的位置，都要便于幼儿观察。

(2) 幼儿操作实验。这是指幼儿亲自动手操作并参与实验的全过程。主要用于操作比较简单、带有游戏性质的实验。由于幼儿可以反复操作，多次尝试，兴趣很高，体验较深，获得的知识也就更为巩固。

3. 小实验的指导

（1）提供必要的用具和材料。要根据实验的内容为幼儿准备相应数量的用具和材料：人手一份或各组一份。不管数量多或少，都要让每个幼儿都参与到实验中来。

（2）指导幼儿学习使用工具和材料。在实验的某些环节，或在材料的使用上，幼儿会遇到各种不同的困难，又因为幼儿的能力不同，即使简单的实验，也有一些幼儿难以完成，因此，需要教师根据实验内容的难度和个人情况，给予不同程度的指导。例如，指导幼儿轻拿轻放物品，控制手的力量平衡地摆放物品；熟练地使用各种盛器等。

（3）给予幼儿充分的实验时间。充分的实验时间能保证幼儿反复进行实验活动，并在操作过程中探究、发现、提出问题，自己寻找问题的答案。所以在实验时，不能机械地用时间限制，以免影响实验效果。

（4）交代实验规则和保证幼儿安全。实验开始前，教师要交代清楚有关实验的规则，在实验过程中，也应及时指导幼儿遵守规则，以保证实验成功和幼儿安全。

（三）劳动

1. 劳动的概念

这里的劳动，特指与科学教育有关的劳动。通过劳动的方法进行教育，不仅能激发幼儿热爱科学的情感，而且能学会一些简单的劳动技能，培养幼儿手脑并用的能力。

2. 劳动的类型

（1）常见植物的栽培管理，主要包括在自然角或园地种植花卉、蔬菜和农作物。参加选种、浸种、移栽、浇水、松土、除草、追肥、收获、留种等工作。

（2）常见动物的饲养管理。指幼儿通过在饲养角里喂养和照管习性温顺的动物，培养爱护小动物的感情。例如，饲养乌龟、小鸟、金鱼等。

（3）科学小制作。是指幼儿采用各种自然材料（如秫秸、麦秆、果壳儿、贝壳、树叶、石头等）以及一些废旧材料（如包装纸、废塑料盒等），制作一些简单的科学玩具或陈列品。如青椒青蛙、塑料盒卡车、乒乓球熊猫等。

（4）协助成人的辅助劳动。指协助成人参加一些力所能及的劳动，从中获得有关科学的感性经验。例如，帮助成人捡落叶、扫雪、拾麦穗、剥豆等。

3. 劳动活动的指导

（1）选择合适的劳动内容。幼儿年龄小，种植、饲养的内容应根据幼儿的年龄特征，选择一些易生长、易照顾、生长周期较短的植物和比较温顺、对饲养要求不高，不易死亡的小动物。

（2）劳动过程与幼儿的认识过程相结合。在劳动时，应指导幼儿观察劳动的对象和工具。如养蚕时，让幼儿认识桑叶的主要特征，种植花卉时，让幼儿认识小铲、花盆，了解花盆底部为什么有小洞。

（3）以幼儿劳动为主，教师重在帮助引导。幼儿在劳动过程中遇到困难时，教师不应包办代替，应鼓励幼儿完成任务，放手让他们充当“小园艺师”和“小科学家”的角色，由浅入深地认识事物，充分发挥想象力和创造力。

（四）分类

1. 分类的概念

分类就是根据事物的同和异把事物集合成类的过程。它是获取和分析信息，简化信息的有效和科学的方法。在分类的过程中，幼儿可以懂得许多物体的特性，从而把周围的事物和现象进行抽象与概括，有助于幼儿探索事物之间的关系。

2. 分类的类型

（1）挑选分类。这是指从许多事物中将具有某一种或几种特征的物体挑选出来，例如，从各种水果、蔬菜、花卉中挑选出水果来。

（2）二元分类。是指从许多物品里，选择出具备某一属性的物品，排除其他物品，即将许多物体按某一标准分成是与不是两种。

（3）多元分类。是指将物品按一些标准分成一类或几类。例如，苹果、梨、香蕉都是水果；黄瓜、甜椒都是蔬菜；桂圆、红枣都是干果。

3. 分类活动的指导

（1）在充分感知的基础上进行分类。首先，教师要提供充足的材料供幼儿感知；其次，教师要允许幼儿细致观察、反复操作物体，使幼儿获知关于这些物体的共性与差异，然后进行分类活动。例如，在纽扣分类的活动中，教师要提供大量不同大小、形状、颜色、质地的纽扣，边感知边启发幼儿讨论：这么多的纽扣可以根据什么特征来分类。在仔细观察、比较的基础上，才能正确分类。

（2）指导幼儿学习根据不同标准进行分类。每一种分类，必须依据同一个标准，否则，就会出现分类重叠和分类过程中的逻辑错误。一般来说，幼儿可采用以下分类标准：按物体的外部特征分类、根据物体的功能进行分类、根据事物之间的联系进行分类、根据物体的材料进行分类等。

（五）测量

1. 测量的概念

测量是指用量具或仪器来测定物体的尺度、角度、几何形状或表面相互位置的过程的总称，也包括用仪表来测定各种物理量的过程。具体地说，包括测量物体的大小、长短、高矮、粗细、轻重等内容。测量可以帮助幼儿更准确地去观察，认识周围世界，获取关于时间、空间等方面的具体经验。

2. 测量的类型

（1）观察测量。指用眼睛、手等感官的观察来测量物体。这种直观感知的测量一般用于特征比较明显的认识对象，如用能看出大小、粗细、长短，用手测量物体的轻重等。

（2）非正式量具测量。指不采用通用的量具，而用一些自然物，如木棍、积木、绳子、手臂、步长等作为测量工具，对物体进行直接测量。

（3）正式量具测量。指用通用的标准量具对物体进行测量。如尺、天平、温度计、钟表、秤等。通过正式量具的使用，幼儿可以懂得这些量具的作用，初步了解时空等概念性较强的知识。

3. 测量活动的指导

（1）培养幼儿的测量意识。培养幼儿用量具对物体进行测量的意识，是让幼儿精确细致地认识事物的必不可少的重要手段，可以有利于培养幼儿实事求是的科学态度。

(2) 量具要准确。使用正式量具时，要经常进行校正，以保证它的精确性。教师不能以年龄小，还不完全识别计量单位为借口，而让幼儿使用不精确的量具。

(六) 信息交流

1. 信息交流的概念

是指将幼儿所获得的有关周围环境的信息，以语言或非语言的形式来进行表达和交换。通过信息交流，使幼儿对事物的理解更清晰，也有助于幼儿语言的发展。

2. 信息交流的类型

(1) 语言的方式。主要包括描述和讨论。幼儿通过描述和讨论，不但可以向同伴和老师表达自己的各种发现、疑问、想法，还可以交流自己用什么方法进行科学探索，以及探索过程中的情感体验等。

(2) 非语言的方式。包括图像记录、手势、动作、表情等，图像记录是对周围环境进行观察后，用数字、表格、绘画等记下他们的发现、认识、感受与体验。当幼儿在科学探索中遇到一些难以用语言表达的物体或现象，常常用手势、动作、表情来进行交流。例如，一幼儿说："幼儿园的南瓜有这么大（用手势表示)。"又如，幼儿尝到酸味后，脸上露出尴尬的表情。

3. 信息交流活动的指导

(1) 指导幼儿用简单、明确的语言表达、描述有关的科学发现。要培养幼儿在理解词义的基础上正确地运用词，逐步要求幼儿用连贯、完整、通顺的语言表达，并重视培养幼儿的正确发音。

(2) 图像记录的形式可以多样。可以用绘画、粘贴、镶嵌、印章、泥塑、数字等方式记录他们的发现与认识，如有需要，教师可在幼儿的图像记录上做些简单的文字说明。

（七）科学游戏

1. 科学游戏的概念

是指运用自然物质或材料及有关的图片、玩具等，进行带有游戏性质的操作活动，例如，“奇妙的口袋”、“猜一猜”等。这可以丰富幼儿的游戏经验，复习巩固已获得的知识，激发幼儿对科学现象的兴趣和欲望。

2. 科学游戏的类型

根据科学游戏利用的材料，有以下几种类型：

（1）利用实物进行的游戏：例如水果、蔬菜的分类游戏。

（2）利用图片进行的游戏：如配对游戏、接龙游戏、拼图游戏等。

（3）利用科学玩具进行的游戏：幼儿利用电控、声控、磁控等玩具进行游戏，将玩与探索结合起来。

（4）口头游戏：如“季节问答”、“开水果店”等。

（5）情景游戏：这是指教师提出某个科学方面的问题，并以图画、玩具及音乐等手段设计出特定的场景，让幼儿设想身临其境时的正确做法。例如：某处发生火灾，旁边有水、毛巾、棉被、门、窗等多种替代物，假如你在现场，该怎样逃生和保护自己。

3. 科学游戏活动的指导

（1）注重游戏的科学性、趣味性、活动性、规则性。教师在为幼儿选择、创编科学游戏时，要保证游戏内容知识是正确的、难度是适中的。游戏过程要有趣，富于变化。同时，游戏要有身体运动，又要有一定的智力活动，需幼儿努力思考。

（2）让幼儿有充分活动的机会。教师要注意让幼儿有充分的操作和活动的机会，不要急于求成，让幼儿能有充足的时间思考、完成游戏。

（八）早期科学阅读

1. 概念

早期科学阅读是指幼儿阅读有丰富科学知识的作品，引导幼儿学习科学，理解科学概念，激发科学想象力。

2. 早期科学阅读的类型

（1）科学诗。儿童科学诗的形式多种多样，有科学叙事诗、科学抒情诗、科学儿歌或科学歌谣等。它是科学内容与诗歌形式的相结合的产物。

（2）科学童话。用童话的形式向幼儿传授科学知识，一般内容较为浅显，情节结构也较为单纯、简明。常使用拟人化的方法。

（3）科学故事。它把科学技术史上的发现、发明及发展，常见自然现象的科学道理，动植物的生活习性等融于有人物、有情节的故事之中，主要有科学生活故事、科学幻想故事、科学家的故事等。

（4）谜语。主要是以具体的自然物体或现象为谜底，通过对该现象或特点的描绘，影射谜底，对幼儿进行科学教育。

（5）科普画册。通过简单的有关科学内容的画面，向幼儿进行科学教育，科普画册因图文并茂而深受幼儿喜欢。

3. 早期科学阅读活动的指导

（1）选择合适的作品。应该是画面大、色彩鲜艳、文字少而浅显，内容富于趣味性和新颖性，以吸引幼儿阅读。

（2）帮助幼儿掌握阅读的内容。可以通过提问或与幼儿共同阅读、讨论等方式，使幼儿加深对所阅读作品的印象，并引起幼儿一些新的思考。

（3）使幼儿养成良好的阅读习惯。科学阅读过程中，要让幼儿专心、一页一页地翻读，不撕破图书，读完后放回原处，并对书中的内容进行一定的思考，这些好的阅读习惯将使幼儿终生受益。

案例 9－1

大班科学教育活动设计——“小蚂蚁乐园”

活动目标：

1. 乐意尝试使用多种材料、方法建造“小蚂蚁乐园”。

2. 感受与同伴共同建构的乐趣。

3. 激发幼儿乐于帮助他人的良好品德。

活动准备：

准备各种积木、插塑、积塑玩具及纸盒、酸奶瓶、塑料瓶、易拉罐、剪刀、糨糊等。

活动过程：

1. 导入：幼儿在雨后散步时，发现了问题。

早上刚下过雨，孩子们吃完饭，就到操场上散步了，咦！怎么都停下来了呢？回过头一看，原来孩子们都蹲下来寻找小蚂蚁了。

教师：你们找到小蚂蚁了吗？

幼儿：这儿有许多蚂蚁洞。

幼儿：可为什么没有小蚂蚁呢？

幼儿：小蚂蚁肚子饿，出去找吃的了。

幼儿：我知道，刚才下雨的时候，水冲到洞里，把小蚂蚁淹死了。

幼儿：呀！他们没有家了，怎么办呢？

幼儿：让小蚂蚁住我家吧，我家有屋顶，雨水跑不进去。

教师：小蚂蚁住在家里，有时会咬坏衣服，我们为他们造一个家吧！

2. 引导幼儿讨论：如何建造“小蚂蚁乐园”。（基本部分）

教师：用什么办法为小蚂蚁建房子呢？

幼儿：拿一个纸盒当它的房子，下雨时就淋不着了。

幼儿：让小蚂蚁住在瓶子里吧！

幼儿：还可以用积木搭一座小房子。

……

3. 幼儿自由选择，寻找自己所需要的材料。（基本部分）

在教师的鼓励下，幼儿自由地根据自己的需要，选择不同的搭建材料。

幼儿：我要酸奶瓶。

幼儿：我想用泥土帮它造房子。

幼儿：我觉得花片很漂亮，用它造房子，小蚂蚁一定很喜欢。

……

4. 引导幼儿分组搭建、制作。（基本部分）

5. 结束部分：鼓励幼儿相互欣赏他们所建造的“小蚂蚁乐园”。

活动分析

幼儿在散步时发现了问题，由此引起了争论，在教师的引导、鼓励下，幼儿自己想办法帮助小蚂蚁，产生了为小蚂蚁建造房屋的设想，由此生成了科学活动——搭建小蚂蚁乐园，由于这一活动是根据幼儿的兴趣需要产生的，所以孩子们活动的积极性很高。幼儿积极主动地寻找材料，大胆表达自己的想法，并尝试用不同的材料和方法建造“小蚂蚁乐园”，提高了幼儿动手动脑能力，增强了同伴间的合作意识，这一活动设计很好地体现了新纲要的理念。

第十章　幼儿园数学教育活动设计与指导

第一节　幼儿园数学教育活动概述

一、幼儿园数学教育的含义

幼儿园数学教育，是幼儿园教育的重要组成部分，是教师有目的、有计划地向幼儿进行的数学教育活动，是在园幼儿在教师直接或间接的指导下，通过他们自身的主动活动，对客观世界中的数量关系及空间形式进行感知、观察、操作、发现和探究的过程，是幼儿积累大量数学感性经验、学习简单数学知识和技能、建构初步数学概念、发展思维能力的过程，是发展幼儿好奇心、探究欲、自信心，体验数学活动的愉悦性、趣味性的过程，是培养幼儿良好学习习惯的过程，更是发展幼儿热爱生活、勇于挑战、善于思考、勤于动手等美好品质的过程。

二、幼儿园数学教育的意义

幼儿园数学教育对促进幼儿的全面发展具有十分重要的意义，对幼儿的当前生活与今后的长远发展都有重要作用。

（一）有利于幼儿更好地认识周围的世界

数学是抽象的，但抽象的数学却普遍存在于我们生活的这个世界中。即使是在幼儿的生活世界中，也处处充满了数学。在幼儿的家里，有爸爸、妈妈和自己三个人，爸爸个子高高的，头发很短，肩膀宽宽的，手掌大大的；妈妈比爸爸矮一点，头发长长的，眼睛圆圆的，手指细细的；宝宝最小，但是宝宝的脑袋看起来最大，宝宝和爸爸妈妈一样，也有两只眼睛，两只耳朵，一个鼻子和一张嘴巴。在幼儿园里，有老师和很多小朋友，每个小朋友都有一把自己的小椅子，小椅子是方形的，椅背上还有不同的图形，我们经常六个小朋友一组坐在一起，围在一张桌子旁，一起玩各种游戏。幼儿每天都在对这个世界充满了好奇和探索，如果他们掌握了数学知识，能够自觉运用数学进行思维，对世界的认识会更加科学。比如，幼儿凭经验知道"大象很大"，"飞机很快"，"月亮很远"；经过了适当的数学教育，幼儿就会更清晰地感受到大象有多大，飞机有多快，月亮有多远，从而认识到我们生活的世界是多么千奇百怪、丰富多彩。

（二）有利于幼儿思维能力和品质的发展

"数学是思维的体操"。由于数学本身的抽象性、可逆性、传递性（推理性）、双重性（相对性）等特征，数学活动对幼儿思维的发展具有不可替代的作用。首先，数学活动有利于促进幼儿抽象思维的发展。例如，让幼儿比较5个苹果和5个盘子哪个多，幼儿就需要将数量从物体中抽象出来，从而得出一样多的正确答案。当幼儿能够比较出5个桃子和5颗葡萄个数一样多时，幼儿的思维水平就又向前发展了一步。其次，数学活动可以发展幼儿的逆向思维和推理能力。比如，6比5大1，必定5比6小1；8比6多2，必然6比8少2；通过此类的数学活动，幼儿会逐渐学会逆向思维。事实上，我们也经常听到幼儿谈论此类问题。如，我比你高，你比我矮；我比你大，你比我小；我的比你的多，你的比我的少……对此，还需教师加强有意指导，进一步促进幼儿思维的发展。最后，数学活动有利于发展幼儿思维的辩证性和灵活性。以1和许多为例，生活中的很多事物既是1又是许多，比如，一只手，许多根手指；一棵树，许多枝条；一根项链，许多珠子……生活中的很多事物虽然用1表示，却意味着很多，比如，1串葡萄，1箱牛奶，1群绵羊……这类练习有利于幼儿理解部分与整体的辨证关系，认识到事物表示方式的多样性，有助于幼儿思维灵活性的发展。

（三）有利于幼儿情感和个性的发展

数学虽然很抽象，但是它作为一门科学，有着自身独特的魅力，能吸引探究它的人不知疲倦、不言放弃地坚持下去，并从中体会探索的乐趣，感受数学的美妙，获得身心的满足。此过程有利于幼儿主动性、独立性、坚持性等品质的发展。以圆形为例，可以让幼儿到处找一找生活中的圆形，通过各种材料或身体动作制作和拼摆各种圆形造型，利用圆形拼装组合出各种图案造型……这样的活动，不仅能激发幼儿的兴趣，让幼儿获得主动的发展，而且使幼儿的情感得到满足。数学具有逻辑性，严谨性，幼儿在数学活动中，需要遵守一定的规则，在此过程中，有利于发展幼儿的规则意识和秩序感。以“一一对应”为例，请幼儿给不同瓶子盖上合适的瓶盖，请幼儿把大小不同的玩具放在合适的位置，如果幼儿不遵守规则，就难以完成任务。通过操作，幼儿不仅理解了做事要有规则，而且会逐渐意识到规则的意义，进而将规则内化，自觉遵守规则，最终达到自律。此外，通过数学活动，不仅可以使幼儿学会数学方法，体会数学的有趣，还可以发展幼儿公正、平等、合作等美好品质。比如，6块糖分给2个小朋友，3个小朋友，4个小朋友，5个小朋友，6个小朋友，会有什么不同，怎样分大家都高兴？只有一个玩具，大家都想玩，应该怎么办，都有哪些方法？一个很重的包裹，1个小朋友搬，2个小朋友搬，3个小朋友搬，会有什么不同，都有哪些方法？

总之，幼儿园数学教育，对幼儿的发展具有重要意义，它的价值绝不仅仅是让幼儿学会一些数学知识，掌握一些数学技能，而在于培养幼儿的数学思维，奠定幼儿的数学素养，为幼儿的全面发展服务，为幼儿的终身发展奠基。

三、幼儿园数学教育的目标和内容

幼儿园数学教育既要体现数学本身的学科特点，更要与幼儿的生活密切相联，体现幼儿数学学习的特点。《纲要》提出，“能从生活和游戏中感受事物的数量关系并体验到数学的重要和有趣”。因而，幼儿园数学教育的目标要注意引发幼儿对各种数学现象的兴趣，引导幼儿建构初步的数概念，使幼儿学会用数学方法解决生活和游戏中遇到的某些问题。幼儿园数学教育的内容应具有启蒙性、生活性和可探索性。幼儿园数学教育的具体目标和内容见下表：

表 3-1 幼儿园数学教育的具体目标和具体内容

年龄班 内容	小班	中班	大班
感知集合 与 分类	1. 能从一堆物体中分出一组物体 2. 能按物体的显著特征进行分类 3. 能区分并理解“1”和“许多” 4. 能够比较 5 个以内物体的多少	1. 能从一堆物体中找出不同类的元素 2. 按物体的任一特征进行分类 3. 能够比较 10 个以内物体的多少	1. 进一步感知整体与部分的关系 2. 按物体两种及以上特征进行分类 3. 按一定标准进行自由分类
数概念 与 数运算	1. 正确点数 5 以内的物体 2. 能按 5 以内的数取物 3. 理解 5 以内数的实际意义	1. 正确点数 10 以内的物体 2. 能按数取物及按物取数 3. 认识相邻数和单双数 4. 认识 10 以内数的守恒 5. 认识 10 以内的序数 6. 会 20 以内的顺数和倒数 7. 认读并正确书写 20 以内的阿拉伯数字	1. 认识零 2. 学习目测数群及按群计数 3. 学习 10 以内数的组成和分解 4. 学习 20 以内的加减运算
量的比较 与 测量	1. 比较物体的大小和长短 2. 能从 5 个物体中找出最大和最小 3. 能按一定特征对 3 个以内的物体进行排序	1. 比较物体的粗细、厚薄、轻重 2. 能从几个物体中找出等量的物体 3. 按量的差异进行 5 以内物体的正向和逆向排序 4. 能按一定的规则对物体进行排序	1. 比较远近、宽窄、形状不同的两个物体 2. 学习量的守恒 3. 按一定规则自行排序 4. 学习自然测量

续表

年龄班 内容	小班	中班	大班
几何形体	1. 认识、区分圆形、三角形和正方形 2. 能用圆形、正方形、三角形进行拼搭	1. 认识、区分长方形、椭圆形和梯形 2. 学习制作平面图形 3. 初步理解平面图形的特征和简单关系	1. 认识、区分球体、正方体、长方体和圆柱体 2. 学习制作立体图形 3. 寻找、区分、理解平面图形和立体图形间的关系 4. 学习几何图形的二等分和四等分
空间和时间	1. 区分上、下 2. 认识早、晚，白天、黑夜的时间概念	1. 区分前、后，里、外的空间方位 2. 认识昨天、今天和明天的时间概念	1. 认识左、右 2. 认识时钟，会看半点和整点 3. 学习看日历，知道年、月、日以及星期的概念

四、幼儿园数学教育的实施形式与方法

（一）实施形式

1. 教学活动

教师有目的、有计划进行的教学活动，需要教师精心设计，全体幼儿积极参与，具有浓厚的学习气氛，是数学教育的主要活动形式。需要注意的是，面向全体幼儿的教学活动也需要照顾幼儿的个别差异，充分发挥每个幼儿的主体性，使每个幼儿在主动活动中获得发展。

2. 游戏活动

游戏活动中也存在大量而丰富的数学教育内容，如“超市游戏”，其中包括了数的认识和计算，大小、多少、轻重的比较，物体的分类，量的守恒……在游戏活动中，教师要善于引导幼儿运用科学的数学方法解决问题，提升幼儿的数学经验。

3. 其他活动

幼儿生活的每个角落和各个环节都有实施数学教育的机会。幼儿园室内

外的环境设施，材料投放，蕴涵着大量数、量、形的内容，幼儿早晨入园、晚上离园的时间和次序，幼儿餐饮的时间、次序、方式、种类、多少，都是进行数学教育的有利时机。

（二）主要方法

1. 操作法

操作法是幼儿学习数学最基本、最常用的方法。通过摸、拿、画、剪、拼、贴、拍、投、走、跳等操作活动，在教师的引导下，幼儿的思维将逐渐从动作过渡到表象进而发展到抽象。在积累数学经验的基础上，逐渐理解并建构起相应的数学概念。

运用操作法需要避免操作成为活动的点缀，流于形式。要创造适宜的环境，提供必要的条件，注意为每个幼儿提供充足的材料，给幼儿充足的操作空间和时间，允许幼儿之间相互交流，这样才能发挥操作法的价值。

2. 游戏法

游戏是幼儿最喜爱的活动。在数学教育中运用游戏化的教学方法，需要为幼儿创设相应的情境，提供多样的材料，游戏情境要力图接近幼儿的真实生活。在游戏活动中，要引导幼儿运用多种感官参与活动，还要注意游戏的多样性，注意结合儿歌、美工、音乐、体育等形式的数学游戏。如，各种数字歌，图形变变变，听声辨物做动作，数字手指操……

3. 比较法

比较可以使幼儿对物体在数、量、形等方面的相同点和不同点获得清晰的感知，促进幼儿的观察力和思维能力。运用比较法，要注意引导幼儿认真观察，鼓励幼儿动手尝试，注重比较方法的掌握和实际问题的解决。比如，让幼儿比较班里男孩多还是女孩多？比较班里小朋友的高矮、胖瘦、轻重；比较不同容器里水的多少……

4. 寻找法

在教师的引导启发下，幼儿通过自己的主动寻找，会发现周围环境和事物中大量的数、量、形关系，能够按照一定的要求找出相应的物体。在寻找中，幼儿的主动性得到发挥，好奇心得到满足，同时也发展了幼儿的观察力、注意力和思维能力。如理解数量5，可以请幼儿找一找自己身上哪些部位的数量是5个，班上哪些东西的数量是5个，到室外看一看，找一找，还有哪些东西的数量是5。

5. 谈话法

在幼儿园，经常会进行谈话活动，教师可以有意识地谈论一些关于数学的内容，帮助幼儿用数学的方法认识自己的生活，提高幼儿的记忆力，促进幼儿思维的发展，学习科学地表达自己。如，周一早晨的谈话活动，可以问幼儿昨天是星期几？去了什么地方？这个地方在哪儿？距离自己家有多远？是第几次去这个地方？在此过程中，教师还可以发现幼儿的兴趣，了解幼儿的相关经验，从而为自己的教育活动提供基础，做到教育的有的放矢。

以上介绍了一些幼儿园数学教育中的常用方法，在实际的操作中，任何方法都需要充分准备，根据内容和幼儿的发展水平以及幼儿园条件灵活运用，不同方法之间也要互相渗透，以期实现教育价值的最大化。

第二节 幼儿园数学教育活动的设计与指导

一、幼儿园数学教育活动的设计原则与方法

（一）生活化原则及相关方法

《纲要》明确指出，教育活动的内容选择应“既贴近幼儿的生活来选择幼儿感兴趣的事物和问题，又有助于拓展幼儿的经验和视野”。“引导幼儿对周围环境中的数、量、形、时间和空间等现象产生兴趣、建构初步的数概念，并学习用简单的数学方法解决生活和游戏中某些简单的问题”。坚持生活化原则需要从以下几方面着手。

1. 善于利用幼儿的生活经验

幼儿的生活经验中已经接触到丰富的数学内容。对此，教师要善于开发。

例如：分类教育中，可以引入日常生活中幼儿逛超市的经历，请小朋友将各种不同的东西送回家。认识数字时，可以结合幼儿经常接触到的数字，如，自己家的楼号、楼层，自己衣服和鞋子的号码，爸爸妈妈的电话号码等。认识时间时，可以结合小朋友每天的活动来进行。认识左右时，可以从幼儿的衣服鞋子入手……

2. 善于利用幼儿生活中的环境和材料

幼儿生活的环境，蕴涵着丰富的数学资源，幼儿本身，也是重要的数学资源。对此，教师也要善于利用。例如：学习对应时，可以请小朋友找找自己的小椅子、小杯子、小毛巾。学习几何图形时，可以引导幼儿寻找活动室里相应形状的物体。学习比较两组物体多少时，可以请小朋友们随便站几队进行比较。学习等分时，可以让幼儿分成人数相等的几组，再请幼儿为各组分发各种容易等分的物品……

3. 在活动过程中体现生活化

在活动过程中体现生活化，主要是指活动的过程要具有真实性。有条件的话，就要利用真实的场景、真实的材料进行真实的活动。如果没有条件，就要创造符合真实的情境和材料进行模拟真实的活动。比如“在超市里”，可以带领孩子们到超市参观各类物品，体验物品分类摆放的有序性，查看各类物品的价格，比较各种物品的形状、大小、多少，给孩子 10 元钱让他们自己买东西。如果没有条件，则可以与孩子们一齐动手将活动室变成超市，将各类物品分类分区有序摆放，为各种物品制作标签，自己制作购物券，孩子们分别体验营业员、收银员和顾客等角色。只要有心，完全可以实现生活化的数学活动过程。

4. 充分利用幼儿一日生活的各个环节

幼儿在园一日生活的各个环节都蕴涵着丰富的数学内容。例如：来园时，可以请幼儿了解自己是几点钟到的，已经来了多少个小朋友，自己要进的区域还有几个位子。喝水时，可以请幼儿想想是第几次喝水，记录自己的喝水量，比较相互喝水的多少。排队时，可以请幼儿比较自己和前后小朋友的高矮轻重。做操时引导小朋友感受相互间距离的远近，体会上下、前后、左右的空间方位，感受全园小朋友在一起运动时的雄壮。户外散步时，引导幼儿注意周围事物的数量、形状、距离……

5. 在生活中运用和发展幼儿数学

生活化的幼儿数学教育，不仅要坚持从数学中来，更要强调到生活中去。幼儿数学教育是一种启蒙教育，不是为了打造数学工具，而是为了引发幼儿对数学的兴趣，体验数学的有用，过更幸福的生活。因此，数学活动的结果要有利于幼儿解决他们在生活和游戏中遇到的问题，并在解决问题中提高数学兴趣，发展数学能力，为幼儿的长远发展奠定基础。而且，只有在运用过程中，幼儿才能理解数学对人们生活的实际意义，并为了更好的生活而对数学充满兴趣和尊重。首先，引导幼儿在生活中运用数学知识。例如：学习了分类，可以请幼儿回家整理自己的玩具，并能对家长表述自己是怎么整理的；认识了数字，有事时可以自己给爸爸妈妈拨电话；学习了测量，可以自己量身高，称体重；学会了看时钟，就应该懂得自己掌握时间，自己设计合理的作息时间表，并按时起床、吃饭、睡觉……其次，引导幼儿发现生活中的问题，尝试用数学方法解决。比如：可以请一名幼儿给大家分发苹果，篮子里放上 5 个整个的苹果，20 块半个的苹果，让他想办法让每个人都吃到一样多的苹果。再如，需要幼儿用一张正方形的卡纸做手工，可是只提供长方形和三角形的纸，让幼儿自己想办法解决……

总之，在幼儿数学教育中，必须坚持生活化原则，树立“现实生活是幼儿数学概念形成的源泉”的基本观点，从教育内容、活动过程、活动结果等各个方面将数学教育生活化真正落到实处，使幼儿喜欢学习数学并体验数学对其生活的重要意义。

（二）整体性原则及相关方法

1. 活动目标体现出对幼儿发展的整体性

试看这样一个例子：一名 5 岁幼儿能够熟练计算 100 以内的加减运算，准确认识时钟，至于简单的物体分类、比较大小多少，更不在话下。可是，这名幼儿到了超市，总是选最贵的玩具，每次都将父母的钱花得一分不留；吃东西时，遇上爱吃的，总是将大份留给自己，将小份分给别人；每次玩够了玩具，总是随便乱丢。

从这个案例可以看出，教育绝不仅是让幼儿知道一些知识，掌握一些技能，更重要的是让幼儿从小就懂得做人的道理。知识是重要的，可是运用知识的能力，行为习惯的养成，对待生活的态度，则是更重要的。即使在数学领域，也要关注幼儿全面的发展。

首先，在设计活动目标时，要注意从知识、能力、情感三个方面进行考虑，注意目标的全面性，同时又要避免三者生拉硬扯地堆砌在一起，要注意知、情、意的有机融合。试比较以下对同一内容“左手和右手”的两个活动目标的设计：

设计一：(1) 能够分辨手的左右。

(2) 学会比较两只手的相同和不同。

设计二：(1) 知道自己的左手和右手都有五个手指。

(2) 能够分辨自己的左手和右手。

(3) 尝试表达体会两只手的不同作用，爱惜自己的双手。

通过比较，我们可以发现，设计二显然要比设计一具体而全面。

其次，活动过程要紧紧围绕目标进行，充分发挥目标的导向作用。比如，在“二等分”的活动中设计了这样的目标，“在生活中运用等分，体会分享的快乐”。那么，在教学活动中就要有相应的环节，引导幼儿选择一种自己的东西并分成二等分，把其中一份送给自己的好朋友。当然，让这种观念在幼儿心里扎根，并成为一种好的习惯，还需要在平时利用各种有利时机加强相关练习。

最后，注意做好家长工作，引导家长树立正确的教育观念。如果家长一味强调幼儿多学知识，只关注幼儿会做多少数学题，而忽视幼儿数学兴趣的培养，忽视幼儿运用数学知识帮助他人的品质的养成，就会对幼儿园的工作造成很大阻力。比如，教师请幼儿做值日，帮教师整理物品，这些事情却被家长认为是教师懒惰，欺负自己的孩子。面对这样的家长，教师要有勇气和耐心做好他们的工作，争取他们的理解和支持。

2. 数学领域与其他领域要实现有机的整合

生活中，时时处处有数学，在各个领域都蕴藏着丰富的数学内容，教师要善于挖掘各领域的数学教育资源，以提高幼儿的数学素养，促进幼儿的全面发展。对此，可从两个角度进行尝试。一是善于利用各种形式为数学教育服务，一是注意在各领域渗透数学教育。

先说第一个方面，利用各种形式为数学教育服务。在这里，突出的是数学教育，活动目标以数学领域为主。因此，数学的内容主导着活动的进程。

以学习10以内的基数为例，就可以有很多种形式。可以讲相应的故事，表演数字儿歌，可以请幼儿数一数不同枝条上叶子的数目，可以请幼儿用规定数目的颜色来画画，或使用规定数目的积木进行搭建，还可以让幼儿取规定数目的物品装进自己的盒子里，可以请幼儿按照教师说出的数字做相应次数的不同动作。再如，学习比较粗细时，可以讲故事、说儿歌，可以比较周围环境中物体的粗细，可以让幼儿用笔画出粗细不同的线条或事物，用黏土搓粗细不同的泥条。

需要注意的是，组织此类的活动，由于内容比较集中，容易引起幼儿的乏味，所以要格外注意各个环节的有机联系，不能只追求表面形式的多样。而且，要注意根据内容和幼儿的特点选择相应的形式，保证幼儿积极主动地活动。

再说第二个方面，在各领域渗透数学教育。在这里，数学教育只是隐涵的目标，活动形式要充分尊重各领域内在的特征，不能为了学习数学知识而破坏了各领域自身的一致性。

比如，在学习儿歌和讲故事时，为了渗透数学教育，每次都请幼儿数一数每句的字数，找一找某个字在第几行，请幼儿说说自己的位置在哪，左边是谁，右边是谁。在进行美术活动时，经常请幼儿说说自己用了几种颜色，画了多少个事物，里面有几个圆形。这样做，很容易引起幼儿的逆反心理，不仅会影响本学科的学习，而且会失去对数学的兴趣。

怎样才算有机渗透呢？比如说，请幼儿认识某种植物时，可以请幼儿说说植物的外形，叶子的疏密，每个枝头花朵或果实的数量，比较每朵花的瓣数等，经过这样的学习，幼儿既练习了数学知识，对植物的认识也会更加精确。再如，户外练习拍球时，可以请幼儿分成几个小组，用图形为各小组命名并为每个幼儿编号，小组内每三个幼儿互相配合，一个幼儿拍，一个幼儿数数，一个幼儿计时并负责记录。这样的渗透方式就比较自然，也容易引起幼儿的兴趣。

（三）主体性原则及相关方法

1. 活动内容符合幼儿的兴趣和需要

兴趣是活动的动力。在幼儿数学教育中，要发挥幼儿的积极主动性，需要教师关注他们的兴趣和需要。善于从幼儿感兴趣的事物中生发数学活动。

比如，最近幼儿对天线宝宝十分感兴趣，自由活动时间都在议论天线宝宝的话题。教师抓住这一点，设计了“我是天线宝宝”系列数学活动。四位天线宝宝衣服颜色不同、身高不同、头上的天线不同，喜爱的东西不同。据此，可以请幼儿按照自己喜欢的颜色选择当哪个天线宝宝，再请幼儿按照自己的角色选择头上的天线和喜爱的玩具。这样一来问题出现了，因为孩子发现自己选择的天线或者玩具不是自己喜欢的。经过调整，做出重新选择，幼儿终于成了“名副其实”的天线宝宝。这时，教师又提出了新问题，天线宝宝四个一组，经常一起玩，他们的身高可是有一定规则的。幼儿开始想办法，怎么样才能变成天线宝宝组合呢？经过学习身高测量、比较，经过各种搭配尝试，一组组天线宝宝终于诞生了。他们又可以进行新的探索活动了。

2. 活动方式利于幼儿主动探究

数学虽然时时处处存在于幼儿的生活周围，但是数学本质上是一种关系的存在，幼儿在获得数学经验时，更需要通过自己的方式，在反复练习和运用中去理解。因此，在进行幼儿数学活动时，要注意幼儿的主动探究，让幼儿在问题情境中，在发现和解决问题的过程中学习并发展数学。

比如，幼儿对自己的成长很感兴趣。可是怎样才能知道自己在长大呢？每个小朋友是不是长得一样快呢？如何能让自己长得更加健壮呢？对此，教师可以让幼儿自己想办法，通过自己的探索得出答案。活动中，教师要和幼儿一起讨论，一起准备各种材料，鼓励幼儿尝试各种办法。在身高的测量中，教师带来了一把卷尺和一把直尺，先请幼儿分别用这两种尺子量自己的身高，让幼儿体会不同尺子的不同作用，然后发动幼儿寻找合适的材料自己来制作这两种不同的尺子，把它们放在数学区，供幼儿方便使用，同时鼓励幼儿注意发现尺子的多种作用。除了量身高，还为幼儿提供了一架体重秤，鼓励幼儿自己学习称体重。同时引导幼儿学习记录自己的身高和体重，并在不断的测量中引导幼儿理解“米”、“厘米”、“公斤”、“千克”、“斤”等数量单位。在活动中，幼儿又发现了卷尺可以量腰围、头围，量胳膊和腿的粗细。在比较中，教师及时引导幼儿要注意营养均衡和体育锻炼才能让身体长得匀称、健壮、美丽。为此，引导幼儿进行以“我爱吃的食物”和“我爱运动”为主题的分类和统计活动。

正是在一个个问题的引领下，在幼儿战胜一个个问题的过程中，幼儿发展了自己的数学能力，体验到了数学的有用和有趣。更可贵的是，通过数学活动，幼儿体验到做事的愉快，体验到成功的自信，懂得更健康地成长。

二、幼儿园数学教育活动的指导原则与方法

（一）随机性原则及相关方法

在幼儿生活中，随时随地都有数学教育的内容。因此，对幼儿数学活动的指导，要坚持随机性原则。而且，在随机教育中，往往带有具体的情境，或者有特别的意义，有利于幼儿理解和接受。坚持随机性原则，可以从以下几点进行考虑。

1. 在日常生活中对幼儿进行随机教育

在幼儿日常生活中，有丰富的数学内容，幼儿也在自觉或不自觉地进行着丰富的数学活动。作为教师，要关注幼儿从事的各种与数学相关的活动，及时发现问题，给予必要的指导。

比如，有位幼儿来园后拿着自己的标志准备放到科学角，发现那里已经插满了标志，科学角也坐满了小朋友，他只好到其他区域进行活动。一连几天都是如此。教师觉得有必要对他进行一下引导。这一天，等他刚一进园，教师就走上前对他说，“你看，现在科学角又坐满了小朋友，你很想玩，想一

想该怎么办呢?”说着，教师指了指墙上的钟表。孩子马上明白了，“我应该来早一点”。教师接着说，“你真聪明。你再看看，现在黑色的长针指着的是数字几?”“指着6。”“对了，现在是8点半，明天你早来10分钟，当这根黑色长针指着4的时候，也就是8点20分到幼儿园，你一定能到想玩的区域活动的。”

再如，中午散步时，教师引导幼儿谈论今天的午餐。他们说，“今天的饭真好吃，我吃了很多”。“我也是。今天的菜特别好吃。”教师引导说，“我们今天吃的是炖菜。谁还记得今天的菜里都有什么?”“肉、白菜、豆腐、土豆、茄子、豆角、还有粉条。”孩子们一起凑齐了答案。“那这里面一共有多少种菜呢?”“7种。”“大家一起来说说这些菜都是什么形状的吧。”“老师，你说的是我们吃的这些菜的样子呢，还是它们本身的样子呢?”“咱们先说厨师把它们为我们做熟了的那个样子，再说我们刚从市场上将它们买回来时的样子。”……孩子们七嘴八舌地谈论着。突然，一个孩子说，“菜里面还有盐呢?”“对，还有油。”“我知道还有葱。”……教师见状，说道：“这些东西有一个统一的名字，叫调料。下一次我们就认识这些有趣的调料好不好。”然后教师补充说：“我们每天都吃饭吃菜，它们的贡献可大了，我们要关心它们。回家后，可以跟爸爸妈妈一起认识它们。”

在日常生活中对幼儿进行随机教育，不能期望一次就掌握所学的内容。但是，通过这样的引导，可以给幼儿传达相应的观念，使幼儿注意到生活中丰富的数学内容。而且，这样的教育可以经常进行，长期进行，在反复练习中，可以使幼儿获得丰富而准确的数学经验。

2. 抓住有利时机对幼儿进行随机教育

在幼儿生活中，充满了各种各样的变化，可以是幼儿自身的，也可以是生活环境的。有些变化是教师预料之中的，有些变化则是始料不及的。教师要善于利用这些变化，随时生成教育契机，实现活动与环境的统一。

比如，一名教师正在户外的银杏树旁组织小朋友们玩“你一我一”的数学游戏，忽然，一阵风吹过，地上落满了银杏叶。孩子们被金灿灿的银杏叶所吸引，有些幼儿停止了游戏，望着树叶出神。这时，教师说道，“我们一起来拣银杏树叶吧。注意，每个小朋友拣够十片树叶就回到原来的位置坐好”。小朋友们高兴地拣着树叶，一边出声地数着数字。回到座位上，老师对小朋友们说：“现在，我们每个人手里都有十片树叶。在接下来的游戏中，请小朋友们说到几的时候，不用再伸手指了，我们可以拿起相应数目的树叶，好不好？”然后，这名教师请一位小朋友配合，给大家先演示了一遍，再请小朋友接着玩刚才的游戏。他们玩得更起劲了。

再如，一名幼儿来园后，高兴地对教师说，“老师早上好。今天是我的生日。中午妈妈会给我送来蛋糕，我要请老师和小朋友们一起分享。”教师抓住这个有利时机，对幼儿说：“那你一定知道今天是几月几日了，一会儿，请你和今天的小小气象员一起完成今天的‘气象预报’好吗？”幼儿高兴地答应了。全班为这名幼儿过生日时，教师有意请幼儿说说自己的出生日期。发现这名幼儿只能说出今天的日期，而不知道这就是生日的意思，虽然不能说出自己是哪一年出生的，但是知道自己今天正好 5 周岁。通过谈论，教师发现很多幼儿都是这个情况。对此，教师灵机一动，借机向幼儿讲明白生日的含义，并引导幼儿计算出自己的出生年月。吃蛋糕时，不仅引导幼儿讨论出分蛋糕的方法，而且启发幼儿要把蛋糕给爸爸妈妈留一份，向他们表达自己的爱意。

（二）多样化原则及相关方法

幼儿数学教育的内容虽然比较粗浅，但涉及到数学领域的各个方面。而且，对幼儿进行数学教育，组织形式灵活多样，没有时间和场地的限制，在一日生活中可随机进行，教学方法也丰富灵活。因此，对幼儿数学活动的指导也要注意灵活多样，坚持多样化原则。

1. 针对教育内容采取不同的指导方式

针对不同的教育内容，教师要选择合适的方法对幼儿进行指导。有些内容适宜直接指导。比如，各种数学概念，某些工具的使用方法，必要的活动规则，各种数字儿歌的初次学习，各种数学游戏的初次玩法等，就比较适合教师通过讲解演示直接告诉幼儿。有些内容是约定俗成的，幼儿无法通过探究获得。如，阿拉伯数字的名称和书写，各种几何图形的名称。有些内容无需幼儿进行不必要的探索。如，剪刀的使用，活动中注意爱惜各种工具和材料。而更多的内容则需要教师采用间接指导的方式引导幼儿自主探究发现。教师要做的就是创设相应的情境，提供丰富的材料，必要时给予适当的鼓励和帮助。比如，学习四等分，教师可以为幼儿准备能够四等分的各种材料：形状规则的纸，数量是 4 的倍数的各种物体，或者是一个西瓜，一个大蛋糕，甚至一大瓶水……

2. 根据组织形式采取灵活的指导策略

幼儿数学教育需要灵活地采用集体、小组和个别活动形式，因此教师在指导时，需要灵活运用各种指导策略。

在集体活动中，教师主要起引导、组织与协调的作用。活动中要创设适宜的情境，精心设计问题，积极回应幼儿。注意鼓励幼儿独立思考，不随声附和，敢于发表不同于别人的见解，活动中注意照顾到全体幼儿。

在小组活动中，教师应引导幼儿适当分组，鼓励幼儿互相交流，合理分工，团结合作。同时，注意观察，了解幼儿不同的活动状况。发现幼儿发生纠纷时，注意采取适当的方式进行指导。

在个别活动中，教师要为幼儿提供丰富的材料，允许幼儿自选材料、自主操作，教师的主要任务是观察了解并适当记录幼儿的学习情况，鼓励幼儿用自己的方式去解决问题。在指导过程中要善于等待，让幼儿有充分思考和理解的时间。即使幼儿出现错误也不应用强制的方式加以制止，而是让幼儿在不同的操作中体验、比较，逐步积累数学经验。

3. 根据活动方法采用相应的指导策略

在幼儿数学教育活动中，有各种各样的方法。不同的方法，教师的指导策略也不尽相同。教师要注意按照需要灵活运用。

比如，在运用谈话法指导幼儿进行数学活动时，教师要选用幼儿熟悉的话题，涉及的数学知识是幼儿接触过但还不太明确的，每个幼儿都能够积极参与，同时还可以丰富幼儿的经验，澄清一些模糊的概念。

再如，使用寻找发现法时，无论是利用已有的自然环境，还是教师特意准备的环境，都要保证提供数量充足、种类丰富的材料，材料的放置要多种多样，有明显的，也要有隐蔽的，以激发幼儿的兴趣，使每个幼儿都体验到发现的乐趣。

又如，在常用的游戏法教学中，教师除了为幼儿创设游戏情境，提供适宜的材料外，还要注意以游戏参与者或某种游戏角色的身份，为幼儿游戏的进行提供方法上的支持，引导幼儿探究游戏的不同玩法，在游戏中巩固数学经验，发展数学思维。

（三）适宜性原则及相关方法

只有适宜的，才是最有效的。因此，在幼儿数学活动的指导时，必须坚持适宜性原则。贯彻这一原则，可以有以下方法。

1. 学会观察和等待，了解幼儿的最近发展区

适宜而有效的教育指导必须符合幼儿的需要，必须建立在幼儿的经验基础之上，对幼儿既要有现实基础，又具有一定挑战。为此，必须学会观察和等待，找到幼儿的最近发展区。

比如，教师近来发现有位幼儿来园后，总是喜欢对着班上已经到来的幼儿进行数数，可总是比教师数的要少。终于有一次，教师忍不住问她，“你在数什么?”幼儿回答，“我想看看今天有几个小朋友的上衣是没有口袋的?”“那么昨天呢?”“昨天我想知道有几个小朋友穿着小皮鞋。”原来如此。“那么，你能告诉我今天有多少小朋友的上衣是不带口袋的呢?”“20个。”教师正要为这名幼儿对数学的兴趣表示赞扬时，她却说，“我喜欢有口袋的衣服，可是妈妈说没有口袋的衣服更好看。”“那昨天为什么数皮鞋呢?”“因为我喜欢皮鞋。可是妈妈说布鞋更舒服。”原来是这样。教师早应该知道大班幼儿已经很在意自己的外表了，尤其女孩子，更爱美丽。据此，教师及时开展了“好看的衣服”、“有趣的鞋子”等活动。在活动中，请幼儿按照不同的标准为带来的衣服进行分类，统计每种衣服和鞋子的受欢迎程度，总结每种衣服和鞋子的优点，欣赏衣服和鞋子的对称美……通过活动，幼儿不仅积累和发展了数学经验，而且学会了正确选择和对待衣物。正是在观察和等待中，通过了解幼儿的真实想法，围绕幼儿的最近发展区开展活动，才能谈得上对幼儿的数学教育和指导，这样的教育和指导才是幼儿需要的，才是适宜的、有效的。

2. 创设适宜的情境，提供丰富的材料

对于幼儿来说，他们的活动总是受情境的影响，在适宜的情境中，幼儿会发挥他们丰富的想象力，创造性地运用各种材料，乐此不疲地将活动进行下去。

比如，春节期间，糖果是家家必备的年货。小朋友对糖果都比较熟悉和喜爱，而且都有随父母买糖果的经历。因此，开学后，教师设想开展以“糖果”为主题的系列数学活动。可是创设什么样的情境，提供哪些材料才能让活动更好的开展呢？经过冥思苦想，教师想到“小动物们也要过年”这样一个办法。活动开始时，教师先请小朋友自由结组，然后对大家说，“过年时小朋友的家里都有很多糖果，各种各样的，特别甜。可是，小动物们打来电话对我说，他们也要过年了，可是没有糖果。今天，我们就来帮他们制作糖果吧”。小朋友们听后，一个个热情洋溢，非常兴奋。教师接着说，“糖果有不同的材料、颜色、形状和口味。现在，我这里有不同颜色的数字牌，请每组来一个小朋友到老师这里说一个数字，老师就发给他相应的数字颜色牌。小朋友要按照自己组的颜色到活动室找合适的材料进行制作”。活动室里，准备着丰富的材料，有彩泥、皱纹纸、彩色球、小积木、彩色纸、各种糖纸等。小朋友们高兴地制作着各种糖果。之后，教师又说，“小动物们还想亲自到糖果店里选购糖果。我们利用这些糖果把这里布置成糖果店吧”。接下来，教师引导小朋友们将糖果进一步分类、包装、装盒、打包等，把活动室变成糖果屋。然后，引导小朋友制作购物券、购物卡，经过一系列准备，小动物买糖果活动终于开始了，整个系列活动也进入了高潮。

3. 开放性的问题，促进幼儿思维的发展

数学教育的重要目标之一就是培养幼儿的思维。因此，在对幼儿进行指导时要注意设置开放性的问题，避免只有一种答案。比如，幼儿学习圆形时，可以请小朋友找一找哪些东西里有圆形，而不是指着不同物体的圆形部分问幼儿是什么形状。除了对幼儿说“1”像铅笔，还可以引导幼儿说说“1”还像什么。学习数量 4 的时候，问小兔子有几条腿，不如请幼儿说说 4 条腿的动物有哪些。发展幼儿的思维，不仅要求教师关注幼儿活动的结果，更要关注幼儿活动的过程。因为同样的结果，往往有不同的方法。所以教师要善于追问幼儿是怎样知道的。比如，“4 + 6 = 10”这样看似简单的问题，幼儿可能运用了不同的方法。比如，有些幼儿可能是先伸4个手指，再数6个手指；有些幼儿可能先伸6个手指，再数4个手指；还有个别幼儿可能利用10可以分解成4和6的方式；再有个别幼儿可能只是记住了这个答案；也有个别幼儿觉得4加6与5加5的得数一样……总之，有很多方法可以得到正确答案。教师要关注幼儿解决问题的过程，通过各种方式引导幼儿感受同一问题的不同方法，丰富幼儿解决问题的经验，发展幼儿的思维。

4. 积极正面引导，发展幼儿的兴趣和信心

幼儿对各种事物和现象都充满了好奇心，遇到问题喜欢探究，凡事都想弄个明白。可是，他们的能力有限，并不能总是获得成功，需要成人的帮助和支持。尤其是数学方面的经验，更需要多次尝试，反复体验。幼儿成功时，教师要注意表扬，并引导幼儿用不同方法试一试，或者给幼儿提一个更有挑战的问题引导幼儿探究。幼儿出错时，教师更要有耐心，注意适当的引导和鼓励。千万不要认为幼儿笨，不适合学数学，打消幼儿的积极性。也不要急于将答案告诉幼儿，用自己的回答替代幼儿的思维。教师可以设置一定的矛盾，引发幼儿的认知冲突，让幼儿在自己的探索中获得正确的认知。

比如，在学习数量5的守恒时，有个别幼儿总是认为散在一起的要多于挤在一起的。教师让其中一位幼儿数一数散在一起的有几个，挤在一起的有几个。幼儿都回答5个。教师再问哪组多时，幼儿还是回答散在一起的多。教师将挤在一起的散开再问幼儿两组物品哪组多，幼儿回答一样多。教师又将刚刚散在一起的聚在一起问幼儿这时哪组多。幼儿还是回答散在一起的多。这时，教师请全班幼儿休息一下。在教师带领下，每5个人一组玩起拉圈游戏。一会儿把圈拉得大大的，一会儿把圈拉得小小的。玩了一会儿，教师请小朋友继续刚才的练习。这时，教师发现所有的小朋友都做对了。在以后的学习中，幼儿的热情更高了。

第十一章　幼儿园社会教育活动设计与指导

人总是生活在一定社会群体中的。在这个社会群体中，儿童需要学习如何与他人和谐相处，并积极参与集体生活，以完成由“自然人”向“社会人”的转变。这个转变离不开与人的交往，尤其是离不开与教师的交往。在幼儿园，各种形式的幼儿园社会教育活动深刻地影响着幼儿的社会化进程。那么，幼儿的社会性是如何发展的？幼儿园如何更好促进幼儿的社会性发展？这是我们本章主要的学习内容。

第一节　幼儿园社会教育活动概述

一、幼儿园社会教育活动的意义

幼儿园社会教育是指以发展幼儿的社会性为目标，以增进幼儿的社会认知，激发幼儿的社会情感，培养幼儿的社会行为为主要内容的教育。它把社会作为幼儿园教育的内容，把社会领域教育作为幼儿园课程。

（一）帮助幼儿学会理解别人、尊重别人，并正确认识自己

现代家庭中，家长往往视子女为“小皇帝”、“掌上明珠”，一切活动以幼儿为中心，但在幼儿园，每一个幼儿都是平等的，家庭中的生活习惯和处事

方式在幼儿园的集体生活中往往行不通。在幼儿园，通过教师的教育活动和与同伴之间的交往，幼儿逐渐学会理解他人的想法，学会尊重别人；通过同伴和教师的评价，初步学会客观地认识和评价自己，有助于良好个性和品德的形成和发展。

（二）帮助幼儿学会控制自己，掌握人际关系准则，提高交往技能

自我控制是个体对自身的心理与行为的主动掌握，是个体不受外界因素的影响，自觉地选择目标，控制自己的情感和行为，从而保证目标的实现。它不仅是人类个体意志力的表现，也是个体完成各种任务、协调与他人关系、成功地适应社会的必要条件。在幼儿园社会教育中，幼儿学习如何与同伴沟通、合作，学习如何化解冲突，从而逐渐掌握基本的人际关系准则，并学会控制自己的情感，调节自己的情绪，从而提高自己的交往技能。

（三）帮助幼儿学会生存、学会生活、学会做人

生活自理能力、良好的生活习惯以及交往的技能、技巧，既是幼儿园社会教育的主要内容，又是幼儿未来生活和发展的基础。教师通过引导幼儿在日常生活中逐渐学会自己穿衣、系鞋带，自己吃饭、洗脸、擦手，自己收拾玩具，并乐于帮助同伴解决困难；在与同伴交往中，初步学会合作、分享、谦让的交往技能，学习做一个受欢迎的人等，可以帮助幼儿养成良好的生活习惯和积极的生活态度，形成热爱生活的情感。

（四）促进幼儿独立性、自主性和应变能力的发展

幼儿在幼儿园中，需要独自面对老师和同伴，并需要逐渐适应幼儿园的集体生活。幼儿自己穿或脱衣服、自己吃饭、收拾玩具、自己睡觉等，这些都能促进幼儿独立性、自主性的发展。此外，在老师的引导下，幼儿通过面对和解决纠纷，逐渐学会正确处理人与人之间的关系，从而提高自己的自主性和社会应变能力。

二、幼儿社会性发展的特点

个体社会性发展主要包括社会认知、社会情感和社会行为三个方面。

（一）幼儿社会认知的发展特点

社会认知是个体关于社会现象、社会关系等方面的人类自身事件的认知，包括对自己的认知（即自我概念）、对他人的认知和对社会规则的认知等几个方面。

1. 幼儿对自己的认知

幼儿在家长和教师的正确引导下，能知道我是谁、我几岁、是男孩还是女孩，认识到自己的特征和能力，并能分辨自己的所有物。如游戏中，选女孩当妈妈，体现出幼儿对性别的认识；选大个子当保安，体现出幼儿对角色能力的认识。

那么，幼儿的这些自我认知是如何形成的？社会学家库利认为，幼儿对自己的认知是通过“镜像过程”形成的，即别人对于幼儿的态度反应（表情、评价与对待）就像是一面镜子，幼儿通过他们来了解和界定自己，并形成相应的自我概念。

后来，米德发展了库利的思想，认为在实际生活中，并不是每一个与幼儿发生交往的人对他们都有同等的影响力，幼儿生活中的某些人对他们的自我概念发展有着尤其重要的影响。这些人被称作“重要他人”。在不同的发展阶段，重要他人的构成也不同。在婴幼儿阶段，重要他人主要是家长和教师。比如，当你问幼儿：“你为什么认为自己是好孩子（或坏孩子）？”大多数幼儿会回答：“老师说我是好孩子（或坏孩子）。”

2. 幼儿对他人的认知

从他人角度看待事物的能力，即观点采择，是社会技能的基础。没有这种能力，儿童会继续保持自我中心，不能够考虑他人的兴趣、需要和权利。

塞尔曼提出，儿童观点采择能力的发展分为五个阶段：

阶段 0（3～6 岁）叫做自我中心的观点采择，在这个阶段，儿童能了解自己和他人的心理状态分属不同的主体，但不能对此作具体的区分。

阶段 1 称为社会信息的观点采择（约 6～8 岁），儿童意识到别人有不同的理解和观点。

阶段 2 为自我反省的观点采择（约 8～10 岁），这时儿童意识到，每个人都知道别人有自己的思想和情感，知道不仅别人有不同的观点，而且能够意识到别人的观点。

阶段3叫做相互的观点采择阶段（10～12岁），儿童能从第三者、旁观者、父母或共同的朋友的角度来看待两个人的相互作用。

阶段4是社会和传统体系的角色采择（12～15岁以上），儿童认识到存在着一种复杂的观点体系，如某一地区的或者某一宗教的观点，个体了解到为了准确地同他人交往和理解他人，每个人都要考虑社会体系的共同观点。根据塞尔曼的观点，幼儿处于自我中心阶段。

在幼儿园教育实践中也发现，幼儿能发现他人在外表、穿着等方面与自己的差异，但还不能很好地站在他人的角度去认识和理解问题。如4岁的点点把彤彤撞倒后，说了声“对不起”就走开了。当彤彤大哭时，点点跟老师说：“我都说了对不起了，她还哭。”对于别人的行为也往往从行为结果来加以评价。比如一个儿童对妈妈说：“某某最爱打人了，不是好孩子。”

3. 幼儿对规则的认识

幼儿在幼儿园的全部生活都遵守着一套规则。幼儿认为规则是由权威制定，是神圣不可改变的。儿童通过在幼儿园所获得的奖惩和在教师的教育影响下，逐渐知道什么是可以做，什么是不可以做的，什么是好行为，什么是不好行为。幼儿会努力使自己的行为符合教师的要求和期待，并以此为荣。

然而幼儿对于规则的理解与成人又是不一样的。如：在组织赛跑时，幼儿们经常等不及老师喊完“预备，开始，跑”就跑出去了。比赛结束后，如果有人问他们谁赢了，他们都会坚定地说：“我赢了！我赢了！”显然，幼儿根据他们理解的重要内容来回答，而不是根据成人的规则来回答。

（二）幼儿社会情绪、情感的发展特点

进入幼儿园，幼儿的情绪、情感越来越与社会交往密切联系在一起。幼儿的情绪、情感的动因从满足生理需要向满足社会性需要过渡，如刚进入小班的幼儿非常喜欢身体接触，愿意老师牵着他的手，喜欢让老师抱一抱、亲一亲、摸一摸等。而到了中、大班，幼儿非常希望被人重视、关爱，喜欢与人交往，如幼儿遭到同伴的排斥，就会产生痛苦的情绪；受到老师的表扬就

会产生愉快的情绪。具体地说，幼儿的情绪情感还表现为以下特点：

1. 容易变化，呈现出两极化的特征

儿童的情绪情感容易受外界事物所支配，情绪情感很容易从一端变化到另一端。前一分钟还为失去了心爱的玩具哭泣，后一分钟可能因为老师的表扬破涕为笑。

2. 容易受感染

幼儿的情绪容易受到他人的影响，一般体现为受成人和同伴的影响。如在幼儿园中如果一个幼儿因为害怕某件事物而不安，其他的孩子也会表现出这种情绪。

3. 具有冲动性

幼儿调节控制自己情绪情感的能力还比较差，不太会用理性调节自己的情绪，更多需要成人的安抚。如早晨被父母送到幼儿园，因为分离焦虑而放声大哭，可能需要很长时间才能平息下来。

（三）幼儿社会性行为的发展特点

社会性行为是人们在交往活动中对他人或某一事件表现出的态度、言语和行为反应。社会性行为根据其动机和目的，可以分为亲社会行为和反社会行为。亲社会行为是指人们在社会交往中对他人有益或对社会有积极影响的行为，如谦让、帮助、合作、分享等。而反社会行为指违法行为或为社会所不能接受的行为，在幼儿中体现为打人、骂人、破坏物品等。幼儿社会教育的目的主要在于培养和促进幼儿的亲社会行为，预防和矫正幼儿的反社会行为。

儿童亲社会行为并非随着儿童年龄的增长而必然增多，它需要教育者有意识、有目的的进行相关教育。一般认为，对幼儿进行共情训练、榜样教育、正面强化等方式可以在一定程度上促进幼儿亲社会行为的发展。

在幼儿园，幼儿交往的对象主要是教师和同伴。

1. 幼儿与教师的交往

在与教师的交往中，幼儿往往把教师看作是“权威”，幼儿对老师的态度和行为多数是顺从的。因为幼儿已经初步认识到“服从—好结果，不服从—

坏结果”，所以必须服从权威。幼儿从尊重、服从父母到尊重、服从教师，是幼儿社会性发展的一大进步。

2. 幼儿与同伴的交往

幼儿同伴交往的类型是不同的。庞丽娟对 4～6 岁儿童同伴交往类型进行了研究，结果表明，幼儿的社交地位已经发生了分化，主要有四种类型：

（1）受欢迎型：这类幼儿喜欢与同伴交往，在交往中行为积极友好，因而普遍受到同伴喜爱、接纳，在同伴中地位、影响较高；

（2）被拒绝型：这类幼儿也喜欢交往，但交往中行为不友好，多消极、攻击性行为，受多数幼儿排斥、拒绝；

（3）被忽视型：这类幼儿不喜欢交往，在交往中畏缩、退缩而不积极、主动，既缺少友好行为，也缺少消极、不友好行为，因而易被大多数同伴所忽视与冷落；

（4）一般型：这些幼儿在交往中表现一般，既非特别友好，也非特别不友好，他们在同伴中的地位一般。

综上所述，社会认知、社会情感和社会行为共同构成了幼儿社会性发展的内容，而三者之间在幼儿的发展中也是相互影响、相互制约，共同影响着幼儿社会性发展的过程。因此，在设计和实施幼儿园社会教育活动时，必须注重这三者的协调统一，把这三方面的教育看成一个有机的统一的整体，不可偏废，以确保幼儿社会教育的成效。

三、幼儿社会性发展的理论和影响因素

（一）精神分析学派

埃里克森认为，人在幼儿期面临着激烈的“自主对羞怯”的内心冲突。这种“冲突”源于幼儿在幼儿园面临的种种挑战：他们必须学会怎样与其他人一起玩、一起做事，怎样解决不可避免的冲突等。他们通过寻找游戏玩伴、组织游戏活动以及参与其他的社会性活动等来一步步验证着自己的权利和能力。在这个过程中，如果成人对幼儿的活动给予支持、鼓励或积极的评价，不嘲笑、不禁止，幼儿就会感觉到自己是有能力的，其主动性就会得到加强。

反之，如果成人认为他们的活动是坏的、笨拙的、讨厌的，他们就会产生内疚感，在以后的活动中就可能缺乏目的感，表现出退缩行为，在社会交往或其他场合也很少表现出主动性来。

（二）社会学习理论

早期的行为主义心理学认为，人的社会行为取决于外部力量对人自身行为的强化（奖励与惩罚等）。

随着人们自我意识水平的不断提高，他们会经常用自己设定的标准来评价、衡量自己。当他们的行为与自设标准符合时，他们会以自己能够支配的奖励来给自己以强化，如考试成绩优秀，自己去看电影或去公园轻松等。而当他们的行为没有达到自己设定的标准时，他们也会自己惩罚，如做错事或考试失败后主动放弃应该得到的东西或罚自己去做平常不愿意做的辛苦劳动等。

自我强化机制的出现，使得人们开始对自己的社会学习经验进行自我调节，从而使他们一方面接受外在强化的影响而被社会化，另一方面又受到自我强化的影响而使社会化过程带有个性化色彩。

（三）认知发展理论

瑞士心理学家皮亚杰认为，儿童的社会性发展与认知的发展关系密切。某一年龄阶段儿童社会性发展的特点都可以从相应的认知发展阶段中找到根源。在社会性发展领域，儿童在自我—他人认知中往往只能注意自己的观点，而不能理解他人与自己不同的观点，表现为自我—他人关系认知过程中的"自我中心主义"。只有在获得了"去中心化"机能之后，儿童才能克服社会认知中的"自我中心主义"，达到对他人观点的采纳。

（四）幼儿社会性发展的影响因素

1. 幼儿自身因素

幼儿社会性发展的程度首先要建立在幼儿一定的身心成熟基础上。当教师提出的教育要求与幼儿的身心发展水平相匹配时，幼儿能够积极地适应社会化的要求。反之，即使教育者要求了，孩子也做不到，会表现出相关的一系列"问题"。如某些老师要求幼儿"小手背后，身体坐直，不要动"的做法就有违幼儿的神经生理特点，幼儿即使照着老师的话去做，也会不时扭动身体或有其他的小动作。

其次，儿童的年龄特征制约着儿童社会性的发展。如小班幼儿在游戏时，以平行游戏为主。几个儿童在游戏时，空间距离很近，虽然玩的内容和玩具都相同或接近，儿童彼此之间也很少交谈，没有共同的目的和合作的意图。中班的幼儿在游戏时，能够共同参加一项游戏，有彼此间的交谈，但在游戏的过程中没有共同的目的，也没有分工，突出的只是个人兴趣，而不是游戏集体的兴趣。大班儿童在游戏时才更多地表现出“合作游戏”的形式，即有明确的目的、分工和合作，儿童在游戏中能按自己的角色去完成任务。

2. 幼儿园的教育活动

幼儿园专门的社会教育活动可以针对幼儿的需要，有目的、有针对、有计划地组织活动，对于增强幼儿的社会认知效果明显。比如，对刚进入幼儿园的小班幼儿，教师可以组织“有趣的幼儿园”的主题活动，通过认识老师、班级、小朋友、幼儿园的活动和丰富多彩的游戏活动，帮助他们尽快熟悉和适应幼儿园生活，对老师、幼儿园产生依恋感。针对幼儿只知道对父母撒娇、提要求，不懂得关心父母、爱父母的情况，教师可以在三八妇女节、“父亲节”组织专门的爱妈妈、爱爸爸的主题活动，通过了解爸爸妈妈的工作和生活、讲讲爸爸妈妈对自己的关爱表现、给爸爸妈妈送一份小礼物等活动，培养学前儿童对父母的关爱之情。

另外，教师在教育活动中所营造的精神氛围也对幼儿社会性发展有着直接的影响。例如，一个幼儿摔倒了，教师可以让其他小朋友把他扶起来；一个幼儿的手工总是做不好，教师可以让做得好的幼儿教他；幼儿之间出现了争执，教师可以引导他们自己解决，提供协调的能力。此外，还可以通过节日庆祝活动、故事会、合作游戏等活动形式，使儿童增进了解、增进友谊，把班级建成一个团结、温暖的家庭。

3. 教师的期望和要求

在幼儿园阶段，由于幼儿基本上还处于在他律阶段，非常看重成人对自己的评价，同时也会有想做一个“好孩子”的愿望，因此教师对幼儿的期望和要求会直接影响幼儿的社会化。

研究观察表明，当幼儿教师对儿童有高期望时，在情绪、身体语言、口头语言、教学材料、赞扬和批评等不同水平上，教师都表现出这种高期望，如会更经常地发出微笑、点头、注视儿童、谈话、提问、提供更多的游戏学习材料等，儿童在感受到教师的关注和爱的基础上，与教师更容易形成融洽的关系，常常以积极的态度对待教师，对待学习，更加自尊自信，有一种积极向上的热情。反之，被教师漠视，处于低期望状态的儿童则更容易表现出一些消极的行为。

4. 同伴的交往

相比较与成人的交往，幼儿与同伴的交往更容易涉及相互平等、分享心得、投入和回报的合作行为。随着幼儿入园进班，同伴之间的交往日益增多。幼儿在同伴的交往活动中，练习着有关的社交技能，逐渐学会与他人以平等的方式合作、协商；同伴对幼儿行为的不同反应，对幼儿的社会行为也产生了强化或消除的作用，使其亲社会行为不断增多，侵犯性行为得以控制、减少。此外，同伴对幼儿的各种评价也促进了幼儿自我意识的形成。

除上述因素外，影响幼儿社会性发展的因素还包括家庭、社区和大众媒体等。本章主要探讨幼儿园社会教育，故在这里对家庭、社区等因素不再赘述。

第二节 幼儿园社会教育的目标和内容

一、幼儿园社会教育的目标

《纲要》提出，幼儿社会领域的教育目标为：

（1）能主动地参与各项活动，有自信心。

（2）乐意与人交往，学习互助、合作和分享，有同情心。

(3) 理解并遵守日常生活中基本的社会行为规则。

(4) 能努力做好力所能及的事，不怕困难，有初步的责任感。

(5) 爱父母长辈、老师和同伴，爱集体、爱家乡、爱祖国。

学前儿童社会领域的教育，旨在促进儿童的社会化，使儿童从出生时的自然人，成长为逐渐适应社会生活的社会人，在此过程中发展社会性。《纲要》中社会领域的教育目标体现出，通过此领域的各种教育活动，要帮助学前儿童与周围人交往、与周围环境相互作用、形成情感联系，要引导学前儿童逐渐将现行的各种社会规范和价值标准内化，以逐渐形成参与社会生活的能力，并且能够逐渐在社会中独立生存、不断发展，充分体现了教育的根本目的，即通过教育使个体成为能够适宜社会、参与社会生活、在社会中独立生存和发展的成熟的人。

二、幼儿园社会教育的内容

《幼儿园教育指导纲要（试行)》中对学前儿童社会教育领域的内容做了如下要求：

第一，引导幼儿参加各种集体活动，体验与教师、同伴等共同生活的乐趣，帮助他们正确认识自己和他人，养成对他人、社会亲近、合作的态度，学习初步的人际交往技能。

第二，为每个幼儿提供表现自己长处和获得成功的机会，增强其自尊心和自信心。

第三，提供自由活动的机会，支持幼儿自主地选择、计划活动，鼓励他们通过多方面的努力解决问题，不轻易放弃克服困难的尝试。

第四，在共同的生活和活动中，以多种方式引导幼儿认识、体验并理解基本的社会行为规则，学习自律和尊重他人。

第五，教育幼儿爱护玩具和其他物品，爱护公物和公共环境。

第六，与家庭、社区合作，引导幼儿了解自己的亲人以及与自己生活有关的各行各业人们的劳动，培养其对劳动者的热爱和对劳动成果的尊重。

第七，充分利用社会资源，引导幼儿实际感受祖国文化的丰富与优秀，感受家乡的变化和发展，激发幼儿爱家乡、爱祖国的情感。

第八，适当向幼儿介绍我国各民族和世界其他国家、民族的文化，使其感知人类文化的多样性和差异性，培养理解、尊重、平等的态度。

可以看出，《纲要》所规定的这些内容强调教师创造和给予幼儿进行社会活动的机会。如“引导幼儿参加各种集体活动”，“为每个幼儿提供表现自己长处和获得成功的机会”，“提供自由活动的机会”，“在共同的生活和活动中”。其次，《纲要》注重幼儿积极的社会情感体验，良好的社会态度形成。如“体验与教师、同伴等共同生活的乐趣……养成对他人、社会亲近、合作的态度……”“增强其自尊心和自信心”，“教育幼儿爱护玩具和其他物品，爱护公物和公共环境”，“激发幼儿爱家乡、爱祖国的情感”，等。再次，《纲要》对社会认知也提出了较具体的要求。如“引导幼儿了解自己的亲人以及与自己生活有关的各行各业人们的劳动”，“幼儿认识、体验并理解基本的社会行为规则”，“适当向幼儿介绍我国各民族和世界其他国家、民族的文化”等。

值得注意的是，《纲要》的内容只是对当前幼儿园社会教育活动内容的纲领性描述。由于社会生活的丰富多彩，幼儿社会教育的内容应该不断丰富和深化。而教师应根据幼儿园的地域特点、本班幼儿的身心发展特点来组织与实施社会教育内容，并利用儿童能够理解的方式传递给幼儿。

第三节　幼儿园社会教育活动的设计与指导

一、幼儿园社会教育活动形式的选择

在学前儿童社会教育中，常选用的活动形式有以下五种。

（一）参观

参观指教师根据教学目标和要求，组织学前儿童亲临社会现场的一种教育形式，如参观超市、图书馆、儿童活动中心等。社会生活是学前儿童社会

教育的活教材。参观能使他们通过对实际事物和现象的观察、探究而获得较为丰富的直接知识和经验，扩展其社会视野，帮助他们理解事物之间的联系。

1. 参观前的准备

（1）确定参观对象。

（2）确定行走路线。

（3）制订参观计划（含参观目的和步骤等）。

（4）做好物质方面准备，如水、纸等。

2. 参观的组织

（1）出发前的组织：整队集中检查行装，组织简短谈话。

（2）出发途中的组织：保证儿童的安全，如步行时教师走在马路外侧，坐车时提醒儿童不要将手脚伸出窗外。

（3）到达时的组织：重新整队，简短谈话，但方式可以用提问的方式。

（4）参观过程中的组织：教师与参观地的工作人员合作，组织学前儿童有秩序的参观，介绍时避免用行话。

（5）结束时的组织：选用适当的方法。如参观邮局，考虑到工作人员忙，可自然结束；若不忙，可用联欢和实践的方式体验和结束。

参观时间最好选上午；组织人员适当增加；参观回来后，可组织谈话；可开设相应的活动区域（延伸活动）。如参观邮局的延伸活动可以是“邮票展”“与邮局有关物品展”“寄信”。

案例 11－1

参观食品店（大班）

活动目标：

1. 产生对参观食品店的兴趣，尊重营业员的工作，形成礼貌待人的品质。2. 会对食品进行简单分类。3. 了解食品店里的主要商品，了解营业员的工作与我们生活的关系。

活动准备：

1. 选择好参观地点。

2. 制定好参观路线。

活动过程：

1. 通过谈话，引起幼儿对参观食品店的兴趣，并提出参观要求；参观食品店里卖什么东西，营业员是怎么卖东西的。

2. 带幼儿参观食品店。

（1）引导幼儿参观食品店的食品，告诉幼儿每种食品的名称。（2）引导幼儿观察食品店除了卖糖果、糕点还卖什么，从而使幼儿知道食品店是卖吃的东西的地方，建立食品店的正确概念。（3）引导幼儿观察食品店里营业员和顾客的活动。请幼儿记住营业员和顾客之间的简单对话。食品店里有什么人，他们在干什么。营业员是怎样卖食品的，她们是怎么对待顾客的。（4）请幼儿仔细观察营业员是怎么放置食品的，使幼儿知道不同的食品要分开放置，建立初步的分类概念。

3. 幼儿在教师带领下进行购物活动，感受营业员对大家的热情服务。

4. 参观活动结束后，幼儿与营业员礼貌道别，组织幼儿回园。

5. 参观后让幼儿进行谈话活动。

（1）请幼儿回忆食品店里卖什么。（2）没有食品店会怎样。

活动延伸

收集与食品有关的东西，各种包装袋，在活动区开展“食品商店”游戏。

活动分析

该活动选择的参观对象与幼儿的生活紧密联系的食品店，是结合幼儿的生活经验开展的。参观的步骤清晰，任务明确。参观的形式多样，既观察静态的食品，也观察营业员与顾客之间的活动，还让幼儿实践，进行购物活动，这样既让幼儿进行了社会认知（食品店的食物，食品的摆放，营业员与顾客的活动），又发展了幼儿的社会行为（学会购物，学会与营业员打交道）。活动延伸则巩固了幼儿社会学习，以便幼儿在实践中正确应用。

（二）社会实践

社会实践指教师创造一定条件，组织学前儿童亲自参与某项活动，感知、体验或学习某种社会技能的教育活动。幼儿园组织的社会实践活动主要有两类：一类是劳动，另一类就是与学前儿童生活密切相关的社会生活实践。社会实践给予学前儿童参与真正社会生活的机会，能满足其好奇心，扩展学前儿童的社会认知，满足学前儿童日益增长的参与成人活动的愿望，并能在参与过程中引发学前儿童的社会情感，培养学前儿童的社会行为，使其在社会实践中受到教育和锻炼。

案例 11－2

择芹菜（中班）

活动目标：

1. 认识芹菜，初步懂得吃绿色蔬菜对身体有好处；2. 通过尝试操作活动，学习用正确的方法择菜叶；3. 产生愿意为成人劳动的愿望，体验劳动的乐趣。

活动准备：

箩筐每桌一个，幼儿每人两棵芹菜。

活动过程：

（一）认识芹菜

教师出示芹菜，提问：“小朋友们，来看看，这是什么菜？”“它长的什么样子？”“小朋友喜欢吃芹菜吗？”

（二）幼儿尝试择菜

教师不提示方法，幼儿自由择菜。

（三）学习正确的择菜方法

1. 请个别幼儿说说刚才是怎样择菜的？

2. 教师指出幼儿不对的地方，并示范正确的方法。

（四）幼儿再次尝试择菜

1. 教师巡回观察、指导。

2. 师幼共同整理场地。

（五）师幼共同把择好的菜送到食堂

活动延伸

幼儿品尝烧好的芹菜。

活动分析

小班幼儿对于周围生活中的事情总想能亲身尝试，而且表现出极大的兴趣，而帮保育阿姨择菜对于他们来说，也是一种游戏。在整个活动中既有个别指导、示范，又有集体操作、讲解，动与静相互结合，整个活动的安排比较科学。

（三）游戏

游戏是学前儿童最喜爱的活动，它是学前儿童对成人社会生活的想象和模仿，满足了他们渴望参加成人社会生活的愿望。从某种程度上说，游戏本身就是社会性活动，是学前儿童参与社会生活的独特方式。

案例 11－3

游戏“老狼老狼几点钟”（中班）

活动规则：

由一个小朋友扮演老狼，其余小朋友扮演小羊，小羊围着老狼问：“老狼老狼几点钟？”老狼可任意回答时间，当老狼说到“12点钟”时，狼就要抓小羊，小羊可以跑到“家里”，被抓住的小羊即退出游戏。

活动分析

在该游戏中社会教育的主要价值体现在培养幼儿的“去自我中心化”，大部分幼儿在游戏时，除了只顾自己快速奔跑外，还要站在老狼的角度，考虑老狼会往哪个方向追，老狼跑步的速度等。

（四）谈话

谈话是一种教师和孩子双方围绕某一个问题或主题，自由地发表自己的想法和意见，表达自己的感受和体验，进行相互交流、相互学习的活动形式。教师一般经常在参观、社会实践等活动后组织总结性谈话，也可根据孩子身上出现的社会性问题，组织针对性的谈话活动。

1. 谈话准备

选择贴近学前儿童生活的，能引起学前儿童兴趣的，有教育意义的话题。例如，谈谈“适合小朋友穿的衣服”这个话题很有意义，但若要谈谈“衣服上机器猫的图案好看还是奥特曼的图案好看”就无法实现本领域的目标。

2. 谈话的组织

（1）引导学前儿童谈话兴趣。如“我会帮助别人了”活动中老师的导语设计：“咱们班的孩子个个是能干的孩子，今天就请你们来说说你是怎样的能干？你帮助过别人吗？你是怎么帮助别人的？”

（2）引导谈话，步步深入。如“我会帮助别人了”活动中，有幼儿说，“我帮奶奶找针。”老师进一步启发“为什么奶奶需要你帮忙”“你帮奶奶找到针后，奶奶说了什么”。教师在与学前儿童谈话中所设计的问题应该是符合谈话主题的，问题应是清楚明了使学前儿童易懂的，问题的排序应是由浅入深的，尽可能地设计开放性问题，让更多的儿童发表不同的见解。（3）谈话结束后要小结。允许答案多样性，给孩子思考的时间，谈话方式可以多变等。

案例 11－4

我的家人（中班）

活动目标：

1. 增进幼儿对家庭成员之间的了解和亲爱之情。2. 锻炼幼儿用连贯的语言介绍自己的家人并表达自己与家人之间的情感。

活动准备：

1. 请家长为幼儿准备一张“全家福”照片。2. 请幼儿平时在家注意观察，家里的人谁会什么，谁喜欢什么。

活动过程：

教师自然地引出与家有关的话题，如问：“今天早上谁送你来幼儿园的？晚上谁来接你？”然后开始谈话，话题可以是：

1. “我家都有谁？”请幼儿拿出“全家福”照片，向大家介绍自己的家人。2. “平时我们在家里干什么？”3. “家里谁最喜欢我，我最喜欢谁，为什么？”4. “家里人有什么爱好，特长？”（如果有的幼儿说不出来请他们回家后再仔细观察）5. 教师引导幼儿小结：我们和家人在一起很快乐，我们应该爱我们的家人。

活动延伸

可以组织幼儿在自愿的前提下，制作“我的家人”画册，然后讲给大家听。

活动分析

活动所选择的话题是幼儿的生活紧密联系的，每个问题都简单易懂，开放性强，问题的程度由易到难，幼儿容易回答，且都有自己不同的见解，可以发表不同的意见。通过这个谈话活动，幼儿表达了对家人的认识，感受到与家人在一起的愉快情绪，逐步学会爱自己的家人。

（五）综合活动

综合活动是指教师综合运用各种教学方法，并将社会教育与其他领域的活动有机地结合起来，在多种形式、多种活动中发展学前儿童社会性的一种社会教育形式。

案例 11－5

我的名片（大班）

活动目标：

1. 通过活动学习，使幼儿能说出名片的作用。2. 通过制作名片，使幼儿能认识到自己的爱好。3. 通过互赠名片，加深幼儿间的了解，增进友谊。

活动准备：

1. 教师自制名片 2 小张，2 大张，内容一样。若用幻灯机则不需大张。2. 空白名片纸多于小朋友数。3. 水彩笔，小剪刀幼儿自带。

活动过程：

1. 开始部分（导入）

(1) 情景表演：公交车上，两位许久未联系的好朋友相遇——分手赠名片。(2) 问题：他们互相给的是什么（导入课题——名片）。

2. 进行部分

问题：他们为什么互相给名片？欣赏表演中的名片。

(1) 问题：请小朋友们说说名片的作用。（过渡语：小朋友们想不想拥有自己的名片呢）。(2) 动手做名片。①教师示范，注意强调与前面的名片的变化，如图案形状颜色信息的变化。②幼儿操作。(3) 结束部分：互赠名片，在老师编的儿歌中结束活动。“小小名片不起眼，大大作用不一般，送给同班某某某，满心欢喜乐开怀”。

活动延伸

“名片展”，学儿歌。

活动分析

名片是成人为了介绍自己而使用的，幼儿在日常的生活中有所接触，但并没有使用过名片，所以他们对认识名片和使用名片充满了新鲜感。活动使用了多种教学方法：情境表演让所有幼儿对名片有了最初的认识；谈话使幼儿了解名片的作用；做名片和使用名片使幼儿进一步熟悉了名片，并体验到使用名片的快乐。活动步骤循序渐进，活动方式多样，幼儿在活动中进行了社会认知（认知名片），学会了适当的社会行为（与他人相互使用名片）。

二、幼儿园社会教育活动的指导策略

（一）有目的地开展丰富多彩的、专门的社会教育活动

幼儿是在与人交往的实践中，在丰富多彩的社会性活动中获得社会性发展的。教师应该根据本园、本班幼儿的发展水平和具体情况，有目的地开展丰富多彩的社会教育活动。如入园初期，幼儿常常以自我为中心来处理物品的归属，如自己坐过的椅子不许别人坐，把幼儿园玩具拿回家，抢夺玩具等，对“你的”、“我的”概念模糊。针对这一情况，教师可以组织“我们的幼儿园”、“我的好伙伴”、“别人的东西我不拿”等活动，逐渐扩大幼儿的自我意识范围，由“我的”、“你的”、“我自己”、“我的家”的意识逐渐扩大到“我们的”、“我们的班级”、“我们的幼儿园”，帮助幼儿在交往中初步明白自己与集体的关系。

再如，针对一些幼儿喜欢玩火，但又缺乏安全常识的状况，教师可以组织“消防队”等教育活动，帮助儿童认识“消防”这种社会劳动，认识消防的重要性以及如何防火、如何保护自己等；针对有的幼儿霸道、不知谦让等行为，教师可以组织“我的好朋友”教育活动，帮助儿童认识到与同伴友好相处的重要性以及如何与小朋友相处等。

（二）重视日常生活中的随机教育

幼儿社会性发展与教育是一个长期的过程，除了教师有目的、有计划的社会教育活动外，幼儿的日常生活也蕴含着很多社会教育的价值。这要求教师要善于发现、挖掘日常生活中突发事件、平常小事所隐含的教育价值，在大量的生活细节中，在不改变生活原有的特质的前提下，将与某种生活内容或生活方式相应的社会性教育的目标结合进去，对幼儿进行随机教育。

例如，有一次，在活动结束后，孩子们进洗手间洗手，教师在外面整理教具，只听见“哇”的一声，雨婷小朋友哭了。听见哭声，教师赶紧跑过去，

看见王文杰小朋友正把她扶起来，一边扶一边说：“没关系的，以后当心一点。”于是，小朋友们你一言我一语地安慰起雨婷来……教师意识到这是培养幼儿同情心的好契机。于是，教师在所有的小朋友面前表扬了王文杰，并鼓励他今后还要这样做，做其他小朋友的好榜样，同时其他小朋友要向他学习。小朋友都高兴地拍起了小手。

（三）做好幼儿园的常规教育

常规是幼儿在幼儿园一日生活的各种活动中应该遵守的基本行为规范。稳定的常规能帮助儿童了解教师的期望，进而也能帮助他们成为愿意合作的集体成员。

1. 给幼儿充分的、反复实践的机会

充分的、不断反复的实践是建立良好班级常规的关键。教师应尽最大的努力创造条件，为孩子提供练习的机会，无论在态度上还是方式方法上，都要有足够的耐心，千万不要抱有“教你做，等你做太烦、太慢，不如自己做来得快、省事”的想法，不自觉地剥夺孩子们学习生活的机会。掌握了常规，幼儿就知道了“接下了，该做什么了”，知道了事件的顺序以及他们该扮演的角色。教师就不用不断地告诉幼儿接下来要做什么了。幼儿对常规的掌握是对以后更复杂社会规则掌握的基础。

2. 教师应根据幼儿的需要来安排常规

教师对常规的制定和实施要建立在对幼儿长期观察和了解的基础上。如大一班的王老师从不催促幼儿从一个活动进入下一个活动，她对儿童想要延长不受打扰的时间的需要很敏感。她知道，当孩子们做对他们很重要的事情时，他们能长时间地集中注意力。注意力集中的时间很短说明孩子们对让他们正在进行的活动不感兴趣，这些活动既不能吸引他们的注意，也不是他们自己的选择。

在自由活动时间，当大部分幼儿的自选活动逐渐进入尾声时，王老师会巡视教室，并告诉幼儿还有 5 分钟就到集体活动时间了。这一预先提醒让幼儿能完成正在做的事情，同时也在心理上做好进行下一个活动的准备。如果有一个幼儿太投入而不愿停下来，这个幼儿可以请求不参加集体活动或几分

钟后参加。

（四）坚持耐心、细致的正面教育

1. 以积极的方式对幼儿提出要求

所谓积极的方式，即我们在希望幼儿做一件事情而不是另一件事情、按照这样的方式去做而不是按照那样的方式去做的时候，我们直接告诉幼儿具体如何去做和做什么，而不是告诉他不要如何做和做什么。

提倡积极的方式，首先是因为幼儿听不懂反话，他们常常将反话正过来理解。其次，能否用积极的方式向别人提出建议，而不只是表示不满的情绪也是一个人是否有足够的信心同别人交往的表现。比如教师看到一个幼儿在美工区里将剪掉的纸屑胡乱扔在地上，她可能会制止他，对他说："××不要乱扔纸屑！把纸屑捡起来!"她也可能采取另一种方式，比较温和但是坚决的方式，对她说："××，这里有一个废纸篓，我们把剪下来的废纸丢在里面!"后一种方式就是我们所说的积极的方式。

有经验的教师常常两方面同时进行，既指出幼儿不应当做的事情，同时一并指出他们应当做的，比如她可能会说："把纸屑丢在废纸篓里，不要丢在地上。"这种正反都讲的指示，特别适用于哪些可能引起严重后果的情况，比如幼儿在使用刀子、钉子、泥巴、水彩等容易伤害自己或污染环境的材料的时候，正反都讲对幼儿是有帮助的。

2. 教师以身作则，发挥榜样示范作用。

幼儿从教师和父母对待他们的方式中学会怎样对待他人。一个一贯对幼儿讲话温和并尊重幼儿的教师，她的班级的学生也越可能讲话温和，彼此尊重。相反，使用讽刺和强制来控制幼儿的教师，她所在班的幼儿之间必定也会产生这种互动风格。

当教师和幼儿一起分享他的感受时，就教给了幼儿很多东西。幼儿通过教师的面部表情、肢体语言和语音语调理解了沮丧、兴奋、悲伤和愉悦等感受，并通过教师的分享，知道了在什么情况下可能会产生这些感受，以及怎样表达这些感受。如，中一班的李教师对他们班的幼儿说："孩子们，我现在很不开心，我需要你们的帮助。我现在要找个安静的地方呆两分钟，调整一下呼吸。等我平静之后，请你们跟我说说话，让我变的开心起来。”在孩子们惊奇的目光中，她走到窗边，闭上眼睛做了几个深呼吸，这时，她对班里孩子说话的声音也比刚才温和了许多，“现在我比较平静了，谁能跟老师说些让老师开心的话呢?”有的幼儿说：“老师，我今天带来了我最爱吃的大白兔奶糖，我送给你吃。”有的幼儿直接跑过来抱住李老师，说：“老师，这样抱着，你一会就会高兴了”……

（五）建立平等互动、积极有效的师幼关系

师幼互动不仅会影响互动中的教师和学前儿童，也会影响到其他在场的学前儿童和教师，产生场效应。同时，平等互动、积极有效师幼关系建立的本身，就是幼儿社会化发展的重要内容和途径。

1. 倾听幼儿心声，建立平等的对话关系

这里的“对话”，指师幼之间平等的心灵沟通。这种“对话”，要求教师幼儿的心灵彼此敞开，并随时接纳对方的心灵。教师应学会倾听幼儿的心声，及时捕捉教育的契机。在与孩子日常接触和交往中，注意倾听孩子们说什么；耐心观看孩子们做什么；适时询问孩子们想什么，及时关注他们的兴趣和需要，并尽可能满足他们需要。此外，教师也应及时的把自己的一些感受、想法告诉幼儿，取得幼儿的认识和理解，从而建立起平等和谐的师幼关系。

2. 大胆放手，给幼儿探索和发展的空间

幼儿是社会性发展的主体。教师要相信幼儿的能力，允许他们自由探索、自己解决在同伴交往中所出现的问题。

例如，区角活动刚开始，益智区就传来了争吵声：“是我先和段婷婷做好朋友的”“可是，是我先拿到棋的，我要和段婷婷下棋”。原来是吴斌和杨家康，他们都想和段婷婷下棋。吴斌的小脸涨得通红，小手却毫不放松地抓住棋盘，杨家康也不示弱，一手抓着棋谱，一手插腰，两人你一言我一语，谁也不让谁。这时，段婷婷说：“别吵了，再吵，你们两个，我都不和你们玩了。”“是我先拿到的。”“不对。”他们还是不退让，“要不，我们就石头、剪刀、布吧，谁赢我，就和谁玩”，两人同意了。经过一番角逐，结果杨家康赢了，虽说这一结果使吴斌有些不高兴，但他只好服气，去别的区角玩了。

3. 掌握有效师幼沟通的策略及对幼儿的言行进行及时和适宜的反应

良好的沟通是人际交往成功的基本条件。教师首先要增强自己的沟通能力，如信息的理解、反馈的方式、媒介的运用等；同时要通过教育活动培养幼儿的沟通和反应能力。先学习听懂别人的话或问题，接着试着去了解他人的感受，再学习表达和反应等。

（六）引导幼儿的同伴交往，创设良好的班级气氛

首先，教师要为幼儿创设一个积极交往的气氛，增加交往的机会。如，对于刚入园的幼儿，教师可以让他们互相介绍自己，使他们逐渐消除陌生感和胆怯心理。在日常生活中，引导儿童相互交流自己的思想、感受，了解别人的需要。对于性格内向、不善主动的幼儿，教师要多加鼓励、引导，增强他们的自信心和积极的情感。其次，引导幼儿之间互相关心、互相帮助。如，一个儿童摔倒了，教师可以让其他小朋友把他扶起来；一个儿童的手工总是做不好，教师可以让做的好的幼儿教他。如果儿童之间出现了争执，教师可以引导他们自己解决，提供协调沟通的能力。此外，教师还可以组织节日庆祝活动、故事会、合作游戏等，使儿童增加了解，发展友谊，把班级建成一个团结友爱的大家庭。

第十二章　幼儿园语言教育活动设计与指导

第一节　幼儿园语言教育活动概述

一、幼儿语言教育的基本观点

幼儿语言教育的基本观点是指幼儿语言教育的观念，即教育者如何看待幼儿的语言教育。它直接影响着幼儿语言教育的开展及效果。近年来，在幼教界存在的幼儿语言教育观大致有：

（一）完整的语言教育观

完整的语言教育观又称全语言教育观。完整语言教育观，提倡幼儿语言教育的完整性。即：在幼儿语言教育中强调幼儿语言教育目标应当是完整的，幼儿语言教育的内容应该是全面完整的，语言教育活动的进行方式方法应当是灵活且形式多样的。具体体现：

1. 幼儿语言教育的目标的全面性、完整性

要把幼儿语言教育的听、说、读、写等各方面的认知、能力和情感态度的发展，作为幼儿语言教育的完整教育目标。

2. 幼儿语言教育的内容全面性、完整性

完整的幼儿语言教育内容，既要引导幼儿学习口头语言，也要学习书面语言；既要幼儿理解人们日常生活用语，也要引导幼儿学习书面文学语言。完整的语言教育内容体现在：

（1）文学活动：故事教学活动、诗歌教学活动、散文教学活动等。其中故事教学活动包括：童话故事、神话故事、科幻故事、寓言故事、历史故事、民间故事、游记、笑话、图画书等；诗歌教学活动包括：童谣、儿歌、古诗、谜语、绕口令等；散文教学活动主要有抒情类的散文作品教学。

（2）字词句活动：丰富各类词汇、扩句活动和句型学习活动。

（3）谈话活动：对话交流、主题谈话、小辩论等。

（4）讲述活动：情境讲述 、看图讲述、生活经验讲述、创造性讲述等。

（5）早期阅读活动：主要有图画书的非文字阅读活动和少量简单文字的卡片及图书阅读。

（6）第二语言教学活动：日常口语教学活动、字母与单词的辨认活动。

（7）语言教学游戏活动：发音训练游戏、词汇训练游戏、句子训练游戏、识字阅读训练游戏、综合性语言游戏。

3. 幼儿语言教育活动的方式方法的灵活多样性

幼儿的语言学习需要一定的情境，幼儿在相应的情境中使用语言并获得语言能力的发展。成人有目的、有计划教育活动，在幼儿语言学习中作用居于第二位。教师在组织活动时应着眼于创设富于生动有趣的双向交流情境，让幼儿在真实的交流互动中练习运用语言；提倡以教师和幼儿共同参与的活动作为语言教育的基本形式，活动的形式尽可能多样化。

（二）整合的语言教育观

整合的语言教育观念是指把幼儿语言学习看成一个整合的系统，教育者要充分意识到幼儿语言发展与其他智能、情感、个性等方面发展的一体关系，将语言领域目标渗透到其他各个领域，渗透到一日生活各环节、幼儿人际交往、认知活动、游戏活动和体育活动中，把语言教育与一日生活环节有机融合。例如，在讲述活动中既要锻炼幼儿语言表述能力、丰富的想象力、思维力，还需考虑到对幼儿进行集体面前说话的胆量与自信等方面的个性培养。

（三）活动的语言教育观

活动的语言教育观提倡在幼儿的亲身活动中发展语言能力。强调以教师和幼儿共同参与的活动作为语言教育的基本形式，强调引导幼儿在生动活泼的操作实践中动脑、动手、动口，从而使其成为语言学习的主动者。比如幼儿谈话活动“好玩的花生壳”，教师先和孩子观察花生，剥花生、品尝花生，然后引导谈论花生、再玩花生壳，让幼儿既动手又动脑，还有肢体活动相结合，整个语言教学是在活动中完成的。活动的语言教育观具体体现在：

（1）为幼儿提供充分操作语言的机会。

（2）寓幼儿语言发展于灵活多样的操作实践活动。

（3）语言活动中体现幼儿主体、教师主导。

二、幼儿园语言教育的意义

3～6 岁幼儿是人类语言发展和获得的重要时期。语言的学习对孩子们来说，既是一种学习内容也是学习工具。幼儿掌握语言之后可以更好地以语言为基础，更好地理解领会更为丰富的语言内容和知识体系。同时语言的发展对其身心发展和日后的社会生活发挥着非常关键的作用。具体体现在：

1. 促进幼儿行为和言语的社会化进程

如幼儿理解成人的指令“不能随便拿别人的东西”，在行为上就知道拿别人物品时要打招呼；可以表达自己的愿望、请求，“我想看图画书”；也可以更好地与他人交流。

2. 丰富知识，提高学习能力，促进智力发展

幼儿学习和运用语言的同时，也不断吸收着语言所承载的知识和大量信息。此外，幼儿学习语言需要用听觉视觉结合感知语音、用大脑理解词义、领悟句子和篇章，发展感知观察力、理解力；幼儿在教育活动中运用语言、在日常生活中运用语言与人交流，同样需要幼儿具备组织加工语言的能力，这些既是幼儿的语言学习和运用过程，更是幼儿增长知识，提高学习能力，促进智力发展的重要途径。

3. 培养幼儿对文学作品的兴趣，养成良好阅读习惯

幼儿园的语言学习是在有趣的活动和多种形式下开展的，生动有趣的故事情节和羡慕的人物形象吸引着幼儿倾听；富于美感和情感色彩的散文诗激发着幼儿想象；节奏欢快的儿歌让孩子产生对语言的喜爱……这一切都有益于激发幼儿对文学作品的兴趣，逐步培养良好的阅读习惯。

4. 为入小学学习书面语言打下基础

幼儿对于汉字是将其看成图像来认知的。在阅读图书的过程中，逐渐熟悉了一些常见的汉字。比如，对一些常出现的动物名称，猪、狗、猫等，逐渐总结出其字形规律，都有反犬旁。又如，良好的语言倾听习惯、理解能力、对文学作品书面语的领悟和欣赏能力、简单汉字学习和书写习惯等，都可以为入小学后语言的学习做好积极的准备。

5. 有利于促进幼儿心理健康的发展

教师有意识地采用幼儿可以理解的语言活动和形式，如谈话活动“我的表情”，图画故事“苏菲生气了”等，帮助幼儿学会用适当的方式宣泄情绪，从小养成积极乐观、不畏困难积极向上的健康心理习惯。

第二节　幼儿园语言教育活动的目标和内容

一、幼儿园语言教育活动的目标

幼儿园语言教育活动的目标是幼儿园教育总目标在语言领域的具体化，指出了通过语言教育所要达到的预期效果，作为幼儿教师应明确通过语言教育要使幼儿获得什么样的发展，达到何种水平，实现何种目标。

（一）制定幼儿语言教育活动目标的依据

1. 依据语言教育的总目标

教育部颁布的《幼儿园教育指导纲要（试行）》（以下简称《纲要》）中对

语言领域提出了幼儿园语言教育的总目标。这一目标是教师制定各年龄班语言目标的依据。如《纲要》中对幼儿语言教育的范围涉及倾听、表述、欣赏文学作品和早期阅读。那么制定语言教育活动目标时也必须从这几方面考虑。

2. 依据幼儿身心发展特点

幼儿园语言教育活动的目标应依据各年龄班特点进行年龄阶段目标的制定，方能够科学地促进幼儿语言教育的开展。不同年龄班的幼儿心理发展水平不同，语言能力也有差异。制定语言教育活动目标时，要明确是什么年龄班，教育对象处于何种语言水平，可以完成的目标等。制定目标考虑幼儿语言的最近发展区。目标过高，为幼儿能力所不及，教师组织活动吃力，幼儿学习也容易失去兴趣；目标过低，如大班如果把学说简单句子作为语言教育目标，那么幼儿也会感觉太简单，没意思，从而产生对学习语言的厌倦。教师所定目标时幼儿在教师引导下通过努力可以达到的，这样幼儿的学习才会感受到乐趣，产生学语言、用语言的积极主动性。

3. 依据本班幼儿教育的实际需要

只有考虑本班教育的实际需求，才能够制定科学合理、有针对性的语言教育目标。某园大班老师发现班里幼儿活动中争抢玩具行为时有发生，幼儿之间缺乏分享意识，于是结合语言教学组织幼儿进行语言游戏“大家一起真快乐”，充分体现让幼儿学会分享的品德教育目标。又如农村许多幼儿不善于表达，语言表述能力偏低，缺乏在众人面前说话的勇气；由于生活环境和家长的忽视，幼儿不注意文明礼貌用语使用；生活卫生习惯较差。因此，结合实际制定目标时就可以考虑把提供幼儿语言表述实践机会和语言活动中培养幼儿卫生习惯作为教育活动的重要目标。教师可组织幼儿开展讲述活动“我喜欢的玩具”、“快乐的中秋”、“秋天的田野”，听说游戏“猜猜我是谁”等语言活动，锻炼幼儿在集体面前表达个人观点的勇气，提高语言表达能力。开展讲故事《没有牙齿的大老虎》、《小猪变干净了》；学说儿歌《小牙刷》等，帮助幼儿懂得讲卫生的重要性，促进幼儿良好卫生习惯的养成。

（二）《纲要》中幼儿语言教育的总目标

（1）乐意与人交谈，讲话礼貌。

（2）注意倾听对方讲话，能理解日常用语。

（3）能清楚地说出自己想说的事。

（4）喜欢听故事、看图书。

（5）能听懂和会说普通话。

（三）幼儿各年龄段语言教育的具体目标

分析《纲要》语言总目标的内容结构，大致有以下几方面：

第一，倾听理解行为培养。

第二，表述交流行为培养。

第三，欣赏文学作品行为培养。

第四，早期阅读行为培养。

这些目标的落实是通过各种不同类型的语言教育活动来达成的。不同类型的教育活动对不同年龄班有不同目标和要求。

现将各种语言教育活动类型与目标分列如下：

◎小班

谈话活动：学会安静地听同伴说话，不随便插嘴；喜欢与同伴交谈，愿意在集体面前讲话；能听懂并愿意说普通话；在教师的引导下，学习围绕主题谈话，能用短句表达自己的意思；初步学习常见的交往语言和礼貌用语。

讲述活动：能有兴趣地运用各种感官，按要求去感知讲述内容；理解内容简单、特征鲜明的实物、图片和情景；愿意在集体面前讲述；能正确地说出讲述内容的主要特征或主要事件；能安静地听老师或同伴讲述，并用眼睛注视讲述者。

听说游戏：乐于参加游戏活动，在游戏中大胆地说话；发准某些难发的音，初步掌握方位词及人称代词，学习正确运用动词；在游戏中尝试按照规则运用简单句说话；养成在集体活动中倾听别人讲话的习惯，能听懂并理解较简单的语言游戏规则。

文学作品学习活动：喜欢欣赏文学作品，愿意参加文学活动，对文学作品的语言感兴趣；能初步感受文学作品的语言美，知道故事是个和散文诗不同体裁的文学作品；学习理解文学作品的情节内容或画面情节，能用语言、动作、表情等方式表达自己对文学作品的理解；在文学作品原有基础上扩充想象，仿编诗歌、散文中的一句或续编故事结尾。

早期阅读活动：喜欢看书，知道看书的基本方法，能初步看懂单幅儿童图画书的主要内容；能用口头语言将儿童图画书的主要内容说出来，开始感受语言和其他符号的转换关系；对文字感兴趣，能在成人的启发下认读最简单的文字；在活动中以描画图形的方式练习基本笔画。

英语教育活动：对英语歌曲感兴趣，并愿意模仿；愿意参加幼儿园的英语活动；能听懂教师用英语发出的与日常生活有关的最简单的指令，并能够用动作做出反应；能听懂并愿意模仿身边最常见物品的英语表达；愿意模仿英语生活用语，并能应用所学进行人际问候。

◎中班

谈话活动：能集中注意力，耐心地倾听别人谈话，不打断别人的话；乐意与同伴交流，能大方地在集体面前说话；能说普通话，较连贯地表达自己的意思；学会围绕一定的话题谈话，不跑题；学会用轮流的方式谈话，不抢着讲，不乱插嘴；继续学习交往语言、提高语言交往能力。

讲述活动：养成先仔细观察、后表达讲述的习惯；逐步学会理解图片和情景中展示的事件顺序；能主动地在集体面前讲述，声音响亮，句式完整；学习按照一定的顺序讲述实物、图片和情景内容；能积极地倾听别人的讲述，发现异同，并从中学习好的讲述方法。

听说游戏：在游戏中巩固练习发音，正确运用代词、方位词、副词、动词、连词和介词等；能说简单而完整的合成句；能听懂并理解多重游戏规则；学习较迅速地领悟游戏中的语言规则，并能及时做出相应的反应。

文学作品学习活动：喜欢不同形式的文学作品，主动积极地参加文学活动；知道文学作品语言与日常生活语言的不同，进一步感受文学作品的语言美；学习理解文学作品的人物形象，感受作品的情感基调，能运用较恰当的语言、动作、绘画形式表现自己的理解；能根据文学作品提供的线索，扩展想象，仿编或续编一个情节或一个画面。

早期阅读活动：能仔细观察图画书画面中的人物情节、看懂多幅的儿童图画书的内容；增强预知故事情节发展和结局的能力；懂得爱护图书，知道图书的构成，有兴趣模仿制作图画书；在阅读过程中初步了解汉字的由来和简单的汉字认读规律，并有主动探索汉字的欲望；喜欢描画图形，尝试用有趣的方式练习汉字的基本笔画。

英语教育活动：能完成两个连续的英语指令，并能用英语发出简单的指令；能听懂教师经常使用的简单的生活用语或教学用语；愿意并能够用英语表述身边最常见的物品；愿意并能够用 1～2 个英语单词配以动作、表情和手势等体态语言与他人进行简单的口语交流；能主动用英语向他人问好。

◎大班

谈话活动：能主动、积极、专注地倾听别人的谈话，迅速掌握别人谈话的主要内容，并从中获取有用的信息；能主动地用普通话与同伴交流，态度自然大方；能围绕话题谈话，会用轮流的方式交谈，并能用恰当的语言表达自己的情感，与同伴分享感受；逐步学会用延续谈话的方法进一步提供语言交往水平。

讲述活动：通过观察，理解图片、情景中蕴涵的主要人物关系和思想感情倾向；能有重点地讲述实物、图片和情景，突出讲述的中心内容；在集体面前讲话态度自然大方，能根据场合的需要调节自己讲话的音量和语速；讲话时语言表达流畅、不停顿，用词较为准确。

听说游戏：在游戏中学习正确运用反义词、量词和连词等，能说完整的合成句；养成积极倾听的习惯，迅速把握和理解游戏中较为复杂的多重指令；不断提供幼儿倾听的精确程度，准确掌握和传递有细微差别的信息；在游戏中按照规则迅速调动个人已有语言经验，并进行迅速的语言表达。

文学作品学习活动：乐意欣赏不同体裁、不同风格的文学作品，在文学活动中积累文学语言，并尝试在恰当场合运用；在理解文学作品人物、情节或画面的基础上，学习理解作品的主题或感伤作品的情感脉络；初步感知文学作品语言和结构的艺术表现特点，开始接触文学作品的艺术语言构成方式；依据文学作品提供的线索，联系个人已有经验扩展想象，并创造性地进行表述。

早期阅读活动：能与同伴合作制作图画书，进一步了解图画书的构成；

知道图画书中的画面与文字的对应关系，开始有兴趣阅读图画书中见到的文字；积极学认常见的汉字，进一步了解汉字认读规律，提高观察模拟的能力，并注意在生活中运用已获得的书面语言；掌握基本的书写姿势，为学写字做好准备。

英语教育活动：能完成多个连续的简短英语指令；知道在什么时候用英语回答问题；能听懂并愿意模仿教师经常使用的生活用语和教学用语；能用见到英语介绍自己、介绍身边的人，表达自己的感受；能借助图片用见到的英语较连贯和完整地复述一个简短的故事；愿意并能够用简短的英语与他人进行口语对话。

二、幼儿园语言教育活动的内容

幼儿园语言教育活动的内容是幼儿园为幼儿提高的语言学习、获得语言经验的载体。幼儿园语言教育活动的内容既包括教师有组织的专门语言教育活动，也包括一日生活环节，如散步、入园接待、自由游戏等环节中的随机语言学习和运用各种形式的渗透的语言教育。

（一）专门语言教育活动内容的选择

专门的语言教育活动是幼儿语言教育的主要途径。在活动中，教师把日常生活中获得的零散的语言经验进行深化，达到对语言规则的理解和有意识的运用。比如教师组织的故事教学、谈话教学、讲述活动、语言教学游戏、英语教育活动等，都是专门的语言教育内容。专门语言教育活动内容的选择应注意以下原则：

1. 根据幼儿语言教育活动的目标选择内容

语言教育活动的内容应体现语言教育活动目标才有可能更好地落实目标。

2. 根据幼儿心理和语言发展的特点选择内容

不同年龄班的心理特点各异，语言教育活动内容的选择也必须关注不同班级语言教育内容的选择。

3. 关注幼儿新旧经验之间的联系选择内容

语言能力是在运用中获得发展的。因此，语言教育内容必须是幼儿可以描述或在教师引导下可以尝试描述的语言经验和生活经验范围。要保证幼儿的语言学习兴趣和能力发展，选择内容就应考虑幼儿新旧经验的衔接。

4. 依据本地农村幼儿园教育资源特色

农村幼儿园有着得天独厚的幼儿语言教育资源。春天的农耕、夏季的收割、春天作物的成熟、冬季蔬菜大棚的生意盎然；农村的物资交流会，地方的民俗节日等，都是幼儿语言教育的丰富资源和宝贵教学内容。制定语言教育目标时必须考虑这些农村特色。这些内容既是幼儿熟知和感兴趣的内容，又是进行爱自然、爱劳动、爱家乡等思想教育的重要资源。

（二）渗透的语言教育活动

渗透的语言教育具有不可替代性和随机性特点。渗透的语言教育内容通常出现在以下情景中：

1. 日常生活中的语言交往

日常生活中的语言运用是最自然、最宽松的语言学习环境，有助于幼儿口语交际能力的发展。

2. 自由游戏中的语言交往

自由游戏是幼儿最为开心快乐的活动。活动中语言成为与同伴进行交往合作分享的工具，也成为指导和调节自已选择游戏内容、游戏伙伴和游戏材料等行为的工具。可以发展语言的幼儿自由游戏很多，幼儿合作的结构游戏、角色游戏、表演游戏等，还有体育游戏中，比如跳绳、跳皮筋，幼儿边说儿歌边做动作，既发展肢体动作，又练习了语言。

3. 其他领域活动中的语言交往

如，音乐活动中为更好的感知、理解学习内容，结合小故事、儿歌、散文诗等；科学领域结合幼儿观察，进行总结性谈话活动；种植劳动中记住种植的植物、种植方法等语言内容；计算教学认识数字教学可以结合数字歌谣：

1 像铅笔细长条

2 像鸭子摇啊摇

3 像耳朵听歌谣

4 像小旗飘呀飘

5 像鱼钩把鱼钓

6 像哨子嘟嘟叫

7 像镰刀割水稻

8 像发卡头上带

9 像一个大汤勺

10 像油条加蛋糕

4. 区角语言运用

幼儿园利于幼儿语言发展的区角可以设置：阅读区、小小话吧、悄悄话小屋。

5. 随机日常生活环节中的语言学习

随机语言学习主要是餐前、饭后、入园接待、离园之前等环节。比如在晨间入园之后，教师组织“小小新闻员”“小小气象台”小环节，让幼儿轮流播报见闻，播报当日天气状况。不仅锻炼幼儿语言，而且增长知识，增强了在集体面前表达的自信与勇气。日常生活环节的语言交往和运用，是幼儿与同伴、幼儿与老师之间是一种自然轻松的交际氛围，有利于幼儿自由表达，教师也能够通过幼儿的语言表达了解个别幼儿的语言水平，以便有针对性地进行个别教育。

第三节　幼儿园语言教育活动的设计与指导

一、幼儿园语言教育活动的设计原则

1. 从幼儿语言现状出发的原则。

2. 活动过程围绕目标的原则。

3. 围绕语言不同领域活动之间相互渗透的原则。

4. 语言活动组织要实施留有余地的原则。

二、幼儿园语言教育活动的组织原则

1. 幼儿活动为主体的原则

首先要注意激发幼儿活动的主动性，整个活动过程都能够成功地激发幼儿学习听说和表达的乐趣，引导幼儿积极参与活动，从而产生良好的教育效果。其次，幼儿是活动中的操作主体。语言活动是通过幼儿一系列的实践操作，如大班谈话活动“好玩的绳子”，让幼儿看绳子、玩绳子、谈绳子、找绳子等，以动手、动口、动脑等直接操作的活动来完成语言学习的。

2. 促进幼儿语言发展的原则

3. 因材施教的原则

《纲要》强调“幼儿的语言学习具有个别化的特点，教师与幼儿的个别交流、幼儿之间的自由交谈等，对幼儿语言发展具有特殊意义”。组织语言教育活动应照顾全体与个别共同发展。如一小朋友虽已入大班，但说话不够清晰、一些发音经常出错，因而畏惧在集体面前说话。教师针对他的情况，在生活和教育活动中随机鼓励，增加与之交流的机会，让他在不知不觉中练习了发音与语言运用。经过一段时间，该幼儿发音有了明显改变，说话的自信也增强了。

4. 自由与规范相统一的原则

首先为幼儿提供自由说话的机会，允许幼儿自由表达，发展其自主性和创造性；其次，引导幼儿养成运用规范语言的习惯。

5. 示范与练习相结合的原则

模仿是幼儿语言学习的重要途径，示范是教师语言教育的手段。教师的示范必须准确、思路清晰，具体做到：

第一，教师示范必须准确无误。幼儿通过模仿教师的语言来学习语言、积累语言，因此教师的语言示范无论发音、用词、组句还是表述行为等方面，都必须是准确的，不能够出现不标准的语言内容。

第二，教师的示范不能限制幼儿思维。教师的语言示范要注意是给幼儿提供展开语言实践的思路、榜样，而绝不可成为束缚和限制幼儿思维的藩篱。

第二，注意运用隐性示范。隐性示范是教师不让幼儿感觉到教师在给他们做示范，更不直接告诉他们如何说、如何表达，而是多以参与者身份出现，让幼儿自然而然注意到老师的语言表述行为，受到老师讲述用词、组句和思路等潜移默化的影响。如，讲述活动中“我的快乐春节”，当幼儿讲述思路不够清晰时，教师以参与者身份加入讲述活动，即是起着隐性示范的作用。

第三，提供充分的练习机会。教师对语言学习的内容要给幼儿提供足够的练习机会，创造宽松自由的语言运用环境和氛围，让幼儿在快乐地语言实践中习得语言，实现语言教育的各项目标。

第四，练习要循序渐进。

三、幼儿园语言教育活动的设计与指导

教师设计语言教育活动，就是将一定的目标、内容和活动方式转化成一个个具体方案的过程，也是对幼儿有计划、有组织、有目的地施加教育影响的具体体现。不同语言教育活动内容其设计与指导亦有所差别。

（一）谈话教学活动的设计与指导

谈话活动是向幼儿进行语言教育的特殊形式，它是教师依据一定语言教育原理和语言教育目标的内容，有目的、有计划、有组织地将部分语言教育的任务付诸实践，以促进幼儿语言发展的一种专门教育活动。

案例 12－1

谈话活动设计实例

活动名称：好玩的绳子　大班

设计意图：最近发现班里的孩子都喜欢上了玩各种绳子，毛线绳、跳绳、布绳、草绳、玉米叶绳、高粱叶绳、红薯藤等；而且他们可以用这些绳子玩出不同的花样。但是孩子们还不能够系统地了解绳子的用途、特点和多种好玩之处；结合《纲要》中大班谈话活动的目标，为幼儿创设了一个自由宽松的语言交往环境，支持鼓励吸引幼儿与老师、同伴或其他人交谈，体验语言

交流的乐趣。为此设计了本次活动，利用谈话来引导幼儿自然、大方地与人交流。

活动目标：

1. 引导幼儿用连贯的语言围绕“好玩的绳子”进行谈话。

2. 帮助幼儿学习用轮流、修补的方式进行自由、有序的交谈。

3. 激发幼儿谈话的兴趣，大方地向同伴，老师表达自己的想法。

活动准备：

1. 各种材质的玉米叶、高粱叶拧成的绳子、红薯藤；麻绳、布条、毛线绳等；

2. 自己用相机拍下幼儿玩绳子的画面。

活动过程：

一、以绳子魔术引出谈话话题：好玩的绳子

1. 寻找绳子：小朋友都知道绳子，老师请小朋友们找一找，在你的身上有没有绳子呢？这个绳子有什么用处？

2. 引导谈论：生活中你都见过什么样的绳子？它们是什么做的？它们用什么用处？

3. 请幼儿观察：粗细不同的麻绳、玉米叶拧成的绳子、红薯藤、草绳、毛线绳、布绳、皮筋等；边看边让幼儿自由讨论。

二、玩绳子，谈绳子

1. 让幼儿自由组合玩各种绳子，鼓励幼儿用绳子变出不同的东西，教师边指导边和幼儿交流。

2. 请幼儿说一说自己的是什么样的绳子？自己是怎样玩绳子的？

3. 幼儿观看自己玩绳子的画面 并自愿谈论，分享玩绳子的快乐。

4. 教师参与谈话，和部分幼儿谈论自己见过的绳子、小时候玩过的绳子。

5. 教师小结

三、拓展活动

1. 师：刚才看到小朋友们用绳子变出了那么多好玩的东西，老师想到了一个问题，你们看，我们的身体和绳子很像（边说边演示）绳子可以弯曲、

变直，我们的身体也可以弯曲、变直。那么我们的身体能不能也像绳子一样变成各种各样的东西呢？（请幼儿再次自由交流讨论）

2. 结束：带幼儿到操场上展示集体合作。

活动评价

所列活动目标基本达到，内容形式适合；活动中幼儿积极主动，发挥了材料的作用，师幼互动良好。幼儿对本次活动内容感兴趣，能够积极参与活动，并乐意在集体面前说话，做到有序谈话。活动内容接近农村幼儿生活，有话可说。但材料利用程度还不够高。

上述活动的设计充分体现了谈话活动的特点、设计与指导步骤与方法。

1. 谈话活动特点

（1）具有一个有趣的中心话题：

第一，幼儿对话题有一定经验基础，可以展开谈话，否则幼儿则无话可说，无从谈论。上例“好玩的绳子”谈话活动，是在幼儿熟悉的生活中选取的话题，而且幼儿对这些绳子比较喜欢玩，有知识基础。又如在农村设计“逛集市”的话题，幼儿基本都有话可说；如果换为“逛超市”或许无从谈话甚至无法展开活动。

第二，有一定新鲜感。比如农村庙会放假，幼儿通常会和家长去庙会玩一些娱乐项目。回园后教师设计“热闹的庙会”谈话，幼儿感觉新鲜有趣，而且印象深刻、谈论的积极性很高。

第三，话题往往与幼儿近日生活关注点有关。例如，教师是看到近日幼儿经常玩毛线绳、跳皮筋等有关绳子这一生活中常见的物品的活动。由此生成“好玩的绳子”谈话主题，幼儿感觉有趣，也有深刻的印象，容易展开谈话。再比如，幼儿近期关注的动画片、喜欢的游戏、刚过的节日、假日等，都可作为谈话的很好材料。

（2）谈话活动注重多方位的信息交流。首先，谈话活动的信息量较大。幼儿围绕中心谈话思路开阔，语言经验有别，载动这些经验内容的语言形式也丰富多彩。其次，幼儿交流对象范围相对较大。幼儿可以自由找同伴说话，也可以和小组幼儿说话，可以与老师说话，也可在全班面前说话。再次，谈话活动的交流方式较多。任何幼儿的谈话活动都可以有：教师与幼儿交谈、幼儿与教师交谈、幼儿与幼儿交谈。因此谈话是一种多方位信息交流的语言实践，有助于幼儿口语练习，是其他语言活动不具备的。

(3) 谈话活动拥有宽松自由的交谈环境。首先，不要求幼儿统一认识，允许幼儿针对话题自由谈话，说出独特的经验；其次，不特别强调规范化语言。谈话中教师鼓励幼儿积极谈论，但不要求他们说话准确无误，完整连贯。谈话活动重在提供给幼儿听说机会，让幼儿在语言操练中提高对语言的敏感程度，从而发展自己的语言。在上例谈话活动中，教师允许幼儿结合自身对于绳子的寻找、观察、玩等环节，自由交谈，教师只是参与或倾听幼儿表现，而不去干预幼儿的谈话。

(4) 谈话活动中教师起间接的引导作用。教师在谈话活动中的引导作用往往是以参与者的身份参加谈话，给幼儿以平等的感觉，也是创造谈话活动宽松气氛一个重要构成因素。“好玩的绳子”中教师参与幼儿谈话并总结幼儿谈话，但不直接告知幼儿应该怎样说，即是间接引导幼儿谈话活动。

2. 谈话活动设计的基本结构与组织指导

谈话活动基本结构由以下 3 个步骤组成。

(1) 创设谈话情境，引出谈话话题。设计与组织谈话获得的第一步骤就是创设谈话情境。情境的创设主要通过两种方式。第一种是以实物创设的情境，即教师用活动布置、墙饰、实物摆设等直观的可视形象引出谈话话题；第二种是以语言创设的情境，教师用生动、有趣的语言引发幼儿对话题经验的回忆，然后引出谈话。第三种是以表演或游戏的方式创设情境。如上述“好玩的绳子”即是以魔术表演来创设谈话情境的。情境创设需要考虑：首先，注意谈话情境的创设的方式，应以有利于幼儿谈话为前提；其次，注意创设的情境与谈话话题之间的关系。情境的创设是为引出话题服务的，应避免两种情况。一是避免许多与话题无关的摆设，要紧扣话题；二是避免过于热闹以致喧宾夺主的现象。

(2) 幼儿围绕话题自由交谈。教师引出话题之后要提供给幼儿围绕话题自由交谈的机会，目的在于调动幼儿个人关于话题的知识储备，运用已有经验交流个人见解。如“好玩的绳子”第二步让幼儿“玩绳子、谈绳子”的自由谈论。设计此步骤应注意：一是真正放手让幼儿围绕话题自由交谈。自由说出自己关于话题的经验，不给予提示，不做示范，不纠正语言错误，保证幼儿自由说出自己想说的话。二是鼓励每位幼儿积极参与谈话，真正形成双向或多向交流。幼儿可以自由结伴一对一、自由结组等方式谈论，增加交流的机会和交谈的积极性，使交流气氛更为融洽。三是适当增加幼儿“动作”的机会。

(3) 教师引导幼儿逐步拓展谈话范围。经过幼儿自由交谈“放”的过程之后，可以转入教师间接指导的“收”的过程，一边拓展幼儿谈话范围。教师通过总结谈话等方式逐层深入谈话，向幼儿展示并帮助他们学习运用新的谈话经验，使幼儿的谈话水平进一步提高。

（二）讲述教学活动的设计与指导

幼儿园讲述活动主要有看图讲述、情境讲述、生活经验讲述、、创造性讲述、拼图讲述、写信、续编故事等。各类讲述活动各具风格，但都属于以发展幼儿独白语言表述能力的活动。教师在设计各类活动时可以结合本班幼儿具体情况，结合各年龄阶段特点以及农村幼儿就地取材的优势，采用恰当的教学方法手段，紧紧围绕活动主题展开教学，引导幼儿成功学习语言。

下面以“我的快乐春节”说明讲述活动的设计与指导方法。

案例 12－2

讲述活动设计实例

活动名称：我的快乐春节　（大班）

设计意图：寒假刚开学，孩子们仍然沉浸在春节的快乐情绪之中。大街上店铺门口的大幅对联依然鲜艳，耳边时时都可以听到春节的鞭炮声。班里孩子们自由活动时，常常聚在一起，高兴地谈论自己过春节的事情。结合讲述教学活动的目标，设计“我的快乐春节”，旨在给幼儿提供集体面前大胆表述自己体验到的快乐春节，让幼儿互相分享彼此在春节的快乐感受，同时增加幼儿对传统节日的了解。

活动目标：

1. 通过谈话使幼儿回忆过春节的画面，让幼儿体验快乐、分享快乐。

2. 引导幼儿认知听其他小朋友的讲话，培养幼儿倾听习惯。

活动准备：预先收集幼儿春节活动的照片。

活动过程：

1. 欣赏重现

教师相互之间问：春节好、过年好。

师：春节刚过，小朋友想想，你是在哪里过春节的？春节你去哪里玩了？玩的什么？和谁去玩了？看到了什么？春节吃过什么好吃的东西？

2. 引导幼儿发现

（1）有的小朋友春节拍了照片，用照片留住了快乐。大家想看吗？好，小朋友把春节照的照片拿出来，然后找朋友一起看（幼儿三五成群地一起看照片）。

（2）幼儿讲述自己在春节时发生的有趣的事情。

（3）教师隐性示范：以参与者身份加入讲述，拿出自己春节时候的照片，讲述自己快乐的春节里，提供幼儿讲述的思路。

3.交流讨论

现在有些小朋友想看看其他小朋友的照片，那就把你的照片贴到语言区的墙上，给其他小朋友看看你在春节时发生的快乐的事情吧。

活动延伸

幼儿边看边讲述边用纸笔画出自己过春节的活动，最后张贴到语言区的墙壁上，供幼儿进一步分享交流。

活动评价

春节活动是每个幼儿都十分感兴趣的活动，贴近幼儿生活，内容是孩子们熟悉的，而且本次活动借助幼儿相关照片，使活动更加直观有趣，活动开始以提问方式引发幼儿回忆，鼓励幼儿大胆讲述，最后以绘画方式巩固和迁移了对活动的理解，同时也提高了幼儿绘画能力。将幼儿的绘画贴到墙上，有助于在其他时间拓展幼儿的讲述。

对照上述活动，总结分析幼儿讲述活动的特点、设计与指导。

1. 讲述活动的特点

（1）讲述活动有一定的凭借物。凭借物是指幼儿讲述中教师为幼儿准备或幼儿自己参与准备的图片、实物、情景等。凭借物对幼儿讲述提供明显的指向性，如“我的快乐春节”中幼儿自己准备的照片，为幼儿讲述提供了语言素材。

（2）讲述活动有相对正式的语境。正式语境是要求幼儿根据凭借物，经过比较完善的构思，进行连贯讲述，属正式场合用语。如幼儿谈论自己照片：春节的时候，我和妈妈、爸爸去姥姥家；我和小哥哥、小姐姐，一起玩游戏、看动画片，心里感到非常快乐。

（3）讲述是一种独白语言。独白是需要说话的人独自构思和表达对某一事物的完整认识。例如，“我的快乐春节”中，要求幼儿讲出：自己是在什么地方过节的？在什么时间？发生了什么事情？都有谁？自己的感受是怎样的？并且确定先说什么，后说什么。因此，讲述的语言比谈话的语言要精炼，而且表达出自己对快乐春节的完整认识。

2. 讲述活动的设计与指导

（1）感知理解讲述对象。讲述对象即是凭借物。首先帮助幼儿感知理解讲述对象是讲述活动开展的基础。主要是通过观察的途径，如“我的快乐春节”教师让幼儿观看自己的春节照片，就是用视觉汲取讲述信息。同时教师结合启发式提问引导幼儿观察感知，能够帮助幼儿理解对象，激发讲述兴趣。

（2）运用已有经验讲述。在感知理解讲述对象基础上，教师引导幼儿运用已有经验讲述。此时应注意放手让幼儿自由讲述，充分调动幼儿讲述积极性，但不是“放羊”。需要注意的，一是在幼儿讲述前交代教师的要求，提醒幼儿围绕凭借物讲述；二是注意倾听，及时发现幼儿讲述中的优点与不足，但活动中不过多指正，避免打断幼儿思路。

通常教师可以用提问方式帮助幼儿有序讲述；以插话方式加以提示；当幼儿遇到困难时，给幼儿提供线索，起搭桥引路作用。

(3) 引进新的讲述经验。新的讲述经验是每次活动的学习重点。教师应在制定目标时考虑此问题。新经验注意是讲述的思路和讲述方式。“我的快乐春节”的新经验是学习讲述自己生活经验的思路。引进新经验的方式主要有：

第一，教师亲自示范新的讲述经验。

第二，教师通过提示引进新的讲述经验。

第三，教师与幼儿一起讨论新的讲述经验。“我的快乐春节”活动中是通过教师组织与幼儿讨论来引进新经验的。

(4) 巩固迁移新的讲述经验。单纯引进新的讲述经验是不够的，需要给幼儿提供操练新经验的机会。具体有以下做法：

第一，由 A 及 B。当幼儿学习了一种新经验后，教师立即提供同类不同内容的素材 B，让幼儿用讲 A 的思路去讲 B。

第二，由 A 及 A。例如，在教师示范自己对快乐春节的讲述新思路后，让幼儿尝试用新的讲述思路讲述同一内容。

第三，由 A 及 A_1。用这种方式组织活动时，教师课在原讲述内容上，提供一个扩展或延伸原内容的讲述机会。如“我的快乐春节”活动中，幼儿与老师讨论新经验后，讲述自己画出的快乐春节。

(三) 语言教学游戏的设计与指导

语言教学游戏属于有规则的智力游戏，具有智力游戏的特点。将游戏与语言教育任务相结合，以提高幼儿学习语言兴趣，真正达到“游戏教学化，教学游戏化”的目的。

案例 12－3

语言教学游戏设计实例

活动名称：水可以用来……　（中班）

设计意图：幼儿在生活中经常接触水，尤其农村孩子对玩水更为熟悉，经常玩水，打水仗，也看到大人用水浇灌庄稼和蔬菜。也许正是因水的普遍，孩子们节约用水的意识比较淡薄。通过游戏方式，让幼儿说出水的许多用途，树立节约用水的意识，以养成节水习惯；游戏的同时练习句式“水可以用来……”

活动目标：

1. 学习用“水可以用来……”的句式，说出水的用途。

2. 引导幼儿积极参加游戏，鼓励幼儿开动脑筋说出水的多种用途。

3. 知道水的重要性，懂得节约用水，萌发节水意识，养成节水习惯。

活动准备：

有关生活、农业灌溉等用水的卡片。

活动过程：

1. 谜语导入，交代游戏名称：请小朋友听老师说一首谜语，猜猜它是什么：“此物不稀奇，生命不能离，用刀切不断，用网捞不起。”

谜底——水。（在科学活动认识水后，比较容易说出谜底。）

“小朋友们，你们都记得这首谜语说的是‘水’。我们每天都离不开水。大家想想，口渴了怎么办？水可以喝，还能做什么？”教师鼓励幼儿联系生活大胆想象，积极发言。“今天老师和大家做一个游戏，名字叫‘水可以用来……’”

2. 教师示范，交代游戏规则：请小朋友先注意听规则玩法。我们击鼓传花，传到花的小朋友，必须用“水可以用来……”这样的句子说一句话。请小朋友听老师先说：“水可以用来浇花。”

3. 教师引导游戏，同时注意观察幼儿游戏中是否遵守游戏规则，以保证游戏目标的实现。

4. 幼儿自主游戏，教师可参与游戏，并注意提醒幼儿遵守规则。

5. 教师总结和评议，说明水的重要性，引导幼儿在生活中节约用水。

活动评价

该游戏为句式练习游戏，整个游戏围绕句式进行练习。幼儿通过认真观察、积极思考，在游戏的同时锻炼了语言表达，提高了对水的重要性认识，有助于节水习惯的养成。

语言教学游戏活动的设计指导有其独特特点：

第一，寓语言教育目标于游戏。上例语言游戏把“水可以用来……”句式学习、水的用途及节约用水的目标结合起来，幼儿参与的既是游戏活动，也是一种学习活动。

第二，将语言学习重点转化为一定游戏规则。游戏中要求幼儿必须按规则参与游戏，即，幼儿拿到花之后必须用“水可以用来……”来说一句话。幼儿遵守这一规则就可以确保游戏目标的实现。

第三，活动过程中逐步扩大游戏成分。在游戏开展过程中，教师可视幼儿对游戏的把握适当增加游戏成分，扩大语言练习的范围。

结合其特点并分析“水可以用来做……”语言游戏设计指导可分为下列步骤：

1. 创设游戏情景

游戏开始，教师要采用一定手段，调动幼儿游戏的兴趣和参与的积极性，增强游戏氛围。设置游戏情景一般可采用 3 种方法：一是用物品创设；二是用动作创设情景；三是用语言创设情景。“水可以用来……”是采用语言将幼儿引入游戏情景。

2. 交代游戏规则

教师创设情景后，即可向幼儿交代游戏规则。如“水可以用来做……”让幼儿知道如何开展游戏。教师在交代规则时要注意几点：

第一，用简洁明了的语言讲解，避免幼儿抓不住要领。

第二，讲清楚游戏的规则要点和游戏开展的顺序。

第三，用较慢语速讲解和示范。

3. 教师引导游戏

在幼儿初步理解规则后，教师可带领幼儿开展游戏。此时是以教师为主角指导游戏过程。幼儿的参与可以是部分人参与；也可是全体幼儿参与游戏部分环节，等幼儿熟悉游戏规则后再完全参加游戏。

4. 幼儿自主游戏

此时幼儿基本熟悉游戏玩法，教师可放手让幼儿自主游戏。教师主角身份退出，可以细心观察幼儿游戏，帮助不熟悉规则的幼儿按规则游戏。教师也可以参加到幼儿游戏中，以参与者身份提示幼儿遵守游戏规则，确保游戏顺利进行。

（四）文学作品活动的设计与指导

文学作品活动包括内容十分广泛，主要包括童话故事、散文、诗歌、绕口令、谜语等不同体裁的作品教学。但设计步骤基本相似。现仅以故事《小松鼠的尾巴》为例加以说明。

设计意图：关于动物的尾巴，在科学领域活动中已有认识。幼儿生活在农村，对各种小动物比较熟悉，尤其对动物尾巴感兴趣。周一来园的时候，小刚带来一只装着小松鼠的笼子，全班幼儿都十分高兴地围观，在一起议论小松鼠的大尾巴。教师灵机一动，何不将小松鼠和大班故事《小松鼠的尾巴》结合起来，进行故事创编活动？以此发挥幼儿想象，提供创造性使用语言的能力。于是，由幼儿带来的这只小松鼠生成了《小松鼠的尾巴》故事创编获得。

案例 12－4

活动名称：小松鼠的尾巴　大班

活动目标：

1. 理解故事内容，感知故事的主要情节。

2. 创编故事并体验创编的乐趣。

3. 感知图文卡片，了解图与字的联系。

活动准备：

1. 课件：故事主要情节；各种常见动物的尾巴。

2. 动物、尾巴、尾巴功能的相关图片材料若干。

活动过程：

一、导入活动：小朋友都见过哪些小动物的尾巴呢？（幼儿自由发言）

出示课件：常见的小动物的尾巴。

现在请小朋友仔细看，这是谁的尾巴呀？

猜一猜：这是什么？想一想：它像什么呀？（幼儿：小松鼠的尾巴）

二、理解故事：图文结合，适合大班幼儿理解故事情节、熟悉一些汉字。

1. 引导幼儿想象：小松鼠的尾巴有许多有趣的故事，小朋友们想不想知道呢？

（1）看（教师演示动画）

春天：小鸡尾巴挡雨

（教师在贴绒板出示：“春天”图文卡片，“小鸡”图片，“尾巴”图片，“挡”为文字，“雨”为图片。）

夏天：蜗牛尾巴扇风

（“夏天”图文卡片，“蜗牛尾巴”图片，“扇”是图片，“风”为图文卡片。）

秋天：小松鼠尾巴扫叶子

（黑板：“秋天”图文卡片，“小松鼠”图片，“尾巴”图文卡片，“扫”图片，“叶”图文卡片。）

冬天：小猫尾巴保暖

（“冬天”图文卡片，“小猫尾巴”图片，“保暖”图片。）

（2）说：在什么季节？发生了什么事？让幼儿根据自己对课件的理解随便说说。

2. 完整欣赏故事：到底发生了什么事？跟你们说的一样吗？我们来听一听。（老师完整地讲述故事）

3. 表演：小松鼠真能干，能用它的大尾巴做好多事情，我们一起来学一

学能干的小松鼠，我们一边学一边讲，比小松鼠更能干，好吗？（大家一起边讲述边表演）

三、扩展迁移作品，仿编故事：

1. 讨论：

（1）春天，是什么样的？

小松鼠出去走走，还会发生什么事呢？

（2）夏天，是什么样的？小松鼠出去走走，又会发生什么事呢？

秋天、冬天呢？（幼儿讨论并发言）

2. 仿编故事：

（1）引导幼儿想象：春天、夏天、秋天、冬天，小松鼠出去走走，又会发生什么事情呢，请小朋友去把它画出来。

（2）幼儿相互交流并画画：请小朋友相互说一说自己的想象，画出自己想象的内容。

（3）讲述画面故事：选择春天、夏天、秋天、冬天，各一幅，编成一个完整故事。

活动延伸

将幼儿的画贴在语言区，鼓励幼儿游戏区活动继续编故事；也可回家讲给爸妈听。

活动评价

本次活动结合幼儿感兴趣的小松鼠为兴趣点，设计故事学习与创编活动，幼儿兴趣浓厚，积极参与，激发了想象力，有助于创造性运用语言能力的培养。

附故事 　　　　**小松鼠的大尾巴**

一天，松鼠妈妈要去采松果，对小松鼠说：“屋子脏了，你打扫一下。”“没有扫帚，我怎么打扫哇？”小松鼠摊开两只小手。“扫帚就在你身上啊。”

松鼠妈妈说完，就出去了。小松鼠找遍全身，最后，发现只要把尾巴收拢，就是最好的扫帚。它用尾巴把屋子打扫得干干净净。

一个阳光灿烂的早晨，小松鼠在树枝上跳跃着。突然，一只黄鼠狼顺着树干爬上来。小松鼠一看，扭头就跑。黄鼠狼紧追不舍，把小松鼠逼到树梢上。“妈妈——”小松鼠急得大叫起来。“张开尾巴，往树下跳！”松鼠妈妈在远处喊。小松鼠照着妈妈说的往下一跳，张开的尾巴就像降落伞一样，它安全地落到地上。等到黄鼠狼下树，小松鼠早就无影无踪了。

冬天来了，大雪纷飞。小松鼠和妈妈藏足了过冬的食物，躺在屋子里准备睡了。“乖乖，盖上你的被子！”松鼠妈妈说. 小松鼠马上明白了，它把毛茸茸的大尾巴盖在身上。外边寒风呼呼地刮着，小松鼠却感到很暖和。

文学作品。活动是幼儿园语言教育的重要内容。它是将幼儿置身作品教学活动中，引导幼儿积极主动学习文学作品，感知理解作品，并能创造性运用语言的活动。虽然不同体裁的文学作品教学设计略有不同，但幼儿园文学作品教学活动基本思路想通，遵循其相似的设计思路与组织方法。

文学作品教育活动的设计与指导步骤：

第一，学习文学作品。此环节主要是通过创设情景，采用各种方式激发幼儿学习作品的兴趣，并引出作品。让幼儿初步感受作品，感知作品内容和情节，激发想象。《小松鼠的尾巴》活动是采用实物结合语言激发幼儿兴趣的。

第二，理解体验作品。在感知作品基础上，通过表演、提问、谈话等方式帮助幼儿体验作品。《小松鼠的尾巴》活动中用表演等方式帮助幼儿理解作品。

第三，迁移作品经验。可以开展与作品主题相关的绘画、手工等活动，帮助幼儿迁移相关经验。幼儿理解作品后愿意体验作品，《小松鼠的尾巴》是用绘画的方式组织幼儿体验作品的。

第四，创造性想象和语言表述。开展创编、续编、仿编、谈话等活动，鼓励幼儿大胆想象，创造性地运用语言表述。《小松鼠的尾巴》是用仿编组织幼儿创造想象和表述活动的。

此外文学作品教育活动还应注意选材。选择教材的要求如下：

(1) 情节简单有趣，形象生动鲜明。

(2) 作品富有教育及艺术性，有助于幼儿接受语言、主题思想和艺术审美教育。

(3) 结合时令季节特点。一些富有自然季节色彩的作品，最好与季节相符进行学习。如春天的故事《小蝌蚪找妈妈》适宜春天讲述；图画故事《年》适合在冬季春节来临之时。当然像《小松鼠的大尾巴》没有鲜明季节特点的作品，在一年四季都可以讲述。

4. 考虑幼儿年龄特点与语言水平

（五）早期阅读活动的设计与指导

早期阅读是幼儿最早接触书面语的重要途径。早期阅读活动的内容主要获得以下方面的阅读经验：前图书阅读的经验、前识字经验、前书写经验。

近年来，社会家庭对幼儿早期阅读的重视程度提高。新的教育理念认为，早期阅读可提前至 0 岁，0～3 岁是培养阅读兴趣和习惯的关键时期。幼儿时期更是早期阅读习惯和技能培养的阶段。

幼儿早期阅读活动的特点表现为：

1. 需要一定的阅读环境

早期阅读环境包括两方面：一是精神环境，这对孩子阅读很重要。愉悦的心情有助于幼儿放松身心地阅读，在阅读中体会无尽的乐趣。二是物质环境，在幼儿园教师要设法创设丰富的阅读物质环境，它包括幼儿的阅读材料、阅读时间和阅读空间，以便使幼儿有较多的时间、空间来阅读大量的早期阅读作品，获得丰富的书面语言知识。

2. 具有整合性

早期阅读是一种整合性教育，贯穿于各种教学活动。教师应将语言教育其他活动和其他领域活动密切结合。如，书面语和口语结合；科学故事阅读与科学领域活动结合等。

依据早期阅读训练的目的不同可分为认知性阅读、礼节性阅读、鉴赏性阅读、浏览性阅读、查阅性阅读、参考性阅读。

案例 12－5

早期阅读活动设计实例

活动名称：小熊住山洞　大班

设计意图：一场雨过后，活动场的沙坑湿漉漉的，成了孩子们的游戏乐园。几个男孩子玩沙子，凿山洞，山洞大小各异，形状也有些区别。孩子们边凿边说："这是小兔子的家，这是黑熊的家，这是……"看着班里孩子各自高兴地凿了一个个山洞，教师突然想到，前段时间一些孩子家长反映，现在的孩子知道关心家人的太少了；在幼儿园，老师们也发现有部分幼儿表现出对他人缺乏关心，有好玩的东西不乐意分享。这些都需要在日常生活和教育活动得以改善。于是结合画册《小熊住山洞》组织幼儿开展阅读活动，让幼儿在理解画面情节的过程中，懂得关心别人，体会助人的快乐。

活动目标：

1. 通过有序地观看图书画面，基本理解画面人物形象和故事情节；

2. 初步学习根据画面提示讲述故事中小熊的语言，认真读汉字：春天、夏天、秋天、冬天；

3. 感受小熊珍惜树木的情感，体验关心他人的快乐。

活动准备：

幼儿图书人手一册；绘制大幅图书画面。

活动过程：

1. 教师提问引出故事

师：小朋友们认识小熊吗？知道小熊的家住在哪里吗？今天我们读一篇故事，名字叫《小熊住山洞》。

2. 幼儿自主阅读图书

（1）师：一天，熊爷爷要小熊去砍大树造间木房子，小熊砍树造房子了吗？请小朋友打开画册，一页一页接着往下看。

(2) 幼儿自主地阅读图书，教师仔细观察幼儿阅读情况。

(3) 请幼儿在集体面前说说：你看书时什么地方没看懂？

3. 出示绘制的大幅画面，幼儿欣赏故事。教师边讲述，边引导幼儿有序翻阅图书提出问题，让幼儿初步了解书中主要内容。

(1) 故事里有谁？小熊家住哪里？熊爷爷对小熊说了什么？

(2) 这是什么季节？小熊走进森林，森林是什么样子？小熊说了什么？

(3) 后来小熊和爷爷住在哪里？他们快乐吗？为什么？

(4) 森林里的小动物为什么送花给小熊？他们快乐吗？为什么？

4. 教师带领幼儿阅读

教师带领幼儿完整阅读故事，鼓励幼儿有表情地讲述小熊的语言。

5. 组织幼儿讨论

(1) 你喜欢小熊吗？为什么？

(2) 我们该怎样向小熊学习？

活动评价

活动中教师始终以幼儿为主体，调动幼儿思维积极性。幼儿运用多种感官，观察、讨论、模仿来积累阅读经验，由浅入深，充分体现了幼儿主体地位，完成了活动目标。整个活动遵循阅读活动特点，激发幼儿阅读兴趣，学习阅读技巧，简单的情节让幼儿体会到珍惜树木、关心他人的情感，并体会关心他人的快乐。

分析上述活动，早期阅读活动的设计与指导有以下步骤：

第一，幼儿自己阅读。阅读活动开始，教师创设幼儿自己阅读机会，让幼儿自由接近学习内容，观察认识对象，获得相关信息。《小熊住山洞》活动开始，教师通过提问，将阅读作品直接引出，然后让幼儿自己阅读。

第二，教师与幼儿共同阅读。此环节是幼儿在观察认识书面语言信息基础上，由教师引领幼儿进一步学习理解这些书面语言信息。《小熊住山洞》活动中，教师通过展示直观教具，引导幼儿一起阅读并理解作品。

第三，围绕阅读重点开展阅读。每次阅读都有阅读的重点。《小熊住山洞》作品阅读中，教师采用提问重点问题，和幼儿一起讨论，帮助幼儿理解故事内容，同时发现幼儿不懂的地方予以引导。

第四，归纳阅读内容。此环节主要作用是帮助幼儿巩固、消化阅读内容，是阅读活动不可或缺的部分。在最后的环节，老师提出“你喜欢小熊吗?”“我们该怎样向小熊学习?”等重点问题，对阅读作品的内容予以归纳总结，从而加深对阅读内容的印象。

(六) 英语教育活动设计与指导

随着社会发展与家长需求，同时借国家“十五规划课题学前双语师资培训”课题的推动，幼儿园“英语热”、“双语热”日渐兴起。为适应家长要求，农村幼儿园英语教育也应运而起。

案例 12-6

英语教育活动设计实例

活动名称：英语教育活动　I like …　（中班）

设计意图：幼儿在小班对英语学习有了初步的接触，到中班已经积累了一些词语，特别是关于食品的单词。而自由游戏区活动中，幼儿普遍表现出对“商店购物”游戏的浓厚兴趣，乐意担当游戏角色。借用这一商店购物游戏形式，组织英语游戏活动，能够让幼儿在快乐的游戏氛围中学习“I like …”句型，复习与食品相关的词汇。

活动目标：

1. 幼儿学习句型 I like …理解意义并尝试运用；

2. 复习食品单词，并能大胆辨认、讲述。

活动准备：各类食品、小柜台。

活动过程：

1. 情境导入

(1) 教师向幼儿展示小商店场景；

(2) 幼儿观察并讲述看到的食品，复习学过的单词。

2. 观看购物

（1）老师请保育员或配班老师做商店购物游戏。

售货员：What do you want ?

顾客：I like bread.

售货员：Here you are.

顾客：Thank you.

售货员：Good - bye.

顾客：Bye-bye.

（2）教师提问：顾客喜欢什么？她是怎样说的？

（3）请老师示范句型：I like …

（4）幼儿模仿练习

3. 展开游戏

（1）教师扮售货员，其他幼儿扮顾客，做买食品游戏。（注意提示用所学句型购物）

（2）请个别幼儿挑选食品并尝试用句型表达。

（3）幼儿分组游戏：幼儿分组，分别做售货员、顾客，进行“I like …”注意角色轮换。

游戏中教师注意让幼儿遵守规则进行。

活动延伸

将食品图片等游戏材料放到语言区，以便幼儿更好地玩游戏、说句型。

活动评价

本次活动在幼儿积累食品词汇的基础上学习新句型，采用游戏形式，注重情境创设，幼儿在快乐的游戏中复习了食品单词，学习了新句型，效果良好。

幼儿英语教育活动的特点：

（1）在母语学习基础上学习英语。

(2) 与其他内容整合，扩展英语经验。

(3) 创设英语交际情境。

(4) 听说领先，以口语为主。

(5) 注重自然习得。

英语教育活动的设计与指导大致有以下环节：

第一，创设并感知语境，展示新授内容。幼儿学习英语受兴趣支配，而语境的直观生动能够激发幼儿学习的兴趣。直观的情境生动，可以增加幼儿参与交流的愿望，有助于英语学习。I like …活动中创设的是商店的语境，引出商店购物游戏。

第二，模仿操练，帮助幼儿消化新内容。英语学习重在模仿。新的语言内容首先听、看，然后模仿练习。“I like …”教学活动中，教师请保育员或配班老师共同为幼儿示范：顾客按规则说“I like …”句式表达出自己喜欢吃的食物，才可以买到喜欢的食品。

第三，应运扩展，引导幼儿巩固学到的新内容。新内容的学习必须及时操练方可巩固。“I like …”活动中，幼儿在模仿之后，教师引导幼儿亲自运用句型买食品，促进了新句型的巩固。

此外，为了更好地帮助幼儿练习所学，还可有相关的延伸活动，如“I like …”教学活动设计的延伸环节：将食品图片等游戏材料放到语言区等，有助于幼儿将课上所学内容重复练习，增加听说机会。

第十三章　幼儿园音乐教育活动设计与指导

第一节　幼儿园音乐教育活动概述

一、儿童音乐的基本特征

（一）愉悦性

音乐艺术因为其本身具有强烈的愉悦性、感染性，人们在欣赏旋律时，仿佛进入了一个新的世界。各种各样使人感兴趣的事物，丰富多彩的优美境界，活灵活现地展现在人们的眼前，使人们的心里洋溢起一种难以名状的喜悦，精神振奋，心情舒畅。

（二）教育性

寓教于愉快的音乐感受和音乐表现活动之中，更能使儿童学有所得。儿童音乐的教育性影响往往不像语言的表述那样直截了当，而是像春雨般点点滴滴渗透到儿童的内心情感和心灵深处，起着熏陶、感染的教育作用。比如，对 4 至 5 岁的幼儿进行尊重长辈和他人的教育，儿童歌曲《我的好妈妈》就是一首富有教育意义的歌曲。

（三）个体性

每个作曲家对作品内容的表述，每个表演者对作品内容的诠释，每个欣赏者对作品内容的感受和理解都是独特的。对于儿童而言，音乐也是其个体发展的一种表现。不同年龄阶段的儿童对外部世界的认识和体验是不同的，表达自己情绪和情感的方式也是各有差异。

二、幼儿园音乐教育的基本特征

（一）形象性和感染性

在幼儿园的音乐教育活动中，儿童对音乐的理解把握也不可能脱离其本身认知、思维发展的水平。因此，幼儿园音乐教育的内容、教材、形式及方法都更多地体现出形象性的特点。

在幼儿音乐教育内容和音乐教材的选择中，都具有其鲜明的音乐形象性，它是通过儿童感知理解的具体感性事物，组成生动形象、栩栩如生的音乐画面：如《动物狂欢节》中欢快的旋律、乐音构成了一个个可爱的动物形象——快速跳跃的声音表现了小兔活泼可爱的音乐形象；缓慢、滞重的旋律使儿童感受联想到大象笨重迟缓的音乐形象……又如选择一些儿童生活熟悉的模拟音乐声：风声、雨声、钟声等，通过节奏、力度、音色的变幻透出其生动的音乐形象性，这种音乐形象作用于儿童的听觉，使他们在感受的同时产生一定的联想和想象，在情绪上受到感染和陶冶。

（二）趣味性和游戏性

幼儿园音乐教育的趣味性、游戏性最直接地体现在音乐游戏上。音乐游戏是借用游戏的形式以发展儿童音乐能力的一种音乐活动，它是一种有规则的游戏。无论是侧重于创造和表现的歌舞游戏，还是侧重于情节、角色的表演游戏或侧重于音乐要素分辨能力的听辨反应游戏，都能在听听、唱唱、动动的趣味活动中既增强儿童的节奏感、促进儿童动作的协调性、提高儿童辨别音乐性质的能力，又使儿童获得愉快的情绪情感体验。

（三）技能性和综合性

早期音乐启蒙教育并不是为培养专业音乐人才打基础，但是，基本的技能技巧训练是儿童音乐能力及非音乐能力发展的必要前提。技能性的特点是幼儿园音乐教育区别于其他学科教育的显著特征之一。

综合性是幼儿园音乐教育体现的又一特点，主要体现在三个方面：

1. 形式上的综合性

在学前期的音乐教育活动中，很少有把歌、舞、乐截然分开的。越是年龄小的儿童越喜爱这种初始的综合音乐活动形式，在他们真正感到愉快的时候，必定是又唱又跳、手舞足蹈的。

2. 过程上的综合性

人类早期的音乐活动，在过程上是创作、表演、欣赏三位一体的。幼儿园音乐教育最重要的价值之一，就是培养儿童对音乐的主动倾向性。让他们能有更多机会在成人正确引导、支持下，自我表达，自我欣赏，自我教育，并在这种过程中，充分享受音乐的乐趣。

3. 方法上的综合性

幼儿园音乐教育的方法是灵活而丰富多样的。其中，示范的方法、语言讲解的方法、练习的方法、引导探索的方法等等，都是被普遍应用的，每一种方法都有其不同于一般的功效，是教育者长期教育经验总结的结晶。但是，在幼儿园音乐教育的实践中，这些方法并不是孤立的，而是相互融合的一个整体，共同应用于儿童音乐活动的实践之中。

三、幼儿园音乐教育的作用和任务

（一）幼儿园音乐教育的作用

1. 促进儿童大脑两半球机能的发展

大脑两半球的功能并不相同，有一定的分工。一般左半球主要掌握语言学习、数字理解、概念构成、时间连续性感受以及分析性思维活动等；右半球则主要掌管音乐、图形感知、面孔识别、空间知觉、距离判断以及综合性思维活动等。大脑两半球的功能虽然各有侧重，但他们并不是相互割裂的，而整个大脑也只有在两半球机能同时高度发展并能够很好地协同活动的情况下才能更好地发挥其整体功能。

2. 增进儿童身体健康

“情绪”这一心理状态总是伴随着一系列生理变化的，通过音乐可以调整情绪进而调节生理状态以达到促进或维护身体健康。另外，科学的音乐教育活动会给学前儿童提供更多获得积极情绪体验的机会。

3. 促进儿童语言发展

一首好的歌曲往往又同样是一首好的诗歌，儿童在大量接触优秀歌曲和有节奏的诗歌朗诵的过程中，不仅积累了音乐语汇，而且也扩大了词汇的积累，增加了对文学语言的理解和运用能力。此外，教师在教儿童唱歌时，坚持要求正确地咬字吐字，会帮助儿童养成口齿清楚的语言表达习惯。

4. 促进儿童认知发展

(1) 促进感知能力的发展。由于音乐活动主要是借助听觉器官来进行的，音乐认识活动首先要建立在听觉感知的基础上，所以在这里仅着重讨论有关音乐与学前儿童听觉能力发展的关系。人类的听觉器官是在长期自觉使用的过程中获得高度发展的。音乐像有声语言一样是人类听觉发展的促进因素之一。

(2) 促进记忆力的发展。音乐是在时间持续过程中展开其形象的，因此，音乐记忆能力更直接影响到个人感知音乐形象的能力。一个人只有在能够对音乐进行记忆的基础上，才可能追踪音乐的发展，对音乐的形象进行审美感知。同时，音乐表演和音乐创作活动，也都不可能脱离对音乐表现的记忆、再认和再现。

案例 13－1

阿部桂是接受铃木镇一才能教育的一个普通日本小女孩，她刚出生不久，母亲就在她的卧室内播放莫扎特、海顿和其他大师的作品录音。6个月的时候，每当她听到熟悉的旋律时，就会发出格格的欢笑。这说明她对音乐不但已经记住而且已经能够再认了。有资料表明：在这种“浸润”式的环境影响下，许多10岁以下的接受铃木教学法指导的儿童都获得了惊人的音乐记忆能力，他们能够准确地再认和再现具有相当规模的著名乐曲的全部乐章。这些事实都证明，在良好的教育影响下，儿童音乐记忆的发展潜力是很可观的。

(3) 促进想象、联想能力和思维能力的发展。音乐活动往往离不开想象，而想象又是学前儿童从音乐活动中获得快乐的重要途径之一。

案例 13－2

一个5岁的女孩，有一天在玩建构游戏时，因她把一块塑料板夹在脖子下面到处乱走而受到老师的批评，当她的母亲问她为什么要这样做时，她回答说：我是在用小提琴拉一支非常好听的音乐，而且还当着老师和母亲的面在教室大哭，以表示她的委屈和不满。又如一位3岁女孩听到教师弹奏的一首进行曲后说："我想甩着手臂大步往前走。"另一位3岁女孩在回答能不能慢慢地唱《我上幼儿园》这首歌的提问时说："不能慢慢唱，因为慢慢唱就像要哭的样子，要哭就是不想上幼儿园……"

5. 促进儿童情感和意志发展

(1) 促进情感的发展。

(2) 促进意志的发展。

音乐活动也具有促进儿童意志发展的潜力。如在由铃木镇一创建的早期小提琴课程中，利用克服技术困难的大量艰苦练习来达到意志锻炼的目的，实际上是铃木本人和许多日本家长更为看重的教育价值。

6. 促进儿童个性发展

(1) 促进个性意识倾向性的发展。

(2) 促进自我意识的发展。成熟的自我表现为：能意识到自己的身体、身体特征和生理、心理状况；能认识并体验到自己在社会和集体的地位和作用。他们在集体音乐活动中可以获得来自教师、同伴的各种评价，而这些评价都会在个人的自信心、自尊心、自我评价能力、自我态度的形成方面起到至关重要的影响作用。

7. 促进儿童社会性发展

(1) 促进交往、合作能力的发展。学前儿童的社会性是在与周围人群的交往中发展起来的。音乐的重要功能之一，就是提供给儿童人际交往的机会，满足他们的交往需要。成人与儿童，儿童与儿童之间的音乐交往，可以给学前儿童提供大量的交往机会和经验。教育者也应有意识地利用音乐教育活动来促进学前儿童的社会性发展。

(2) 促进纪律性和责任感。音乐活动是一种有秩序的社会活动，它要求参加者学会按照一定的规则来活动，同时也要求参加者明确认识并自觉担负起一定的社会责任。在幼儿园的集体音乐教育活动中，这些要求被进一步明确：第一，学会遵守音乐活动的常规；第二，初步养成对作品负责，对观众负责，对乐器、道具和其他有关设备的负责，对活动场地负责的基本观念和行为习惯。

(二) 幼儿园音乐教育的任务

1. 激发儿童对音乐的兴趣和爱好

幼儿园的音乐教育不是为了培养音乐家的，而是为了培养儿童对音乐的兴趣和爱好，为儿童欣赏美和表现美更多地开辟一条途径。那么，如何激发儿童对音乐的兴趣呢？我们可以从如下几个方面入手。

(1) 选用合适的音乐活动内容，采取生动活泼的指导形式，培养和发展儿童对音乐的兴趣。

(2) 加强师幼之间的情感交流，创造一种平等、宽松、和谐的气氛，以此来激发儿童对音乐活动的兴趣。

(3) 在音乐活动中，教师富有表情的演唱、演奏和使用有适当吸引力的玩教具。

2. 重视学前儿童音乐能力的培养

促进儿童音乐素质的发展是幼儿园音乐教育的重要目标之一。其中音乐能力的发展是音乐素质发展的一个重要方面，它是音乐感受力、表现力等多种能力的综合。为了有效地提高儿童音乐能力，帮助他们形成初步的音乐概念，为他们进一步接受良好的音乐教育打下坚实的基础，教师应制定儿童在歌唱活动、韵律活动、音乐欣赏、打击乐等活动中，对音乐的旋律、节奏、速度、力度、曲式结构等音乐表现手段有所感受，并能将音乐作品表现出来，甚至加以创作。这种能力的培养还需要让儿童勤动口、勤动手、勤动脑、勤表演。

3. 指导学前儿童学习简单的音乐知识和技能

学习一定的音乐知识和技能是儿童能够比较顺利地进行音乐实践活动的基本手段。儿童只有掌握了基本的音乐知识，具备了一定的演唱、演奏技能，才能在听、唱、动、奏等音乐实践活动中深刻地感受和表达音乐艺术的美。知识的学习和技能的训练不能忽略审美能力的培养，要防止过分地将一些专业训练的要求用来对待儿童，枯燥的技能训练是无益的。

4. 注意发挥音乐的教育作用

音乐艺术不是靠直接地说理，而是以生动感人的艺术形象激励人的情感，给人以启示，发挥其感染教育作用，使儿童从小对周围世界有正确的认识，有一定的社交能力，对自己有充分的自信心，有责任感、有毅力，有客服困难的勇气，有助人为乐和集体主义精神等。音乐教育可以净化儿童的心灵，陶冶儿童的情操，培养儿童高尚的道德品质。

第二节　幼儿园音乐教育活动的目标和内容

一、幼儿园音乐教育活动的目标

幼儿园音乐教育的目标，包括音乐教育的总目标、分类目标、年龄阶段目标、单元目标和具体的教育活动目标几个层次。

总目标是幼儿园音乐教育总的任务和要求，它提出通过对周围环境和音乐作品中美的感受，通过歌唱、韵律活动、欣赏音乐和乐器演奏等形式的音乐活动，以及韵律活动中的自我表达、人际沟通、协调，来体验音乐活动的乐趣，培养幼儿健全和谐的人格。它体现了《幼儿园工作规程》中关于美育的精神，即“培养幼儿初步的感受美和表现美的情趣和能力”，它是幼儿园音乐教育活动目标最概括的表述。

分类目标从歌唱、韵律活动、欣赏和乐器演奏这四个不同内容的角度描述，每种内容中又包含认知、情感态度和操作技能三个方面的具体要求。认知目标包括各种有关知识的掌握和认识能力的发展两方面；情感态度目标包括情感的体验、表达能力的发展和对有关活动的兴趣、爱好的发展；操作技能目标包括运用身体动作进行认识的能力和运用身体动作进行表达的能力。

年龄阶段目标是幼儿音乐教育分类目标在幼儿各个年龄阶段的具体分解和落实，即分别以小、中、大班歌唱、韵律活动、欣赏和乐器演奏这样的逻辑顺序来分别加以描述。这种表述，有利于教师把握住幼儿的年龄特点，选择具体的教育活动材料、教育活动内容、教育活动模式及教育活动的组织、领导方法。

单元目标包括以时间为单元的目标（一般为一个月或一周内所要达到的目标）及以主题为单元的目标，即一组有关联的活动全部结束后所要达到的目标。

具体的音乐教育活动目标是单元目标的具体化和展开，必须与总目标、年龄阶段目标保持一致性。同时，它又是最具体的目标，具备可操作性。

从上述分析中我们可以看出，幼儿园音乐教育的目标是通过层层的具体化逐步落实到每一个教育过程中的。因此，老师在教育实践过程中，必须依据教育目标，努力通过低层次目标的实现而最终达到高层次目标的实现，最终真正促进幼儿的发展。

二、歌唱活动

（一）学前儿童唱歌能力的发展

1. 歌词

3 岁前的儿童已经能够部分地重复再现一些歌曲的片断。但是他们对歌词含义的理解十分有限，只是把歌词当做一种声音来加以重复。3 岁儿童的语言发展已有了一些进步，他们已经能够较完整地再现一些短小的或歌曲中的比较完整的片断。4~6 岁的儿童掌握歌词的能力又有了进一步的提高。他们一般已经可以比较完整准确地再现熟悉歌曲的歌词，在这个阶段中儿童所接触过的歌曲篇幅较长，内容也较复杂，因为这时他们一般对歌词的听辨、理解、记忆的能力已有了较大的提高。

2. 音域

2 岁以前的儿童还处于嗓音游戏阶段，歌唱和说话正在慢慢从嗓音游戏中分化出来。2 岁以后，儿童开始逐步学会较完整地唱一些短小的歌曲或歌曲的片断，一般情况下这一阶段的儿童可以唱出 3～4 个音，大约在 d^1～g^1 范围之内的音。3～4 岁的儿童，一般可以唱出 5～6 个音（c^1～a^1），其中听起来最舒服的是在 d^1～g^1 之间。4～6 岁的儿童的音域会稍有扩展，向上一般可以达到 b^1 或者 c^1，向下一般可以达到 b 或者 a。在 4～6 岁儿童中，音域发展的个别差异仍然存在。有个别儿童能唱出很高的音，如 d^2 甚至 e^2，f^2。但也有个别儿童连唱 a^1 都有点勉强。

3. 节奏

一般由二分音符、四分音符、八分音符所构成歌曲的节奏，3 岁儿童是比较容易接受的。4～6 岁的中、大班儿童在唱歌的节奏表现能力方面可以有较大的发展。他们对歌曲中的二分、四分、八分音符的节奏已掌握得较好，甚至也能够较好的掌握带附点的节奏和切分节奏。3 拍子歌曲的节奏，弱起乐句的节奏虽然对儿童来说比较困难，但在正确方法的指导下，有可能在大班阶段逐步掌握的。

4. 音准

音准是学前儿童在唱歌活动中最难掌握的一项技能。在学前阶段，儿童最容易掌握的是歌词，节奏第二，速度第三，呼吸第四，最难掌握的是音准。音准把握能力是学前儿童唱歌能力中发展最慢的一种能力。即使在进入小学以后，仍然会有许多儿童没法解决基本的音准问题。

3 岁儿童在没有乐器伴奏的情况下，独立歌唱时的“跑调”现象相当严重。4～6 岁儿童在音准把握的能力上有了一定的进步，如有琴声伴奏，加上唱的歌曲难度适宜的话，一般儿童都能够基本唱准音高。在适宜的音域范围内，比较容易掌握的音程首先是小三度、大二度，其次是大三度、纯四度、纯五度。小二度音程和六度以上的大音程比较难以掌握。另外，下行音程一般来说要比上行音程容易掌握。

5. 呼吸

3 岁前，儿童的肺活量很小，呼吸很浅，因此往往一句歌词没有唱完就要换气，有的儿童甚至会一字一顿地歌唱。3 岁以后，他们常常会不顾歌曲的乐句，通常是根据自己使用气息的情况来换气，所以因为换气而中断句子、中断词意的情况时有发生。4～6 岁儿童经过良好的训练，一般在呼吸时自然而迅速，不耸肩，不发出很响的吸气声，能有节制地消耗气息，能按照音乐的意思来换气，不中断音乐的句子。

6. 表情

与声音表情有关的歌唱技能主要有速度、力度及音色变化，咬字、吐字和气息运用等。4～6 岁儿童，在良好的教育影响下，已有了一定的表现意识；已能较熟练地应用一些简单的表现技能。同时，他们对歌曲的形象、内容、情感的体现理解能力也在一定程度上增强了。

7. 独立歌唱

3 岁以前，儿童在家庭中或在托儿所里的歌唱活动比较自由，歌唱的能力较弱，多数情况下有成人或同伴陪伴一起歌唱。进入幼儿园以后，大多数 3 岁儿童都愿意在集体中跟着大家一起歌唱。在班级气氛比较宽松的情况下，到 5 岁末期，大多数儿童都愿意独自面对大家演唱，当然也不排除个别差异。

8. 协调一致

在进入幼儿园以后，集体歌唱活动中会出现有人唱得慢，有人声音特别响，有人音色特别突出的情况，但在良好教育的影响下，儿童能逐步开始注意自己的声音是否与集体相一致，并会自己找出一些调整的方法，例如，降低自己的音量，以便于听到他人的歌声；中途放慢或加快速度以求与集体一致。

9. 创造性表现

3 岁儿童进入幼儿园以后，在良好的教育影响下，他们初步形成创造性表现的意识，创造性表现的技能会逐步获得发展。4～6 岁儿童，在良好的教育影响下，已经积累了一定的歌曲作品和创造性歌唱表达的经验；发展起了一定的创造性表现意识，能较熟练地应用一些简单的创造性表现技能，创造性表现的兴趣和自信心也逐步增强了。

（二）学前儿童歌唱活动一般模式

模式一：示范→模仿→练习的模式

1. 教师用容易引起儿童学习兴趣的方式引出主题。

2. 教师用容易让儿童清楚感知的方法反复范唱新歌。

3. 教师的帮助儿童分析、理解和记忆歌词。

4. 教师用全曲带唱的方法帮助儿童初步掌握新歌。

5. 在必要时教师可用分句教唱的方法帮助儿童掌握新歌中的难点。

6. 教师采用各种不同的演唱组织形式，不断调动儿童的积极性，帮助儿童反复练唱的过程中逐步达到熟练和完美地掌握新歌。

模式二：先分解后累加的模式

1. 教师将歌曲中的节奏、歌词、曲调分解出来，作为节奏活动、语言文学活动、节奏朗涌活动、韵律活动等的材料分别加以使用，使儿童初步掌握之。

2. 采用类似模式一的方法教儿童学唱，或者采用按节奏朗诵歌词并同时倾听曲调的过渡方法，最终由儿童自己将歌词填入曲调唱出。

三、韵律活动

（一）学前儿童韵律活动能力的发展

儿童在进行韵律活动时，不仅需要一定的体能、一定的动作技能和一定的对音乐的感知及理解能力，而且也需要有一定的运用动作进行创造性表现的意识和能力。

1. 动作

第一，随意身体动作可以分成非移位动作和移位动作两种。非移位动作是指那些在不移动身体位置的情况下做出的动作。移位动作是指那些在移动身体位置的过程中做出的动作。

第二，随意的身体动作还可以分成单纯动作和复合动作。单纯动作是指那些只由身体的某一部位参与而做出的动作。复合动作是指那些由身体的两个或两个以上的部位联合所做出的动作。

第三，在良好的教育影响下，3～4 岁的儿童能逐步学会自由地运用手、臂和身躯来做各种单纯动作；能逐步用稍快的速度做动作。4～6 岁儿童，在良好的教育影响下可以获得较大的进度，他们可以学会做比较精细的腕部动作；可以比较随心所欲地根据需要变化上肢和躯干的动作速度和幅度。可以做出比较复杂而且协调的联合动作，如在做摘果子的动作时，腰部、胸部、头部和眼睛都能协调地配合臂和手的动作。

2. 随音乐做动作能力

随音乐做动作能力是指在进行韵律活动的过程中使动作与音乐协调一致的能力。3 岁儿童用动作跟随节奏的能力一般会经历以下三个阶段：

第一阶段，儿童不注意音乐的进行，只是把音乐作为一种做动作的信号或者背景。

第二阶段，儿童初步懂得注意音乐的进行，并能努力地使自己的动作与音乐的节奏相一致。

第三阶段，儿童逐步从注意高度集中的情况下解脱出来，动作逐步变得更合拍、轻松、自然，节奏的均匀性、稳定性也慢慢提高。

4～6 岁儿童，在良好的教育影响下，韵律活动的随乐水平有了较明显的提高。在这个阶段儿童能较敏锐地用动作反应音乐速度和力度的变化，而且还能对音乐的结构做出比较细致的反应。如乐段和乐句的开始与结束、乐段与乐段、乐句与乐句之间的重复或变化关系等，他们都能用动作的重复或变化来表示。

3. 协调一致

韵律活动中的协调一致主要是指运用动作与人配合、沟通。构成韵律活动中协调一致能力的基础主要是：动作关系的判断、调节能力；情感关系的判断、调节能力；空间关系的判断、调节能力。进入幼儿园以后，在良好的教育影响下，3 岁儿童能够很快学会“找个伙伴一起来跳舞”。他们一般都会通过观察对方的脸部表情和体态表情，判断对方是否可以成为共舞的伙伴，他们还会运用和调整自己的脸部表情和体态表情，邀请对方与自己共舞。4～6 岁儿童，在良好的教育影响下，可以获得更多的合作表演经验。他们能够主动追求和同伴一起跳舞的快乐。他们能够完全不借助语言而迅速地找到共舞的伙伴，而且能够用一种宽容的态度对人，一般不挑剔和拒绝邀请。

4. 创造性表现

创造性表现在此是指在进行韵律活动的过程中运用动作创造性地表现自己的想法和对音乐的理解及感受的活动。3岁以前，儿童已经有了许多运用动作进行表达交流的经验，但这种经验的获得在很大程度上与儿童语言表达的活动有关，是一种辅助于语言表达方式。3岁末期，大部分儿童能够学会用自己想出的，并运用动作表现自己的日常活动和自己所熟悉成人的日常活动。4～6岁儿童，在良好的教育影响下，不仅能够获得更多的创造性表现手法，而且还能学会一些最基本的舞蹈语汇和创编舞蹈的基本方法。如同样是走步，他们能用动作区分出小朋友还是老爷爷；同样是跳舞，他们能用动作区分出是汉族舞蹈还是新疆舞蹈。

（二）学前儿童韵律活动的一般模式

1. 模式一：示范→模仿→练习的模式

（1）教师用容易引起儿童学习兴趣的方式引出主题。

（2）教师用容易让儿童清楚感知的方法反复示范新的动作或动作组合。

（3）教师分析讲解动作要领，动作表现的形象、情绪或动作组合的结构。

（4）教师用较慢的速度带领儿童做动作或动作组合。

（5）在必要时，如在动作或动作组合比较复杂的情况下，教可先将动作或动作组合分解成较小较单纯的部分，待儿童掌握后，再带领儿童连贯做这个动作或动作组合。

（6）教师采用各种不同的练习组织形式，不断调动儿童的积极性，让儿童在反复的练习中逐步达到熟练掌握。

（7）如果有部分儿童一时仍有困难，教师可给予个别纠正，或重复5和6的步骤。

2. 模式二：引导→探索→创编的模式

（1）教师用在引导儿童回忆有关经验的基础上提出主题。

（2）教师让儿童自己用动作来表现教师提出的形象、情节、情绪、节奏或结构等。

（3）教师组织儿童倾听、分析、体验音乐，并组织儿童用讨论的方法，将步骤2中已准备好的动作与音乐的有关部分或要素相匹配。

(4) 教师让儿童按讨论结果随音乐做动作。

(5) 教师根据儿童表现的情况，组织儿童相互观摩，并从中提炼出动作要领及动作表现的要领。

(6) 教师指定儿童把他（或他们）自己创编的动作或动作组合教给全体儿童。或者由教师提出儿童中产生的好范例，让全体儿童在新一轮动作表现中自由借鉴吸收。

(7) 教师小结，指出活动中产生的新的好范例。

(8) 教师组织儿童重复(5)、(6)、(7)的步骤。

四、音乐欣赏

（一）学前儿童音乐欣赏能力的发展

音乐欣赏，是饶有兴趣反复倾听音乐的活动。人们欣赏音乐，首先要有欣赏的兴趣和愿望，其次要有感知音乐的音响并从中获得积极体验的能力。

1. 倾听

倾听的态度、习惯与能力，不仅是欣赏音乐的重要基础，而且也是积极的个性倾向性的重要组成部分。4～6岁儿童，在良好教育的影响下，倾听的主动性、自觉性和听辨能力可以获得很好的发展。他们除了能够认真地按要求倾听和进行听辨、描述以外，还会较多地主动倾听环境中的声音和音乐。如在专门组织的音乐活动中，他们不但能够听出音乐的速度、力度、节拍和节奏型的变化，而且还能够听出乐段、乐名之间的重复和变化，他们不但能够听出音乐在情绪性质方面的差异，而且还能够听出某些明显的风格差异。

2. 理解

进入幼儿园以后，在良好教育影响下，3岁儿童可能初步获得以下的发展：学会理解他们所熟悉的歌曲的歌词内容和思想，学会理解乐曲或歌曲中性质鲜明的音乐情绪。4～6岁儿童，在良好教育影响下，不但能够较好地理解歌词内容稍微复杂的歌曲，而且对器乐曲的理解能力也有了大幅度地提高。

3. 创造性表现

由于学前儿童音乐能力发展的特殊性，欣赏和创造性表现活动尚处于不分化的状态之中。因此，在学前儿童的欣赏活动中，经常伴随着创造性表现活动。4～6 岁儿童，在良好教育的影响下，可能学会比较自由地采用各种手段进行创造性表现，而且在表现过程中还能努力追求让自己的表现更具有个性和创造性。

4. 兴趣与培养

对音乐的兴趣爱好，不仅是音乐表演活动的重要前提，而且对于音乐欣赏活动有着更为重要的意义。3 岁以前，随着音乐经验的不断增加，大多数儿童逐渐发展起个人的对一种音乐的特殊爱好，并逐渐形成最初的个人对音乐价值的看法。3～6 岁期间，儿童比较喜欢他们所熟悉的音乐。这个年龄阶段，在良好教育影响下，儿童一般都可能发展起比较广泛的音乐兴趣，也能够经常主动地发起音乐活动或参与由别人发起的音乐活动。

（二）学前儿童音乐欣赏活动的一般模式

“整——分——整”的倾听欣赏模式：

1. 教师用容易引起儿童学习兴趣的方式引出主题。

2. 教师用语言并配合图片等直观教具向儿童介绍音乐的主要内容（或歌曲的歌词）。

3. 教师组织儿童完整倾听整首音乐，必要时还可用图片和活动的直观教具或自己的表演来伴随音乐的进行，以帮助儿童感知和理解。

4. 如果音乐含有几个乐段（或歌曲含有几段歌词），教师可组织儿童分段倾听。

5. 教师组织儿童谈论倾听的感受。

6. 教师再次组织儿童完整地倾听整首音乐，并带领儿童跟随音乐做动作，或者鼓励儿童自由地随音乐做动作。

7. 如果需要让儿童感知和反映音乐中更细致的特征，或者需要儿童对乐段的特征进行比较，教师可在提出新的要求后，再组织儿童重复 4、5、6 的步骤。

五、打击乐活动

（一）学前儿童打击乐器演奏能力的发展

由于打击乐器演奏主要使用大肌肉动作，而对于精细的小肌肉动作能力尚处于发展初期的幼小儿童来说，它们是最自然的音乐表达工具，也是最容易从中获得快乐的源泉。学前儿童打击乐器演奏需要一定的使用不同乐器的能力、一定的对音乐感知和理解的能力；需要有一定的运用节奏和音色进行创造性表现的能力；在集体的演奏活动中，还需要遵守集体演奏活动规则，努力与集体协调一致的意志和能力也是必不可少的。在集体的打击乐器演奏活动中，音乐能力的发展与后天的教育有着很密切的关系。

1. 乐器操控

乐器操控能力主要指运用乐器演奏出想要听到的特定音响的能力。进入幼儿园以后，3 岁儿童可能接触到一些专门为儿童设计制造的打击乐器，在良好教育影响下，他们能够逐步掌握一些主要用大肌肉动作来演奏的打击乐器。如铃鼓、碰铃、圆弧响板、大鼓等。4～6 岁儿童，在良好的教育影响下，能熟悉多种打击乐器，并能更熟练地掌握熟悉乐器的各种不同的演奏方法，他们能够逐步学会使用小肌肉动作演奏乐器。4～6 岁儿童能够并喜欢用多种方法来探索同一种乐器的不同演奏方法。在，控制、调整用力方式和用力强度，奏出所需要的音量和音色方面，中、大班儿童也会更有意识地做，而且做得更好。

2. 随音乐演奏能力

随音乐演奏能力是指在演奏打击乐器的过程中使奏出的音响与音乐协调一致的能力。进入幼儿园以后，3 岁儿童在刚开始时，他们的随乐意识和随乐能力都很差，大多数儿童都不能做到基本合拍地随音乐演奏，而且有部分儿童还会只顾玩弄乐器而忘记演奏的要求。4～6 岁儿童，在良好的教育影响下，演奏打击乐器的随乐性水平会有比较明显的提高，在这一阶段中，儿童不但能够自如地用简单的节奏跟随音乐合奏。他们会更加自觉地注意倾听音乐，并努力使自己的演奏能够与音乐的速度、力度变化相一致。他们能够学会随着节奏较复杂的音乐演奏乐器，甚至在这一阶段的末期，还能学会看指挥手势的即兴变化随乐演奏。

3. 协调一致

乐器演奏活动中的协调一致主要是指在演奏过程中注意倾听自己、同伴、集体的演奏，并努力使每一个人、每一声部的演奏都能服从于整体音乐形象塑造的效果。构成乐器演奏的协调一致能力的基础主要是：对各种音响关系（个人演奏音响、声部音响、整体音响）的倾听、判断、调节能力。4～6 岁儿童，在良好教育的影响下，能进一步学会：在许多声部合奏活动中主动地关注整体音响，并努力保持整体音响的协调性；能迅速理解各种指挥手势并积极准确地做出反应，在担任指挥时，能以明确的手势对演奏者做出指示，能以脸部表情和体态表情与演奏者进行积极的情感沟通，以唤起全体参加者的合作表现热情。

4. 创造性表现

创造性表现在此是指在进行打击乐器演奏的过程中运用节奏、音色、速度、力度的变化设计配器方案和进行演奏表现的活动。进入幼儿园以后，在良好的教育影响下，3 岁儿童能够学会为熟悉的、性质鲜明的音乐形象选择比较合适的乐器和演奏方法。如，为表现下大雨的音乐选择铃鼓的强奏，为表现下小雨的音乐选择串铃等。4～6 岁儿童，在良好教育的影响下，不仅能够积累一定的打击乐作品，而且还能够学会一些最基本的节奏型和用各种不同的音色配置方案“装饰”这些节奏型的方法。

事实上，在良好教育的影响下，学前儿童通过打击乐演奏活动，不仅能逐步发展起对打击乐演奏活动的比较稳定的积极态度，积累一定的打击乐作品和节奏、音色语汇、而且还能初步掌握一些简单的、基本的运用打击乐器进行自我表现的知识。

（二）学前儿童打击乐演奏活动的一般模式

从总体布局入手的模式：

1. 教师用容易引起儿童学习兴趣的方式引出主题。

2. 教师组织儿童感知、分析音乐。

3. 教师帮助儿童掌握打击乐曲的演奏方案。

4. 教师将儿童分成若干小组，指定各小组分别担任不同的声部。教师担任指挥者，指挥儿童用徒手做演奏动作的方式跟随音乐“合奏”。

5. 教师担任指挥者，指挥儿童用乐器跟随音乐合奏。

6. 教师请儿童担任指挥者，并指导其指挥演奏。

7. 教师组织儿童自由地相互交换乐器并演奏。

8. 教师引导儿童创造性地改变原配器方案并演奏。

第三节 幼儿园音乐教育活动的设计与指导

一、幼儿园音乐教育活动的组织形式

（一）幼儿园音乐教育活动的含义

幼儿园的音乐教育活动是以儿童为主体，以适合儿童的音乐为客体，通过教师设计和组织的多种形式的音乐活动使主、客体相互作用，以培养和发展儿童的音乐能力，促进儿童身心全面发展为过程的教育活动。

（二）幼儿园音乐教育活动的类型

1. 专门的音乐教育活动

专门的音乐教育活动是由教师根据学前儿童音乐教育的目标和任务，有目的、有计划地安排专门的时间和空间场地，选择以音乐为主的课题内容和材料，组织全体幼儿参加的活动。

2. 渗透性的音乐教育活动

渗透性的音乐教育活动是指除专门的音乐教育活动以外，随机、灵活地蕴涵、渗透在儿童的一日生活及其他教育活动之中的丰富多样的、“隐性”的音乐教育活动。一般包括日常生活中的音乐活动、游戏活动中的音乐活动、节日活动中的音乐活动和其他教育活动中的音乐活动四种类型。

二、幼儿园音乐教育活动的设计

常规性音乐教育活动是幼儿园音乐教育活动最具传统、最为常见的一种组织形式，是充分体现音乐艺术特点，是有效地发挥音乐活动审美教育功能必不可少的一种组织形式。

常规性音乐活动一般由三个环节组成。

（一）开始部分

1. 听音乐做动作进活动室

通常在音乐的伴奏下进入活动室，并按照本次音乐活动内容情绪的需要，或在进行曲伴奏下幼儿精神抖擞地走步，或听律动曲和舞曲做律动和舞步愉快地进入活动室，如跑跳步、垫步、踵趾小跑步、进退步、小鸟飞、小兔跳、小鸭走等。

2. 作节奏、发声、听音等方面的基本训练

节奏训练可以是“节奏模仿”“节奏应答”“人名节奏”，也可以是“人名接龙”。它的玩法是在熟悉掌握人名节奏的基础上进行的。

发声练习是为了有计划、有目的地培养幼儿的歌唱能力，使幼儿能够更加准确、细腻、自如地控制自己的声音表情，通过有表情的声音来表现歌曲的情感内涵，能够声情并茂地演唱歌曲。

听音练习的目的，是为了培养幼儿较为精细、准确的音乐听觉分辨能力。它的方法主要是老师在键盘上弹出单音、双音、和弦、旋律音程或乐句，请幼儿听辨并跟唱。听音练习对于提高幼儿敏锐、精细、准确的音乐听觉和歌唱的音准、乐感的形成都有很大的帮助。

（二）基本部分

这是音乐活动完成教育要求和任务的主要部分。这一部分通常安排 2～3 项内容，如，唱歌、欣赏、舞蹈，或倾听声音、唱歌、练习节奏乐等。总之，内容的安排要丰富多样，一次音乐活动还要考虑教材的新旧搭配，注意难易适当。教材的内容和情绪类型既有变化，又有统一，如柔和抒情性的教材可以和活泼欢快的教材搭配。活动形式的安排要注意动静配合，从而使教育活动能够突出重点、生动活泼，保持幼儿学习的主动性。

（三）结束部分

应当尽可能使活动结束在兴致勃勃、井然有序的气氛中，使幼儿意犹未

尽，引起再次上音乐课的愿望。结束部分一般可以利用基本部分的最后一项内容，自然过渡到结束，离开活动室，也可以专门选择律动或舞蹈动作来结束。

三、幼儿园音乐教育活动评价

学前儿童音乐教育的评价是一种整体的评价，它不仅包括对儿童音乐学习结果和儿童发展状况的测量和评价，更有对音乐教育本身价值以及音乐教育活动中教师的观念态度、活动的组织形式、教学目标的适宜程度、师幼互动的质量等多方面的评估。因此，音乐教育评价是改进和提高音乐教育实践工作的有效工具和手段。

学前儿童音乐教育评价的基本方法一般有：观察法、谈话法、问卷法、测试法及综合等级评定法等。

1. 观察法

观察法就是有目的、有计划地在儿童的音乐活动中进行即时的观测，并对观测结果作出一定评估的方法。通过观察，教师可以获取来自于儿童的多方面的反馈信息，不仅能使教师真实地了解到每个儿童的音乐发展水平和能力，而且还能帮助教师从这些观察结果中更好地了解到教育活动进程的利和弊，并及时地调整和改进活动的内容、方法和组织形式。

2. 谈话法

所谓谈话法就是评价者（或教师）与被评价者（或儿童）进行直接的口头交流，以获取有关音乐方面信息的方法。谈话的形式可以是提问，也可以是讨论等其他较自由的形式。如在日常的生活中，教师可以有意识地接近一些在平时的音乐教育活动中表现较消极、被动、对音乐活动没有较高的参与兴趣的儿童，通过与儿童平等式的自由交谈，来了解儿童上述表现的真实原因：究竟是来自于儿童本身的原因，还是来自于教材方面的原因，或来自于教师教学方法上的原因等，以此评价的信息作为参考，督促教师及时地调整和改进音乐教育。当然，这种评价的方法并不是一种科学的定量分析，也没有特别编制和设计的评价指标，所以只能作为一种较宽泛的、辅助性的音乐教育活动评价方式加以合理的运用。

3. 问卷法

问卷法就是指在音乐教育中通过对教师、领导、同行及家长的书面文字形式的问题调查，来获取有关信息的一种评价的方法。通过问卷，既可以使教师清醒地反思其音乐活动的组织和引导；也可以从来自于旁观者的信息反馈中了解到儿童的音乐兴趣爱好、音乐能力发展水平、情感表现特征以及音乐教育活动内容、形式或方法选择的合理性和可行性，进而逐步加以调整，以确保音乐教育活动的效果。

4. 测试法

测试法是通过标准化的测量工具或自行设计和编制的音乐能力测验对儿童的音乐能力发展作出科学评价的一种方法。由于测试法多引用的是权威机构或专家编制的标准化测验项目和试题，所以能较真实而客观地反映出儿童的原始情况。这种评价方法的优势在于其科学性较强、有效度较强，特别适用于对不同年龄儿童或个别儿童音乐能力发展水平、特点、趋势以及差异的评估和用来收集儿童音乐教育前后发展变化的资料，从而做出一定的评价。

5. 综合等级评定法

综合等级评定法是特别针对于音乐教育活动而设计的一种有综合评价指标体系的活动评价方法。通过综合等级评定，既可以对音乐活动的各个有关因素进行静态的分析和评价，也可以对音乐活动的各种状态进行动态的分析和评价，以此得到综合的评价信息。同时将评价的结果以一种等级描述的形式来反映，既便于定量分析，也便于定性分析；既可以适用于上级领导对音乐教育工作的实地检测或同行间的互评，也可以适用于教师的自我评价等。

第四节　国内外儿童音乐教育理论

近现代世界学前儿童音乐教育的发展，在一定程度上可以说是以一些独立而富有特色的学前儿童音乐体系的形成、确立和传播现象为标志的。了解和研究这些理论体系，有助于我们更好地把握学前儿童音乐教育的发展方向，更有效地建设我国自己的学前儿童音乐教育体系。

一、达尔克洛兹音乐教育体系

1. 达尔克洛兹音乐教育思想的基本观点

埃米尔·雅克·达尔克洛兹（1865～1950），瑞士作曲家、音乐教育家。达尔克洛兹从小就开始学习音乐，曾先后在日内瓦、维也纳、巴黎音乐学院学习音乐，并广泛参加各种音乐活动。达尔克洛兹认为：音乐教育首先要通过（音乐与身体结合的）节奏运动唤醒儿童的音乐本能，培养儿童的音乐感受力和敏捷的反应能力，进而获得体验和表现音乐的能力。因此，培养和发展儿童的音乐能力是音乐教育的主要目的，而音乐中的技巧仅仅是艺术表现的一种手段。体验音乐、体验情感是达尔克洛兹音乐教学改革的出发点和宗旨，他指出“体态律动的目标是：在本课程结束时，不是能使儿童说‘我知道’而是‘我体验到’。以此引起儿童的表现欲望，激活他们的情感世界，扩大他们的本能力量，并能迁移到生活中去”。这也进一步阐明了音乐教育不仅仅是学习音乐的更深层次的观念。

2. 达尔克洛兹音乐教育体系的基本内容与方法

达尔克洛兹音乐教育体系主要是由体态律动、视唱练耳和即兴创作三部分内容组成。尽管这三个方面的内容各自独立，但在教学实践活动中，又常常是综合而有机地结合在一起。

（1）体态律动。即是由身体对音乐做出相应的反应的练习。在其教学活动中，通常是让儿童随着音乐即兴地运用身体做出各种相应的动作，来表达个人对音乐的感受。体态律动是达尔克洛兹音乐教育体系中最著名最有成效的部分。体态律动强调把音乐与身体的感应和运动紧密结合，其目的主要在于训练儿童有效地利用听觉与身体动作来感受音乐、理解音乐和表现音乐。

体态律动教学特点：

①要求儿童以自身身体为乐器，通过身体动作体态，再现所听音乐。体

态律动教学中训练儿童的动作，往往从拍手、摇摆、走、跑、跳等入手。如随着音乐可用手拍出其节拍，可通过走路来感受和表示四分音符的节奏，可通过跑步来感受和表示八分音符的节奏。

②体态律动教学过程中，注重培养和训练儿童对音乐要素的感受。体态律动教学注重引导儿童通过身体运动去感受音乐的各种要素，从而培养儿童对音乐要素的敏感。

例如，在教学中让儿童随着教师即兴弹奏的音乐律动，并要求儿童在律动中，当感觉是大调式时，身体向前方律动；当感觉是小调式时，身体向后方律动；当感觉不清楚是什么调式时，就横向律动等。

又例如，教师用一根底端系有重物的钢绳，像钟摆似的来回摆动，让儿童的躯体跟着来回摆动，从而体验自己躯体的节奏。教师通过放长或缩短细绳的长度来变化重物来回摆动的速度，让儿童跟着变化躯体摆动的速度，然后把绳子交给一个儿童摆动，教师用钢琴弹奏柔和的摇摆性节奏的音乐，为摆动的绳索和儿童的身体运动伴奏。此时，绳索、孩子、音乐处于完全和谐状态。最后，绳索落地，让儿童闭着眼睛跟随音乐继续摇摆，集中于对身体律动的意识，并随着音乐变化力度与速度。这是一个从视觉到听觉体验节奏的练习过程。

③注重儿童注意力集中的训练。体态律动教学是从音乐入手，让儿童去聆听音乐的变化来进行律动，从而培养儿童的记忆与抑制能力。

如，让儿童随着音乐律动，当听到约定的信号（如口令、打击乐声、和弦等），立即做出约定的快速反应（停止律动，或反方向律动，或做出某一姿势）这类的种种训练，都有利于引发儿童的注意，培养儿童集中注意的能力及大脑与身体的协调能力。

④注重培养儿童的即兴创作欲望和能力。体态律动教学不但强调教师即兴演奏音乐，同时在训练儿童和乐动作时常常也是要求儿童即兴创作。教师在教学中不是去特别注重或要求儿童动作的美感，而往往是注重儿童身体动作是否与自己演奏的音乐协调。

（2）视唱练耳。视唱练耳不仅要培养儿童具有读谱视唱能力，更重要的是通过系统的听觉训练、听觉分析，提高儿童在节奏、旋律、和声、复调、音乐风格等多方面的技巧和能力。达尔克洛兹指出："一切音乐教育都应当建立在听觉的基础上，而不是建立在模仿和数学运算的训练上。"他认为，良好的听觉是接受音乐教育最重要的禀赋。要唱出一个曲调，就必须先要在内心听到这个曲调或想到这个曲调。演奏、演唱都必须使用听力。

达尔克洛兹在教学中，往往首先让音乐刺激儿童的听觉，使之产生印象、感觉，再以动作表现音乐。它以身体动作作为联系音响与符号的纽带，作为感性通向理性的桥梁，最后通过音乐符号使感性体验转化为理性知识，并用即兴创作将所学的知识运用于音乐实践活动。

(3) 即兴创作、表演：

①即兴创作、表演是以语言、歌唱、钢琴、其他乐器为工具，运用游戏、动作、演奏、演唱等手段，进行即兴的音乐创作活动。这种即兴的音乐创作活动是把体态律动、视唱练耳中获得的音乐能力迁移应用于各种学习内容中去，充分发展儿童的想象力和创造力。

②即兴创作、表演的主要形式有：即兴演奏，即让儿童根据某节奏型，用各种乐器（如键盘乐器、竖笛、口琴等）即兴演奏旋律与和弦；即兴演唱，即让儿童根据某节奏型或某个音列、音阶即兴唱出曲调，还可以即兴编词演唱等；即兴问答，即是后者根据前者表演的音型或乐句即兴答出下句。如，老师用乐器问，儿童用动作或乐器来回答；即兴指挥与表演，即是让某个儿童即兴指挥其他同伴来跟随其表演的活动；也可以是让儿童看着表示音乐力度的图形即兴表演，教师跟随儿童的身体运动即兴演奏，表现出儿童的表演所体现的力度变化。

案例 13－3

活动一："还有别的方法走路吗?"——最开始的即兴活动

1. 让幼儿大胆想象各种走路姿势，并依次示范；

2. 教师根据姿势的不同，敲击不同的乐器；

3. 再根据不同的乐器声音变换不同的走路姿势。

在此游戏中，让幼儿体验有声、无声、开始、结束、快慢、强弱等基本音乐要素是音乐教育的起点。

活动二："集中精神看指挥"——培养集中注意力、反应能力

教师手扶地——孩子拍手；

教师插肩——孩子拍腿；

教师高举手臂——孩子弹舌；

教师握拳——孩子捻指；

教师手臂波浪——孩子口技等，或做连贯性动作。

还可以两位老师指挥，幼儿分两声部做动作。

二、柯达伊音乐教育体系

1. 柯达伊音乐教育思想的基本观点

柯达伊·左尔坦（1882～1967）是著名的匈牙利作曲家、民族音乐理论家、音乐教育家，从1905年开始，他一直致力于推动学校音乐教育改革。柯达伊倡导以歌唱为主的灵活多样的音乐教育，他认为，儿童只有积极参与艺术实践活动，才能获得审美体验，获得真正的音乐文化。歌喉是每个人都有的乐器，歌唱是每个人都可以参加的艺术活动，是普及音乐教育的切实可行又有效的途径。合唱对于促进合作意识、促进个体的社会化具有积极的作用。这也是音乐教育目的的一个重要的方面。在合唱中人们学会倾听、配合、理解默契，会使人们走出封闭狭窄，培养人际间的合作理解的态度，培养人的社会人格。他选用的音乐教材一般是真正的民间音乐、童谣和优秀作曲家根据民族音调创作的作品。

柯达伊音乐教育关注儿童创造力的培养。他认为，创作能力实际上是人与生俱来的潜能，只要有适合的环境和方法，就能开掘这种能力。教学中应结合各种音乐要素，启发、鼓励儿童的创作体验。另外，儿童感知音乐结构、形式的能力对于他们获得完美的音乐体验具有决定性的作用。儿童教育阶段主要通过歌唱游戏和各种音乐活动培养儿童对音乐结构的感性认识，从而培

养儿童的创造力。

2. 柯达伊音乐教育体系的基本内容与方法

(1) 民族音乐在教学中占有突出重要的地位。柯达伊的音乐教育首先牢固地建立在民族音乐基础上，这既是他教育思想的一个重要原则，又是这个体系的一个突出特点和重要内容。柯达伊反复强调，即使是最好的个人创作也不可能替代传统。在传统的民间歌曲中，人民数百年的情感永恒地保存在一个久经锤炼的完美形式中，民间歌曲是培养好的艺术趣味的学校。

从音乐理论方面看，柯达伊教育体系突出了五声音阶音乐在学校教育中的作用。在教学实践中，以"五声音阶"这一民族音乐的核心作为教学的切入点，把它贯穿在歌唱、听觉训练、多声训练、音乐读写、五线谱知识、民间音乐结构分析等各项教学内容中。柯达伊写作了大量的五声音阶音乐歌唱练习。包括有五个音级的递增、不同的五声音阶形式、五声音阶向七声音阶过渡、五声音阶与七声音阶的结合、大量的复调性多声练习、吸收其他民族五声音阶音乐等。

(2) 以歌唱作为音乐教育的主要手段。以歌唱作为学校音乐教育的主要手段，也是柯达伊教育体系的一个重要特征与内容。柯达伊认为通过歌唱最容易接近音乐，歌唱也是最容易表达思想情感的音乐形式。有了歌唱的基础，更高层次的音乐教育就能够得以发展。器乐毕竟是少数人接近的，只有人声——这个人们生而有之的、最优美的乐器，才是使音乐属于每个人的沃土。歌唱是进行普及音乐教育的切实可行、又有实效的途径。历史上有重要影响的音乐家、教育家都十分重视歌唱的作用。因为歌唱给予人的艺术感受是最直接、深入人心的。歌唱本身有着非常丰富的学习内容，通过这种最自然的音乐学习形式，可以使儿童获得音乐能力的全面发展。柯达伊认为，合唱最具有影响和促进群众音乐文化发展的功能，参加合唱可以影响最多的人们去接触真正有价值的音乐。他认为合唱所产生的社会作用，是音乐教育目的的一个重要方面。

(3) 以首调唱名体系培养全面的音乐能力。在柯达伊教育体系中，首调唱名法是为他的教育思想服务的一个重要手段。首调唱名法的应用像是一条贯穿于各项教学内容和活动的主线。柯达伊认为，首调唱名体系在普及音乐文化方面，比所有特殊的音乐学校起得作用还要大。它是一个综合的基础，在使用这种视唱体系的国家或学校，歌唱活动比其他地方发展得更好。首调唱名法使音阶调式中的每个声音都有了一个名字。在唱出唱名时也就确定了它在调式里的作用。也就是说，首调唱名法中 do 的位置、高度可以是移动变化的，但各调式音级却有确定不变的唱名。

（4）在教学中运用柯尔文手势。柯达伊教学法中经常使用柯尔文手势。目的是帮助儿童理解首调唱名体系中音级之间的高低关系、调式音级倾向，使抽象的音高关系变得直观、形象。它是教师和儿童之间进行音高、音准的调整、交流的一个身体语言形式。

柯尔文手势的使用有一个相对的音高范围，例如 Do 的位置大致和腰腹部平行，之后的 Re、Mi、Fa、Sol、La、Si、Do 各音级位置依次逐渐升高，高音 Do 的位置大致越过头顶。如果从低音 la 上开始建立音阶，位置也是如此，因为手势只表示一个相对的音高范围。实际运用时，儿童一般用一只手做手势，教师用两只手做手势。

柯尔文手势的使用是一种视觉的辅助，主要用于初学和片断的练习，除了一些节奏简单、使用音级很少的歌曲，在儿童初学时可能伴随着歌唱慢速地使用手势外，不需要在平时歌唱全部用手势伴随。因为这会分散注意力，削弱了对歌曲的艺术感受和表现。教学中教师只需要把练习的重点、难点选择出来，借助于手势给以调整。

案例 13－4

活动一：歌唱游戏《找朋友》

儿童集体边走圆形队列边歌唱（人数应为奇数），圈内有一名儿童。歌曲结束后，儿童需迅速找到伙伴，变成两人一对，找不到伙伴的儿童进入圈内，继续游戏。这个游戏帮助儿童感知和判断歌曲中的“结束”，在紧张热烈的气氛中找到朋友，建立友谊。

活动二：藏起来的歌曲

选择一首儿童已经熟识的歌曲，在儿童歌唱过程中教师出示一种信号，如举起手或合拢手指等，此信号一出，儿童就停止发声，在内心继续歌唱，指导教师给以恢复的信号，再出声歌唱。

此活动可以培养儿童的默唱能力，培养儿童有均匀的节拍感觉、稳定的速度和音高等多种内心感觉。教师最初开始这个活动时，信号可以表现得更有规律些，如一般出现在乐句末尾，在熟悉后，逐步过渡到不规则地出现，但仍要在感觉到呼吸的地方交换。

三、奥尔夫音乐教育体系

1. 奥尔夫音乐教育思想的基本观点

卡尔·奥尔夫（1895～1982），当代世界著名的德国作曲家，音乐教育家。奥尔夫 1895 年 7 月 10 日出生在慕尼黑一个有艺术素养的军人世家，受家庭环境的影响，卡尔·奥尔夫从小对音乐和戏剧产生浓厚的兴趣，这为他成为一个伟大的音乐剧大师奠定了基础。从音乐产生的本源和本质出发，即“诉诸感性，回归人本”——这是奥尔夫音乐教育的基本理念。奥尔夫认为：表达思想和情绪，是人类的本能欲望，是通过语言、歌唱（含乐器演奏）、舞蹈等形式自然地流露出来的，这是人原本固有的能力，自古如此。音乐教育的首要任务，就是不断地启发和提升这种本能的表现力，而表现得好不好则不是追求的最终目标。

要儿童“动”起来，“综合式、即兴式”学习音乐，这是奥尔夫特别强调的又一个重要原则。奥尔夫指出：儿童在学习中必须动脑、动手、动脚，全身心地感受和表现音乐。于是他发明了一套“元素性”的奥尔夫乐器，是一组很容易掌握的打击乐器。同时，他还充分运用人体各部位可能发出的声音参与演奏，并冠以“人体乐器”的美称。儿童在课堂上在教师的引导下作音乐性的“动”，必然沉浸在一种游戏般的欢快之中，他们在不知不觉地接受着音高、节奏、听辨、协调统一等综合音乐能力的训练。

2. 奥尔夫音乐教育体系的基本内容与方法

(1) 从其原始性儿童音乐教育观出发，奥尔夫指出：元素性音乐永远不是音乐本身，它是同动作、舞蹈和语言联系在一起的，音乐来自动作，动作来自音乐。对于处在个体发展原始或者初级阶段的儿童来说，获得全面、完整的综合性审美体验是十分重要的。从艺术的本原来看，音乐、舞蹈、语言本来就是连在一起不可分割的。儿童从事音乐学习行为实际上就是人类原始艺术活动的一种再现，儿童音乐教学活动不能只局限于音乐范围内。在这种综合性艺术观的指导下，奥尔夫不仅教儿童唱歌识谱，而且也教儿童演奏乐器。同时，还结合自由朗诵、即兴舞蹈、歌唱和奏乐来进行艺术实践活动，并鼓励儿童在活动中身心投入地进行创作、表演、欣赏三位一体，歌、舞、乐三位一体的综合教学是为了给儿童创造获得全面、丰富、综合的审美体验的机会。

(2) 奥尔夫音乐教育体系强调一切从儿童出发，选择最符合儿童天性的民歌、童谣、谚训等教学素材于儿童音乐教学中。奥尔夫音乐教育体系的教学对象不是成人，也不是有特殊才能的儿童，而是所有的儿童，包括那些才能较差的儿童。因此，在教学内容、教材的选择与确定上，奥尔夫都是根据儿童的特点来进行的。奥尔夫音乐教育体系的课程内容主要包括嗓音造型、动作造型、声音造型三大方面。其中嗓音造型包括歌唱活动和节奏朗诵活动。动作造型民括律动、舞蹈、戏剧表演、指挥和声势活动（所谓声势活动是一种用儿童的身体作乐器以此进行节奏训练的极简单又有趣的活动。声势就是捻指、拍掌、拍腿、跺脚的简称)。声音造型即指乐器演奏活动。奥尔夫认为，这种集诗、舞、乐、戏剧为一体的综合性课程内容不仅符合人类生产的原始性、原本性，同时也符合儿童的特点和他们学习音乐的自然天性。

(3) 在教学方法上，奥尔夫音乐教育体系推崇主动学习音乐，注意培养儿童的创造力。奥尔夫认为：原始性音乐教育是一种人们必须自己参加的音乐，人们不是作为听众，而是作为演奏者参与其间。在他看来，通过学习演奏简单易学的“人体乐器”、原始性发声乐器和“奥尔夫乐器”，足以使所有的儿童（包括那些因患哑声或不喜爱唱歌的儿童）都可以亲身实践音乐，使儿童不必掌握过多技巧就可以自然地、主动地去表现音乐、创造音乐。

(4) 正如一切原始形态的艺术活动都带有自发性、创造性一样，奥尔夫倡导的原始性音乐教育的一个基本点就是创造。奥尔夫明确指出“让孩子自己去寻找，自己去创造音乐，是最重要的”，“音乐创造有简单复杂之分，但从创造的本质意义上说，儿童音乐的创造和音乐大师的音乐创造具有同等意义，同等价值”。正因为如此，创造在奥尔夫音乐课程的各个活动领域随处可见，“引导创作法”成了奥尔夫音乐教育本系的主要教学方法。在教学中，教师仅仅向儿童提供一些原始性的材料（如最基本的音调、最基本的节奏、最基本的动作方法等），教师被要求站在儿童的角度来主持展开音乐教学活动；儿童则主要是通过在范例和教师启发引导下进行集体创作的音乐学习，儿童被要求即兴编创歌词和诵吟韵文；儿童被要求用自己创造的音响与形体动作来表现出童话的情节，做出气氛的渲染；儿童被要求用自己想象出来的各种符号和图形来记录自己的音乐，创造自己的“乐谱”等。

总之，在奥尔夫儿童音乐教学中，无论是节奏练习还是形体动作练习，教师并不限于教授某些技术或作导演，而是注重发挥儿童的即兴能力和想象力，通过儿童在即兴基础上所进行的综合性创作过程，来培养和发展儿童的创造力。

案例 13－5

在游戏中感知与表现音的长短

这个游戏是专门为儿童感受与分辨音的长短与顿跳而设计创编的，教师在运用是可以根据儿童的兴趣设计不同的游戏。在具体运用中可以有以下多种玩法，教师还可以自编其他更多的玩法。

长短音（本曲选自奥尔夫系列音乐）：

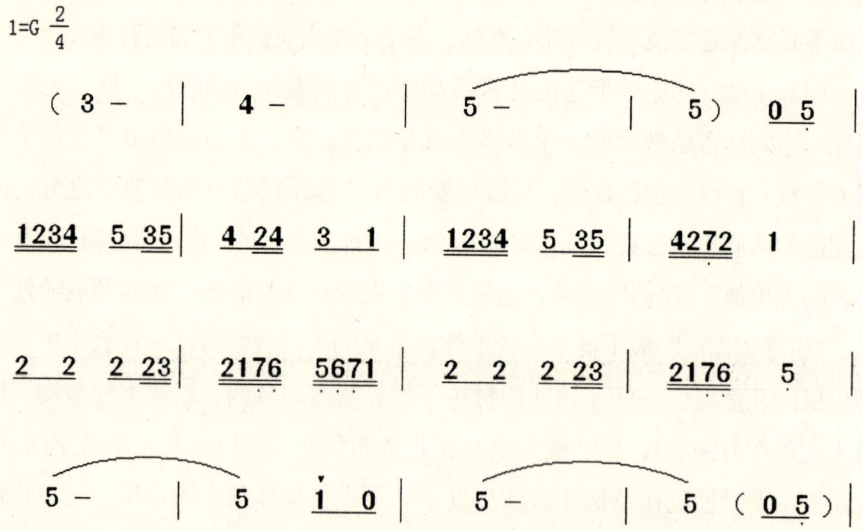

玩法 1：儿童每人拿一张废报纸，边听音乐边玩撕报纸的游戏，当听到长音响起时，儿童撕报纸，一直到顿音时停止；持续反复游戏，一直到音乐结束。教师可以提示儿童通过数撕开的报纸了解音乐中一共有多少长音。

玩法 2：儿童把手中的旧报纸揉成一团，围成圆圈站好。当音乐响起时，儿童随音乐节奏左右摆动身体或将手中纸团逆时针传递；当听到长音响起时，儿童按逆时针方向，左手准备接同伴的纸团，右手同时准备把自己原先的纸团传递出去；当听到顿音时，纸团接、传动作正式完成。如此循环，一直到音乐结束。

玩法3：刚开始玩游戏时，儿童一对一对面对面相坐或相立。音乐响起后儿童随音乐节奏拍手；当听到长音响起时，一儿童伸开手掌，掌心向下，另一儿童伸长一食指顶在其掌心上；当听到顿音时，伸开手掌的儿童迅速握紧，去抓伸上来的食指，同时伸食指的儿童也马上把手指往下收，看谁反应快。

在此基础上，待儿童熟练后，可增加游戏难度。儿童围成一圈坐好（或站好），儿童按顺时针方向，左手掌伸开，同时右手食指顶在右边同伴的手掌心下。开始时边听音乐边拍手，当听到长音响起时，双手做好准备，当听到顿音时，左手去抓左边同伴的食指，右手同时躲避右边同伴的抓握。游戏中，既练习了听音乐反应能力，又训练了左右手的协调反应能力。

玩法4：音乐响起后，儿童伴随音乐节奏自主地用动作表现摇泡泡水的动作；当听到长音响起时，儿童在音乐的长音处做吹泡泡动作；当听到顿音时，儿童做刺破泡泡的动作。如此循环，一直到音乐结束。

四、铃木音乐教育体系

1. 铃木音乐教育思想的基本观点

铃木镇一（1898～1998）出身于日本音乐世家，父亲拥有当时日本最大的小提琴制造工厂。他二十三岁留学德国，跟随克林葛学习小提琴，无论是小提琴的演奏技巧或对音乐的态度，都深受克林葛影响。他于1904年末在日本始创了铃木教学法，开始只是应用在小提琴教学上，后来推广至其他乐器。铃木教学法的基本理念是：

（1）才能并非天赋。铃木镇一所指的才能，并不是一般人所说的“天才”，而是教育理论的一种“行为”而已，例如，走路、跑步、写字等。他认为人类唯一的天赋是学习的本能。人类如果能把握这一天赋，充分地加以发展，学习任何东西应该都可达到相当的水准以上。音乐能力也是人类及有待开发的能力之一，只要父母用心安排，老师费心指导，人人都可学好音乐，有希望成为音乐家。

铃木镇一认为如果一位父母都能注意到每位儿童的本能，而且能提供一理想的环境，所有的儿童都将获得并且发展出一系列非常突出能力，这理论适用于全世界的儿童，没有例外。他并举例，生在热带的儿童，送到寒带去生长，照样会产生御寒能力；生在台湾的儿童，送到美国生长，英语就成了他的母语。这就证明人类的能力系由于环境培育，而非与生俱来，所以铃木强调人是环境之子。

（2）母语式的教学。音乐好比一种语言，要掌握一种语言，最好是从小开始学，开始得越早越能把语言掌握得像母语一样。只要孩子们稍有掌握某种乐器的能力，就可以让他们学；在教小孩子的时候，铃木教学法都不教他们看乐谱或任何音乐理论上的知识，因为那就等如在一个正常的孩子还不会说话之前，便教他写字和语言文法，那是违反自然的；铃木教学法强调让小孩子先听音乐，孩子每学一乐曲之前，无论多简单的旋律，都必先重复听其录音。而听的方法也很讲究，不是全神贯注坐在那里对着录音机听，是在最放松最自然的状态下听，如吃饭、嬉戏、入睡前各种休息或半休息的状态等。

铃木教学法透过潜移默化的方法使孩子在下意识间熟习一首乐曲之后，就让他在老师指导下凭记忆把乐曲在乐器上奏出，完全不用看乐谱或学乐理，整个过程由听到模仿就像小孩子学说话一样。等到拿起乐器要学那首乐曲的时候，孩子基本上只是学怎样以最舒适的方法把脑海中的乐曲奏出，而不是学那首乐曲的本身，故往往事半功倍。同时，因为孩子脑海中的乐曲是由名家演奏的，所以他们在设法把脑海中的乐曲奏出时，其实是在设法达到他们能力范围内最好的演奏效果。

（3）教育自零岁起。铃木镇一在他的《才能教育自零岁起》一书中极力主张学习要愈早愈好，幼儿的阶段影响一生深远。他认为学习应该是自出生的那天起，而不是自上学的第一天。根据人类经验的原则，旧经验帮助新学习，及早学习可提供丰富的经验，做为新学习的基础。

（4）没有失败的教育。铃木镇一曾经问："您见过生理上没缺陷而学不会说话的吗？"语言的学习如此复杂，都没有失败的例子，其他的学习当然也不会失败，可见只有失败的教学或老师，没有失败的儿童。

（5）能力滋养能力。铃木镇一认为，新的能力是由旧的能力累积发展而来的，所以他在小提琴教学中，要求儿童经常要反复练习旧曲子，借此不仅增强已有的技术，同时也产生新的能力，这和教育理论中的练习理论不谋而合。

2. 铃木音乐教育体系的基本内容与方法

铃木镇一推广小提琴教学，鼓励儿童的母亲参与学习，协助儿童学习；运用母语学习的自然方法，欣赏音乐，反复听唱熟悉旋律后，才进入乐器练习。学习小提琴时，团体的上课方式和个别上课交互并用，减轻儿童心理的负担，鼓励乐于在团体中表现自我，从合奏中分享同伴的成果，学习协调群我关系的成长；不断地复习旧的曲子，温故以知新；小提琴音色美音的不断追求，是铃木镇一不断强调的重点。铃木镇一的教学不只适用于小提琴教学，他所著《才能教育》书中提到的原则，都可适用其他的学习。铃木音乐教育体系的基本教学方法可以概括为以下几个方面：

（1）才能教育应当及早开始。三岁的小孩即可学习小提琴，但是在开始学小提琴前，应当先听很多的音乐，然后参观别人演奏小提琴，引起动机，并尝试使用纸造玩具小提琴，然后才让他们接触小提琴乐器。

（2）让儿童聆听音乐。幼童学习音乐的过程要如同学习语言一样，经常反复的聆听音乐，熟悉“音乐的语言”，学习才会生动有趣。

（3）父母亲陪同学习。个别指导课家长要一起出席，帮忙笔记，学习调音，并帮儿童了解刚开始学习的各种难处，如，夹琴，持弓等姿势，家长在家就是小提琴辅导老师。

（4）父母亲应陪同孩子每天练习。父母应鼓励儿童练习而非强迫他们，尤其是旧的曲子，要不断地复习。重复练习就如同讲话一样，天天需要用到第一天所学会的用词。

（5）背谱演奏。幼童不需看乐谱直到技术形成，学习的过程中由父母亲帮忙修正音符、指法，以及背谱的过程，让孩子专心注意拉琴的姿势，并且训练好耳朵的听音能力。

（6）认谱教学。认谱，在铃木镇一的观念中，应该是稍后的活动，例如，儿童三岁开始学琴，认谱至少应该是学习小提琴两三年后的事。铃木镇一强调“认谱是儿童学习的一种联想过程，在此过程中儿童必须对照他拉出的音响和谱上的音符”。开始认谱后，儿童仍需背谱演奏，才能不因认谱而分心，专注技巧的学习。

（7）完整的课程。铃木的教学所有的儿童，即使能力不同也要经过完整相同的教材练学。虽然有的儿童学习进度比较快，但是所有的儿童都被要求学习这些，以方便孩子们一起合奏。另外，铃木镇一还编了移把位和音阶练习以供程度已超过十册以上的儿童，铃木镇一不认为儿童必须太早接受机械式的音阶训练。

（8）精选教材。铃木镇一编了十本的小提琴教本，曲目包含他自己的创作曲，以及自巴洛克时期以来大作曲家旋律明显的小曲子，包括韦瓦第、巴赫、亨德尔、赛兹等西方音乐的精品，除了乐谱之外也含有录音带供儿童聆听。

（9）合作而非竞争的学习方式。铃木音乐教学鼓励儿童合作学习，而不竞争，学得时间较多或年长的儿童，应帮助年纪较小的。儿童和儿童，父母和儿童，教师和儿童之间永远保持正向积极的鼓励态度。

（10）游戏的学习方式。铃木音乐教学除了提供很多基本的练习方法，包括节奏，右手、左手等技术练习之外，还引用游戏的观念，应用在练习上。例如，边走路边拉琴，配合韵律活动拉琴，站在椅子上表演……等活动，以增强儿童练习的兴趣。

五、卡巴列夫斯基音乐教育体系

1. 卡巴列夫斯基音乐教育思想的基本观点

卡巴列夫斯基（1904～1987），前苏联作曲家、音乐教育家、音乐活动家。1904 年 12 月 30 日生于圣彼得堡。1929 和 1930 年先后毕业于莫斯科音乐学院作曲班及钢琴班，1932 年起任教于莫斯科音乐学院。卡巴列夫斯基受苏霍姆林斯基教育思想和美育思想的影响，进行了音乐教学改革的探索。他的音乐教育思想的基本观点有：创设教学氛围，诱发儿童学习兴趣；音乐同生活是密切相关的，应注重培养儿童的完整人格；应该大力弘扬民族音乐，增强民族意识。此外，卡巴列夫斯基还强调，音乐应该与文学合璧生辉；允许流行音乐同严肃音乐并存于课堂；在音乐教育活动中，应该用音乐学科的规律和特点教育儿童。至今在俄罗斯的音乐教育领域还是以卡巴列夫斯基教学思想为指导，并吸收国外先进教学法。他们普遍认为，音乐教育是一种美育教育的形式，其目的是使受教育者通过这种教育形式和活动获得感觉美、鉴赏美和创造美的能力，并按照美的规律生活和学习，从而使人变得更完善和谐。在俄罗斯，“没有音乐教育就不可能使人的个性得到全面发展”的观点深入人心。

2. 卡巴列夫斯基音乐教育体系的基本内容与方法

（1）《苏联普通学校音乐教学大纲》。卡巴列夫斯基十分推崇前苏联教育家苏霍姆林斯基所讲的“音乐教育不是培养音乐家，首先是培养人”。他认为，对于音乐，道德内容是它的灵魂。教师要时刻牢记，中小学音乐教育的意义，远远超出了艺术的范围，它是造就儿童精神境界的非常必要的、有力的手段。经过八年时间的教学时间和观察、研究，他完成了既符合儿童音乐心理发展规律又具有时代特征的《苏联普通学校音乐教学大纲》。这部教学大纲包括分组教学、总结、保持学习的连续性等许多切实可行的儿童音乐教学方法。

（2）音乐座谈。卡巴列夫斯基在与儿童和青年探讨音乐艺术时非常注重运用“音乐座谈”这种方式。他认为，音乐座谈可包含音乐故事、钢琴表演（或任何其他乐器）、回答孩子们的问题以及在教师的伴奏下演唱喜爱的歌曲。另外，他还强调，在补充教学体系中，音乐座谈对儿童音乐欣赏的内容及组织形式有更高要求，并不仅仅局限于“听”。此外，他还特别关注教师与孩子们听完音乐后的共同讨论。他强调，这种共同讨论取得的效果要远远好于用不容辩驳的语气说出自己的个人观点。另外他还指出，在同孩子们的音乐座谈中，老师经常能够激发他们主动地去感受、去思考，座谈中不仅仅是简简单单的讲述，而是直接或间接地提问他们各种问题，在这种不断的提问和回答中，逐步培养儿童的主动思考和综合音乐能力。

六、综合音乐感教育体系

1. 综合音乐感教育思想的基本观点

综合音乐感教学法是综合音乐感教育体系的具体体现。综合音乐感教学法是产生于美国本土的一种教学法。综合音乐感教育体系注重在教学中挖掘儿童的创造力，强调以儿童为主体，教师引导儿童主动地去探索、去发现、去创造，不断挖掘、发展儿童潜在的创造能力。它的教学法以听觉为探索的工具，通过自由探索、引导探索、即兴创作、有计划即兴创作和巩固概念五个教学环节及听觉、演出、指挥、创作、分析和评论估计六个方面的教学活动训练，锻炼儿童多方面的能力，并从中体验、感受到探索的意义和乐趣。

2. 综合音乐感教育体系的基本内容与方法

综合音乐感教育体系的基本内容有如下几条：

(1) 教学思想。彻底改变以传授知识、训练技能为主的传统教学法，通过自觉乐感的培养，发展儿童的创造性思维，以适应新形式下的思维和生活方式。

(2) 教学内容。综合音乐史与音乐理论知识进行素质训练（包括五方面素质，十六个周期）。

(3) 教学方法。以儿童为中心，教师只是引导者，发掘儿童潜在的创造力，帮助他们产生创造的欲望，实现创造的结果。

(4) 课堂结构。自由探索，引导探索，即兴创作，有计划即兴创作，巩固概念（五个环节）。

(5) 变“要我学”为“我要学”。

在综合音乐感教育体系指导下，综合音乐感教学法的教学活动分为六个方面：

(1) 听觉——素质训练的基础，探索的工具，使儿童从中感受到探索的意义和乐趣。

(2) 演出——发挥儿童的独立见解和艺术创造，不强求最后的统一。

(3) 指挥——各种素质的综合反应，不能让任何一个儿童失去指挥的机会。只要能表现音乐，不追求指挥技巧。

(4) 创造——即兴创作和有计划的即兴创作。作品不受任何程式限制，充分发挥儿童的自由创新。

(5) 与 (6) 为分析和评论估价——对儿童的发现、创作、演出随时作好记录并录音，及时放给儿童听，组织分析和评价，提高审美能力，发展思维能力，使已获得的知识得到延伸、归纳和综合。

上述活动，能鼓励儿童自己就音乐的综合理解和知识做出判断，并积极参与音乐创造的过程，从而使儿童获得音乐分析与创作的能力及经验。综合音乐感教学法已成为美国中小学音乐教育的重要模式之一，为培养和提高美国国民的素质起着重要的作用。

上海音乐学院马淑慧女士曾在美国学习和研究“综合音乐感”教学思想，并于20世纪80年代，在上海蓬莱路幼儿园进行试验，蓬莱路幼儿园音乐特级教师曹冰洁借鉴、学习“综合音乐感”的有关理论和教法，并结合我国国情进行了大胆的突破，取得了较大的成功。曹老师抓住幼儿音乐素质训练的五个方面：音高、力度、音色、节奏、曲式，以培养幼儿自觉的乐感。下面以音高素质训练为例，介绍曹老师在五个教学环节上的具体设计和安排：

(1) 自由探索。教师敲打着3个不同音高的碗，让孩子们到生活中探索声音的高低。于是孩子们自由地敲门、窗、桌、椅、地板等，发现周围的声音有高的，也有低的。

(2) 引导探索。教师用 sol、mi、la 让孩子们仔细听辨音的高低，引导孩子对 sol、mi、la 的音高进行识别，并掌握这三个音的唱名。

(3) 即兴创作。教师和孩子们一起在琴上即兴地敲奏由 sol、mi、la 三个音组成的旋律，边敲边唱，可以自己敲自己唱，也可以一人敲大家唱，把旋律准确地唱出来。

(4) 有计划即兴创作。教师拿出4只音条乐器，只留 sol、mi、la 三个音，请4个小朋友在琴上依次敲打出由这3个音组成的旋律，这样4句旋律合在一起就成了孩子们自己用 sol、mi、la 三个音创作成的即兴小曲，填上简单的儿歌作为歌词，让孩子们在自己的创作成果中体验兴奋和满足。

（5）巩固概念。教师组织幼儿采用游戏的方法巩固学到的知识——教师用3种不同颜色的“房子”分别代表sol、mi、la，让幼儿扮小鸭子，听声去找“房子”；并用不同颜色的“蘑菇”代表sol、mi、la，让幼儿扮兔子，听音乐去采“蘑菇”，在游戏活动中提高他们辨别音高的能力，巩固对sol、mi、la这三个音音高概念的掌握。

在“综合音乐感”教学思想的引导下，曹老师对传统音乐教育进行了大胆的改进和突破，一改以往单向式、传授式的幼儿音乐教学模式，从幼儿学习音乐的规律出发，采用教师与幼儿双边活动、双向交流的教学模式：教师既根据音乐学科自身的规律，从音乐的五个要素出发，按照幼儿的发展特点和接受水平，引导他们去探索发现，同时也及时抓住来自于幼儿探索的反馈信息，不断修正、调整自己引导的方法和层次，正是因为教学中充分发挥了幼儿的主动性和自由探索的积极性，所以幼儿的反馈信息往往超出教师的预料，教师也就能够在幼儿身上获得十分宝贵的教学资料和教学启示。

第十四章　幼儿园美术教育活动设计与指导

第一节　幼儿园美术教育活动概述

一、美术与学前儿童美术

什么是美术？简单地说，就是研究美的艺术。具体地说，“美术”指运用一定的物质材料，通过构图、透视、用光等艺术手段，在一定的空间中塑造直接可视的平面形象或立体形象的艺术。

毕加索认为，每个儿童都是艺术家。确实，在儿童的美术作品中，无论是内容还是形式方面，都有一些成年人意想不到的表现效果。学前儿童美术教育是对学前儿童进行的美术素养教育。儿童的美术素养，涉及他们对美术作品及环境、生活中的美的事物的感知、喜爱和初步欣赏，他们在美术创作过程中对工具材料的积极探索和操作、对作品的大胆想象与表现，他们对自己和同伴的创作过程与作品的表达、交流意愿和评价等方面。在这里，适当的美术技能是儿童美术素养的一部分，但不是全部，更不是唯一。其次，学前儿童美术教育是对学前儿童进行的美术启蒙教育，帮助幼儿保持对美术活动的喜爱和从事美术活动的兴趣。使他们愿意和能够用自己喜欢的各种方式，自由、大胆地表现自己的情感、想法。

二、幼儿园美术教育的特征

我们把幼儿园美术教育定位于审美教育，具体来说，幼儿园美术教育有如下特征：①学前儿童美术教育是一种情感教育，是满足学前儿童审美情感需要的教育。学前儿童喜欢涂涂画画，他们对美术有一种天然的嗜好，他们通过美术感性地把握世界，与他人进行情感交流。因此，学前儿童美术教育应为学前儿童提供情感沟通与满足的机会。②学前儿童美术教育是一种创造教育，是以培养学前儿童创造能力为核心的教育。每个儿童都有美术创作的潜能。在儿童的美术作品中，我们经常可以看到一些在成人看来既可笑又可爱的形象，如不合逻辑的构思、不合比例的造型、随意安排的空间构图等。这些都是儿童从自身经验出发，经过大胆想象而创造出来的。因此，儿童美术教育应当鼓励和指导儿童以自己的眼光观察周围世界，形成有个人特色的艺术表象，并通过大胆想象艺术地表现自己的体验。③学前儿童美术教育是一种操作教育，是培养学前儿童手、眼、脑协调活动的操作教育，也是感受和创造美的过程。儿童需要手、眼、脑的协调活动，他们需要用脑去想象理解和加工审美意念，用语言表达感受，用手操作材料等。因此，学前儿童美术教育应当为儿童提供充分操作的机会。

三、幼儿美术能力发展的特点

（一）儿童画是创造力的表现

绘画是心灵的创造性活动，对于画家如此，对于儿童也是如此。第一次拿起笔涂鸦，儿童就发现自己的手臂动作能产生从未见过的线条，动作的重复会使线条重复，动作的改变会引起线条的改变。对婴儿来说，这不啻是一次伟大的发现。这一发现极大地激发了儿童的创造精神，儿童绘画变得欲罢不能。“绘画的活动其实也是身体的活动，画出的情景，就像自己的身体已经走进去一样，是一种创造，一种生存空间的膨胀，视觉的延展，思维意识图像化的浮现”。一幅画就是一个世界，儿童在自己的绘画中创造着属于自己的世界——他们所憧憬的世界和他们所惧怕的世界。

（二）儿童绘画能力的发展

1. 涂鸦期

涂鸦是儿童绘画的先兆。最初阶段是无秩序的信手涂鸦，大致发生于1.5～3.5岁。此时，儿童以指掌式握笔，单纯由手腕动作产生反复的线条。由于手腕还不够灵活，线的方向与长度视手臂挥动的幅度而定，缺少手指的动作，有时儿童在涂鸦时甚至并不注视，但随着手臂的运动和线条的出现，儿童感到很愉悦。（见图 14－1）

发展到第二阶段为有控制的涂鸦，表现为儿童注视自己画出的线条。此时画法也多样化，如出现复杂的轮状和涡状形。手腕动作变得更细致，画笔的握法类似于成人。（见图 14－2）格尔茨曾对 48 名 16～58 个月的儿童做实验，给他们两种圆珠笔，一种笔有油，可以涂画，另一种笔没有油。她假设 2 岁以下的儿童不会在意笔是否有油。但实验结果出乎意料之外，每一个儿童，即使是年龄最小的儿童使用有油的笔涂画的时间较长。年龄较小的儿童看到笔里没油画不出线条就不再画了，而 3～4 岁的儿童嫌笔不能作画，纷纷要求调换。可见，儿童在涂鸦时是十分关注动作的效果的。

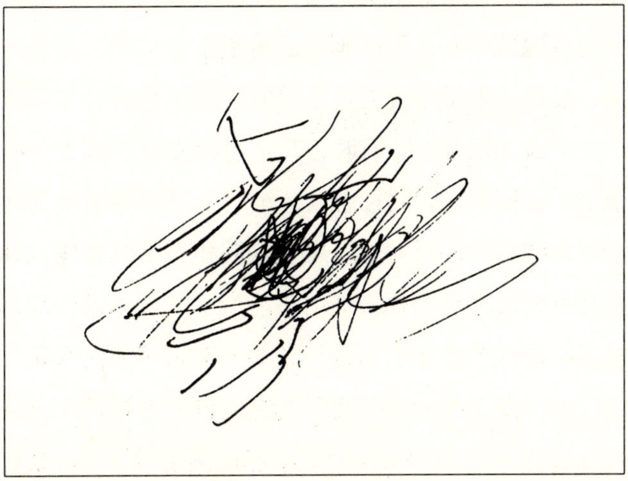

图 14－1　无意涂鸦

图 14－2 控制涂鸦

2. 象征期

3.5～5 岁，儿童开始对自己画出的图画赋予名称，进入象征期——本质上是“命名的涂鸦期”。（见图 14－3）儿童常常画一些大圈圈、小圈圈，或模仿成人的文字书写动作，并懂得以一个单独的线条来命名一种物体。通常，儿童并不是先有主题再作画，而是画完后再赋予意义的。这时的成人如欲理解儿童的解释，没有一番想象能力是不行的。这时儿童对作品所赋的含义又是不确定的，经常会加以改变。有时，儿童也会先决定画个什么东西，然后一边画一边说，一副怡然自得的神态。儿童对自己的图画赋予含义对认知的发展具有十分重要的意义，因为这是儿童表征和思维的表现，对将来的抽象思维的形成具有不可低估的作用。

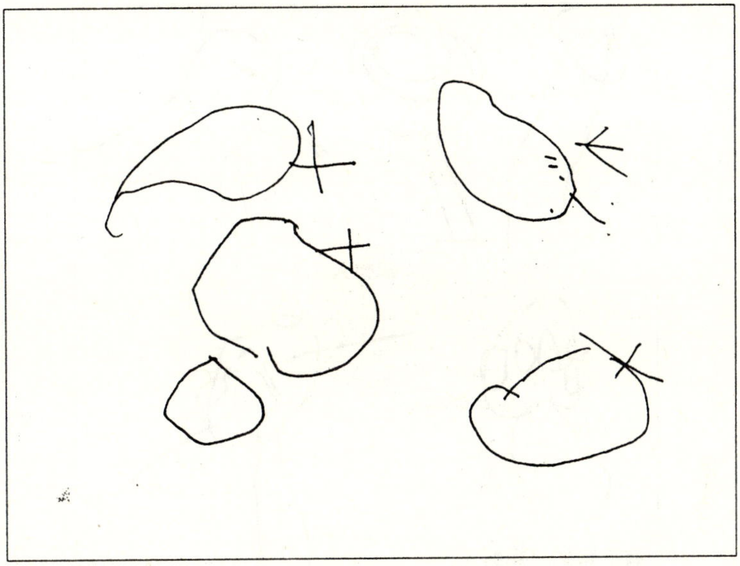

图 14－3　命名涂鸦

3. 图示期

这是儿童绘画的典型时期，又称图式期。5 岁以后的儿童开始努力将头脑中的表象用图画的方式表现出来。这一时期的儿童表达意愿、发泄情感的欲望增强，但又受语言尤其是文字符号的限制，不得不借助动作和表象来表达，图画便成了他们最有效的交流形式。儿童画不仅表示意中之物，也多少有点像所画的对象。10 岁以前的儿童尤喜欢画人物，现以人物画为例，分析儿童画定型期的特点。（1）蝌蚪人。儿童最早画出的人是一个近似的圆形下面加上一两根线条，即成人形（见图 14－4－1）。（2）渐益完备的正面人。“蝌蚪人”面部画上几个小圆圈，代表五官，以后身体各部分增加，渐成完备的正面人（见图 14－4－2）。把人和物都画成正面，是儿童画的普遍特点，房屋的门也是正朝着画的作者。（3）侧面人。正面的身体加上侧面的头部，标志着侧面人的诞生（见图 14－4－3）。

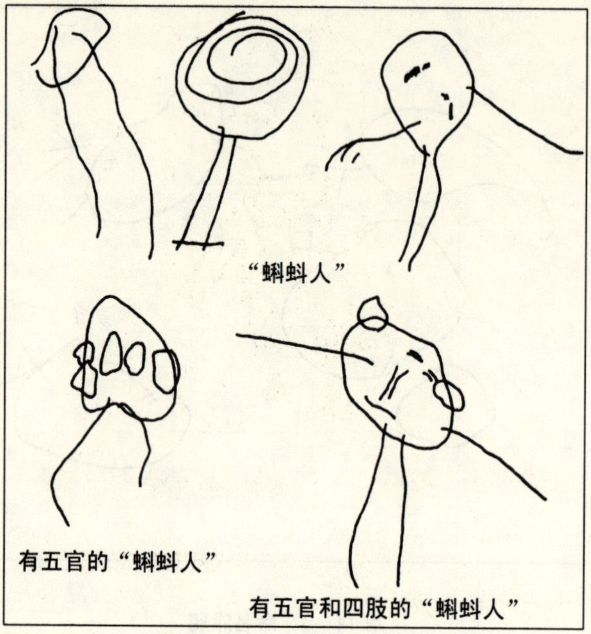

图 14－4－1　各种“蝌蚪人”

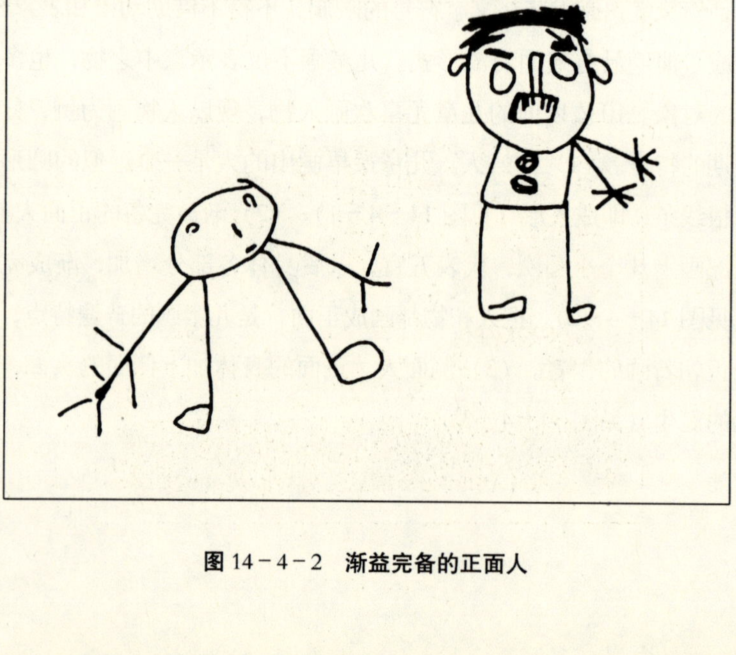

图 14－4－2　渐益完备的正面人

图 14－4－3 侧面人的出现

4. 写实期

大约 10 岁左右，儿童经过训练，学会用写实的眼光观察事物，正确表现物体的远近和光线的明暗，注意对象之间的相互关系和画面的布局结构等。对于大多数未能得到良好训练的儿童来说，前期的那种天真烂漫的自信渐渐消失，画笔也离手而去，绘画水平固结在定型期。大多数未经良好美术训练的成人终身就停留在定型期或写实期的开头阶段，而达不到专业水平。

一名家庭处境不良的女孩（6 岁）所画的“我的家”，反映她在这世界上很孤独。(见图 14－5)

图 14－5

图 14－6

一名家庭处境良好的女孩（7 岁）所画的“我的家”。她是家庭的中心。（见图 14－6）

综上所述，儿童画既是内在的表达，又是促进内在发展的途径，还是我们了解儿童内心世界的窗口，如从儿童画中了解儿童的兴趣、爱好、性格特征，分析儿童的情绪状态和需要，也能通过分析儿童画鉴别儿童智力高低等。总之，儿童画是一个丰富的心理学宝藏，值得我们认真品味。

第二节　幼儿园美术教育活动的目标和内容

教育目标与教育内容是学前儿童教育课程的重要组成部分。教育目标指导和支配这整个教育过程，教育内容是实现教育目标的手段。学前儿童美术教育内容是指学前儿童美术教育中幼儿所要学习的美术形式、美术内容及其运用的总和。

一、幼儿园美术教育活动目标的确定

美术教育的各种理论分别强调了美术教育价值的不同侧面，反映了学者们对教育价值的不同追求。综合这些理论中有价值的部分，在美术教育活动的目标中得以体现，是全面的实现美术教育价值的理智做法。

从总体上分，幼儿园美术教育活动可以分为四种目标：

（1）认知目标。

（2）情感目标。

（3）技能目标。

（4）创造目标。

这四种目标虽然侧重于不同的方面，但却存在着密切的联系。在制定和实施这些目标时，应注重它们之间的这种有机关系，注重他们之间的相互转化。在实现某种目标时，要避免孤立与绝对，抑制其他目标的实现。所以在制定这些目标，应注意全面性、统一性。

二、幼儿园美术教育年龄阶段目标及其特点

1. 根据不同年龄段幼儿特点的目标分类

案例 14－1

（一）各年龄阶段绘画的目标

1. 小班（3～4 岁）儿童绘画活动目标

（1）认知目标

① 初步认识绘画的工具和材料。

② 学会辨别红、黄、蓝、绿、橙等几种基本颜色，并能说出名称。

③ 学会辨别和感受直线、曲线、折线及各种线条的变化。

（2）情感目标

培养幼儿对绘画的兴趣，能愉快大胆地作画。

（3）技能目标

① 学会使用蜡笔、水彩笔、棉签等工具进行涂染。

② 能画出直线、曲线、折线，并能表现线条的方向、粗细、疏密。

③ 学会用圆形、方形、长方形、三角形等简单图形表现物体的轮廓特征。

（4）创造目标

① 引导儿童在涂抹的过程中把画面画满。

② 初步学会用图形和线条组合创造各种图式。

2. 中班（4～5 岁）儿童绘画目标

（1）认知目标

① 能较准确的把握形状的基本结构，理解形状符号的象征意义。

② 认识常见的固有色，说出他们的名称。

（2）情感目标

喜欢用自己独特的绘画语言表达自己的想法和感受。

（3）技能目标

① 学会运用图形组合地方法，表现物体的基本部分和主要特征。

② 会选择与物体相似的颜色，初步有目的地设色、配色。

③ 引导儿童围绕主题安排画面，能表现出物体的上下、左右位置。

（4）创造目标

能大胆地意愿作画。

3. 大班（5～6 岁）儿童绘画目标

（1）认知目标

① 认识物体的整体结构和各种空间关系。

②增强配色意识，提高对颜色变化的辨析能力。

③指导运用不同的绘画工具和材料能表现不同的效果。

（2）情感目标

在安排画面的过程中逐步体会均衡、对称、变化等形式美。

(3) 技能目标

①能较灵活的表现各种人物、动物的动态。

②能运用对比色、相似色、同类色等多种方法，注意色彩的整体感与内容的联系。

③能有目的地安排画面，表现一定的情节，并变化多种安排画面的方法。

(4) 创造目标

①能将图形融合，尝试用轮廓线创造多种图画，形成自己的图示。

②综合运用多种绘画工具和材料进行绘画创作。

(二) 各年龄阶段手工活动的目标

1. 小班（3～4 岁）儿童手工活动目标

(1) 认知目标

①初步熟悉泥工、纸工等工具、材料。

②了解泥的可塑性。

③了解纸的性质。

(2) 情感目标

通过玩泥、撕纸等活动，体验手工活动的快乐。

(3) 技能目标

①掌握泥工团圆、搓长、压扁等基本技能。

②学习撕纸、粘贴，初步撕出简单形状并粘贴成画。

③初步学会用自然材料（豆子、树叶、石子等）拼贴造型。

④学会用印章、纸团、木块等材料，蘸上颜色在纸上敲印。

(4) 创造目标

能大胆地运用印章、纸团、木块等材料在纸上按意愿压印。

2. 中班（4～5 岁）儿童手工活动目标

(1) 认知目标

进一步熟悉泥工、纸工及自制玩具等工具、材料。

(2) 情感目标

通过泥工、纸工及自制玩具的活动来积极投入手工作品的创作，并培养儿童对手工活动的兴趣。

(3) 技能目标

①能正确使用剪刀剪出方形、圆形、三角形及组合形体，并拼贴成画。

②掌握折纸的基本技能，撕出简单的玩具。

③学习用泥塑造出物体的基本部分和主要特征。

④掌握撕纸的基本技能，撕出简单的物体轮廓。

(4) 创造目标

①能大胆地运用泥按意愿塑造。

②能大胆地用纸按意愿撕、剪出各种物体轮廓。

3. 大班（5～6岁）儿童手工活动目标

(1) 认知目标

①了解各种纸张的不同性质，知道不同纸张具有不同的表现效果。

②对自制玩具的材料加以分类，以获得选择、收集这些材料的经验。

(2) 情感目标

①体验综合运用不同手工材料制作作品的快乐。

②喜欢用手工来表达自己的想法和情感。

(3) 技能目标

①用泥塑造人物、动物等较复杂结构的形体，能表现出物体的主要特征和细节。

②能集体分工合作塑造群像，表现某一主题或场面。

③能用各种纸张制作立体玩具。

④能使用无毒、安全得废旧材料制作玩具并加以装饰。

(4) 创造目标

能综合运用剪、折、撕、粘、连接等技能，独立设计制作玩具。

（三）各年龄阶段美术欣赏活动的目标

1. 小班（3～4岁）儿童欣赏活动目标

(1) 认知目标

知道从自然景物、艺术作品中能享受到视觉艺术的美。

(2) 情感目标

①喜欢欣赏、观看艺术作品。

②对美术作品、图书中的各种形象感兴趣。

③初步体验作品中具有不同“性格”的线条。

④通过欣赏老师、同伴的作品来培养对欣赏的兴趣。

(3) 技能目标

初步学会运用线条表现力度感、节奏感。

(4) 创造目标

初步运用动作、表情等表达自己欣赏后的感受。

2. 中班（4～5 岁）儿童欣赏活动目标

(1) 认知目标

通过欣赏作品，了解作品的主题和基本内容。

(2) 情感目标

①能体验作品中线条、形状、色彩、质地等。

②通过欣赏产生与作品一致的感受。

(3) 技能目标

①感受作品的色彩变化及相互形象。

②感受作品中形象的鲜明性和象征性，并体验其情感。

③感受作品的构成，体验作品的对称、均衡、节奏。

(4) 创造目标

通过欣赏，说出自己喜爱或不喜爱的作品的理由，并对作品做简单评价。

3. 大班（5～6 岁）儿童欣赏活动目标

(1) 认知目标

①通过欣赏，了解作品的形状、色彩、结构等。

②了解作品的表现手法、艺术风格和创作意图。

(2) 情感目标

喜欢各种不同风格的美术作品。

（3）技能目标

①能感受作品的色调、色彩之间关系的变化。

②能感受作品中形象的象征性、寓意性。

③能感受作品中的形式美。

（4）创造目标

在欣赏和评价他人作品时，能讲述自己独特的观点。

2. 幼儿美术教育年龄阶段目标具有以下特点

（1）幼儿美术教育年龄阶段目标是学前儿童美术教育对3～6岁年龄幼儿不同层次的要求。

（2）幼儿美术教育年龄阶段目标充分考虑了幼儿的最近发展区（指幼儿在教师指导下经过自己的努力能够达到的目标）。

（3）幼儿美术教育年龄阶段目标为单元目标和具体美术教育活动目标的制定指明了方向。

案例 14－2

中班欣赏活动“布老虎”的目标制定：

（1）欣赏布老虎的造型美。

（2）欣赏布老虎的色彩美。

（3）培养幼儿对中国民间工艺品的热爱。

分析与调整：本活动目标的表述不够全面、详细，只注意到对工艺美术形式美的欣赏，忽视了内容美的欣赏。而且，欣赏的目标具体内容过于笼统，只提出要欣赏造型美与色彩美，却没有指出什么样的造型与色彩，这会使教师在活动的实施过程中无法真正落实到幼儿的发展上。因此，我们可将其调整为：

（1）引导幼儿欣赏、感受布老虎的生机勃勃、勇猛威武而又可爱的神态，体验其造型美。

（2）引导幼儿欣赏、感受布老虎饱和色的强烈对比所造成的色彩美，体验中国民间工艺的用色特点。

(3) 通过讲述与布老虎有关的虎鞋、虎帽等民间故事，帮助幼儿了解人们寄托在布老虎身上的美好愿望。

三、幼儿园美术教育内容的选择与分析

幼儿美术教育的内容是实现教育目标的载体，必须依据幼儿美术教育的目标，才能达到为目标服务的目的。其次，幼儿美术教育的内容最终是要通过幼儿自身的内化才能对其发展起促进作用，因此，它又必须符合幼儿美术发展的规律与年龄特点。内容具体的选择安排应注意以下事项。

(一) 必须依据幼儿的生活经验

只有那些被幼儿直接感知过的美术教育内容，才能被同化到自己的审美心理结构中去。为此，教师选择美术教育内容时，要注意结合幼儿的兴趣和需要，结合他们感知过的有过积极的情感体验的现实生活。这些内容幼儿能够接受，也乐于接受。如在大班幼儿参观海底世界后，安排绘画活动“海底世界”，这个内容是幼儿直接感知过的，能激发幼儿创作的激情和欲望。

(二) 具有审美性

在幼儿美术教育活动中，必须选择符合幼儿认识美的特点的内容，引导幼儿充分感知，丰富和发展幼儿的审美情感，培养幼儿的审美表现能力，将幼儿感受世界的审美能力变为他们的内心需要和自我发展的内在动力，进而健全和完善幼儿的人格。如春天到了，万物复苏，整个大地都披上了点点新绿，各种鲜花争相怒放，小鸟也按捺不住喜悦停在枝头歌唱……春天是多么美好。于是，教师在春天来临时，选择描绘美丽的春天来了的内容，带领幼儿到大自然中去看看、听听、摸摸、闻闻，充分感知春天的美丽，进而通过创作活动，激发幼儿热爱春天、热爱大自然的美好情感。

(三) 具备联系性

美术活动的内容安排应注意纵向顺序和横向联系。

纵向顺序是指同一种类美术活动的内容之间的互相排列。如美术欣赏活

动内容，小班安排欣赏“大班哥哥姐姐的画”、“秋天的水果”、“秋天的树叶”、“布娃娃”、“小花伞”等幼儿生活中熟悉的直接接触到的美好事物；中班安排“布老虎”、“民居建筑”、“节日的环境”；大班安排梵高的作品“向日葵”、“剪纸”、“茶具”，徐悲鸿的“奔马”等。这些美术教育内容在帮助幼儿建构审美心理结构方面是有序的、连续的、层层推进的，同时也是由易到难、由简单到复杂逐步深化的。

横向联系是指不同种类美术活动之间的相互联系。如在绘画活动中安排画“糖葫芦”，在手工活动中安排做“糖葫芦”；又如欣赏过“美丽的窗花”后，安排手工“剪窗花”，再将剪好的窗花进行环境布置。这种横向联系内容的安排，能帮助幼儿从各种角度认识、感知事物，学习多种表现技能，体会同一事物的不同质感美。如画的糖葫芦是平面的，而手工做的糖葫芦是立体状的，作品的显现状态和活动的过程带给幼儿的审美感受是不一样的。

（四）具有整合性

艺术来源于生活，幼儿美术活动的内容来源于幼儿的生活。其他领域的活动带给幼儿的经验，必然产生丰富深刻的体验，积淀于幼儿的生活之中。因此，幼儿美术活动的内容往往可以选择语言、科学、社会、健康、音乐等领域的活动内容。如社会领域中有认识了解国旗、长城、天安门、家乡等内容，美术活动内容可以选择画国旗、长城、天安门、美丽的家乡等。又如中班语言“吹泡泡”（星星是月亮吹出的泡泡，露珠是小草吹出的泡泡，葡萄是藤儿吹出的泡泡……）美术活动可选择画吹泡泡的内容。这种整合，可以帮助幼儿建立起各种学习内容之间的内在联系，巩固他们对周围事物的认识和理解，提高综合素质能力。

（五）具有灵活性

正是因为幼儿在美术活动中所表现的是自己所看、所听、所接触到的，所以美术教育内容选择得恰当与否，直接影响幼儿表达认识、抒发情感的效果。在选择美术教育的内容时，要考虑到不同地区、不同时间、不同场合，灵活安排。农村幼儿园，可多选择具有农村题材的内容，如劳动的场景、庄稼的丰收及各种农产品等；春天可多安排描绘自然景物的内容，如“草地上的鲜花”、“蝴蝶飞、花儿美”，节日前可安排手工“环境布置”，欣赏城市披上的节日盛装等；又如原来安排手工活动“折飞机”，早晨发现下雨了，教师也可临时更换活动的内容，让幼儿观察下雨天的景物特征和人物动态，开展绘画活动。灵活性的内容安排，能更好地激发幼儿表现与创造的欲望，在美术活动中得到情感上的愉悦体验，从而对活动产生兴趣和信心。

第三节 幼儿园美术教育活动的设计与指导

幼儿园绘画活动的类型从题材内容和形式上分有命题画、意愿画和装饰画活动；从工具材料和表现技法上，又可分为很多种，在幼儿园中常见的有油画棒画、棉签画、指点画、印章画、水墨画、点彩法、撒盐法等。儿童在不同的绘画活动中表现出不同的特点，各类型活动的内容、课题设计也有其不同的特点。

一、幼儿绘画活动

从题材内容和形式上分有：

（一）命题画活动（又称主题画活动）

命题画活动是幼儿在教师确定集体绘画的主题与要求下进行作画。这是幼儿园绘画活动的一种重要绘画活动形式。根据内容不同，习惯上将命题画活动分为物体画活动和情节画活动。

1. 物体画

物体画是由教师确定某一物体，并教给幼儿关于该物体的形状、色彩、结构的画法，从而使幼儿掌握物体的基本特征。物体画是幼儿园绘画活动的起点，也是培养幼儿造型能力的基础。对于发展幼儿的观察力，提高绘画知识技能有着非常重要的意义和作用。

学龄前儿童在物体画表现中的内容积极广泛，教师应根据不同年龄阶段儿童的心理发展特点，经过分析及教学要求来确定活动的内容。

(1) 小班。小班幼儿的认识能力较差，生活经验也较少，所以教师确定内容时应主要考虑幼儿生活中经常接触的、熟悉的和最感兴趣的、轮廓简单的物体。比如皮球、太阳、饼干、糖果、小花、小鸡、小鸭、简单的房屋、小汽车等。另外，小班幼儿已有了认识图形的能力，可逐步增加图形的练习，每学会一个新图形，就意味着新的组合，能编出许多幼儿所熟悉的物体。同时教师也就可以让幼儿初步用图形和线条组合的方法创造图画。值得注意的是，此年龄段的幼儿绘画技能较差，教师重在发展幼儿的创造力，而不要过分强求统一，应鼓励幼儿模仿教师作画，或大胆自由创作。(见图 14－7、图 14－8)

(2) 中班。中班儿童绘画的内容应在小班基础之上，更精确地描绘出各种物体的主要部分和基本特征。应有顺序地从较简单的物体，通过观察转到更为复杂的物体上去。为中班幼儿设计物体画课题，应有顺序地从两个基本形状组合的结构简单的物体，转移到有两个以上基本形状组合的较复杂的物体上去。(见图 14－9)

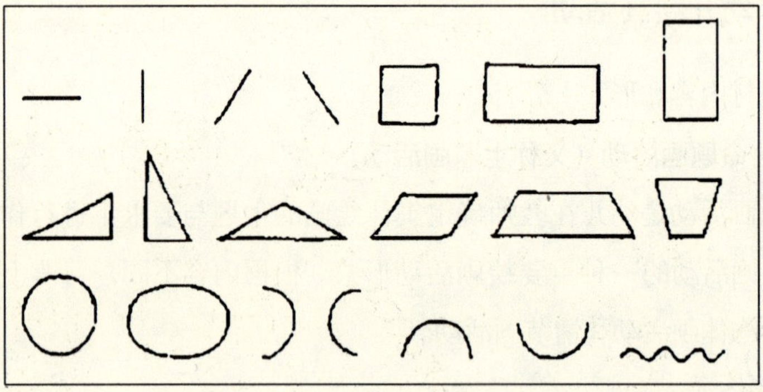

图 14－7

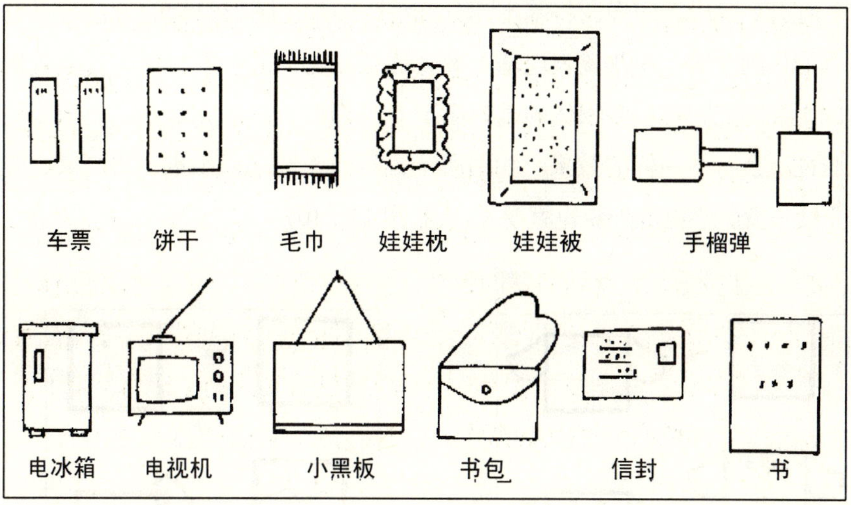
车票
饼干
毛巾
娃娃枕
娃娃被
手榴弹
电冰箱
电视机
小黑板
书包
信封
书

图 14－8

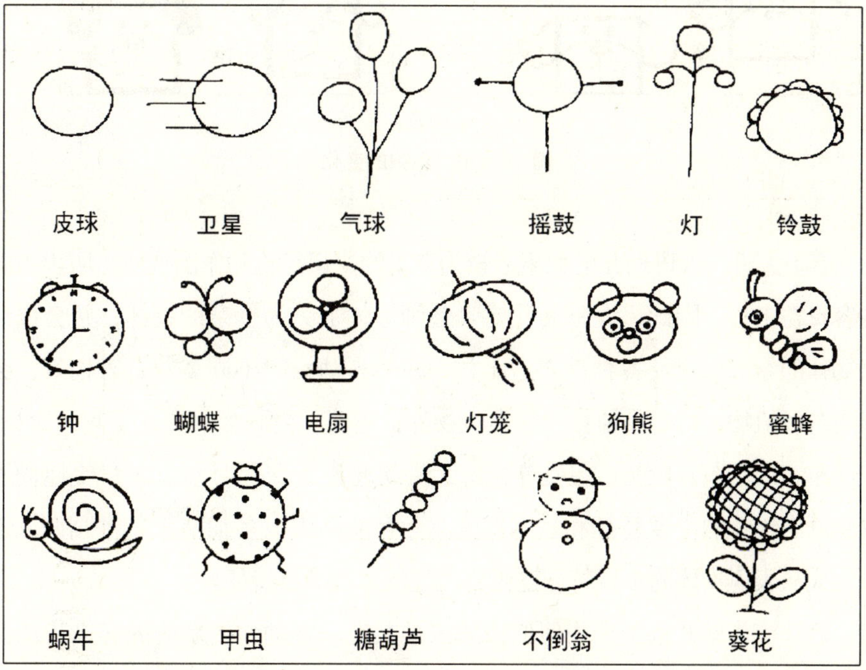
皮球
卫星
气球
摇鼓
灯
铃鼓
钟
蝴蝶
电扇
灯笼
狗熊
蜜蜂
蜗牛
甲虫
糖葫芦
不倒翁
葵花

图 14－9

在开始阶段，应强调将基本部分归纳为图形。图形组合的方法是幼儿最基本的作画方法。在儿童表现基本部分的基础上，进一步引导儿童表现出物体的主要特征。有许多物体的基本图形非常相似，甚至完全相同，但变化一下特征就会有不一样的效果。如图所示，同样表现两只小狗，将耳朵、嘴的外形变一变，小狗的外貌也就变了。（见图 14－10）

图 14－10　小狗的变化

(3) 大班。大班幼儿已积累了较为丰富的知识经验和作画技能，所表现的内容日益丰富。因此，大班幼儿要学会画形体上更为复杂的物体，并会描绘出物体的细节部分及各种动态，比如，人物、动物的不同姿势、表情等；会表现各种植物，如热带植物、蕨类植物等；还要学会画多种交通工具，比如，大吊车、洒水车、轮船、飞机等。为大班幼儿设计课题时。应注意使他们不仅能画出物体的主要特征和基本部分，而且能画出很多细节来丰富画面。逐步完成从表现物体的个体特征过渡到表现物体的综合特征。

教师应为幼儿选择那些他们极感兴趣又有一定动作要求的内容来让幼儿表现人物或动物的简单动态，比如，老鹰抓小鸡游戏、贴人游戏、龟兔赛跑、动物大联欢等。幼儿主要是从直觉印象出发来画这些动态的，开始可能会表现不好、不合理，但兴趣会促使他们努力观察、大胆表现。当他们能独立表

现一二个动态后，学习的热情会更高涨，从而使作品更加生动、富于变化。(见图 14－11)

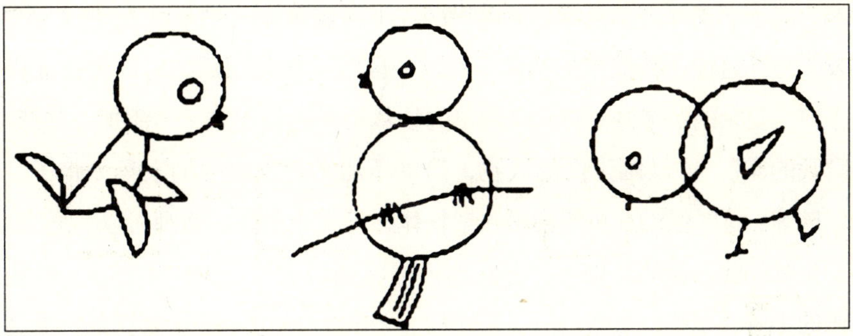

图 14－11

2. 情节画

情节画是在物体画的基础之上进行的，是教师引导幼儿将个别物体与其他物体相配合，表达一定情节的绘画形式，比如“小熊过桥”、“我爱幼儿园”、“快乐的星期天”等。情节画与物体画既有联系，又有区别。两者相同之处在于绘画的主题与内容都由教师制定，也就是同属于命题画。不同之处，物体画重在引导幼儿画物体的形象，而情节画不仅要求表现物体形象，还要求幼儿根据主题内容，把相互关联的形象恰当地安排在画面上，已形成一定的情节，表达一定的主题思想。因此，情节画教学对于培养幼儿绘画的目的性、计划性、培养幼儿构图、布局能力有着重要的意义。

(1) 小班。小班幼儿的绘画主要在于培养其画画的兴趣，认识基本图形、绘画工具和材料。因此，对小班没有情节画的要求。

(2) 中班。中班幼儿在情节画中，主要是在画面上做简单的布局，也就是将景物都画在基地线上，并能画一些辅助物来表现简单的情节。一般来说，中班幼儿已能较清楚地画出个别物体的形象，但他们的空间知觉发展还不够完善，对物体之间的较复杂的空间关系不能理解。所以，在为中班幼儿设计情节画课题时，可以先从简单的课题入手。也就是可以要求幼儿在纸上重复画一个物体造型，然后在主要物体旁边添加辅助物以构成简单的情节。如“小鸡吃米”，可以先在纸上画几只小鸡，再添些米粒、小虫、小草等，构成简单的小鸡吃米情节。再如，练习画人物时，画一个小朋友，在小朋友的手中画上绳子、皮球、扫帚等，借以表现“小朋友跳绳”、“小朋友拍球”、“小朋友扫地”这样一些简单的情节。经过一段时间的练习后，可以为由而设计一些较为复杂的情节画。将几个简单的物体相互连接起来，再添加一些背景，如“我的家”，可以画正面的人物，简单添加一些家庭中的家具如柜子、桌子、床等。这时候幼儿可能会不注意物体之间大小关系，教师可以引导启发，结合生活经验，让幼儿思考，哪些物体可以画得大些、少些、高些，哪些可以画的小些、多些、低些。可引用儿歌“老鼠先生的一家”：老鼠爸爸最高最大，老鼠妈妈不高不大，老鼠宝宝又矮又小……

(3) 大班。大班幼儿的情节画主要是根据自己的生活经验，以自己周围的实际情况作为表现题材，画出简单的情节画，如“快乐的一天”、“我的好妈妈”、“幼儿园里真热闹”等。也可让幼儿根据故事、儿歌的内容画出简单的情节画。如“猴子学样”、“咏鹅”等。比如“忙碌的星期天”，启发幼儿把星期天发生的事编成故事，用二至三幅画作表现出来。

在表现较复杂的空间关系时，幼儿常常缺乏处理方法，会把所有物体统统画出来，不顾及前后顺序、位置，也称之为透明式画法。对此，教师要引导幼儿学习表现物体之间的重叠关系。例如：观察一盘堆得较满的水果，要求儿童把看得见的部分画出来。通过观察幼儿会发现，有的水果能全部看到，有的只能看的一部分，其原因是被前面的水果遮挡住了。儿童在表现这种对“遮挡”的认识时，都不同程度地画出了明显的重叠。(见图 14－12)

图 14－12　透明画法

(二) 意愿画

意愿画是幼儿根据自己的生活经验，有自己独立确定绘画主题和内容，自己表达自己情感的绘画形式。意愿画可分为记忆画和想象画。

(1) 记忆画。记忆画是幼儿从日常生活的具体事件、生活场面及景物的记忆中，选择自己感兴趣的形象或事件进行创作的一种意愿画形式。记忆画又分为日记画和故事画。有的幼儿会把在家里一天中的事情按顺序或把最感兴趣的场景一幅一幅画出来，这就是“日记画”。幼儿画故事画时，可以自己编故事，也可以根据自己从电视、图书、老师、家长讲述的故事中选择题材，自由地虚化、强化，以夸张、拟人等手法加以组织表现。(见图 14－13)

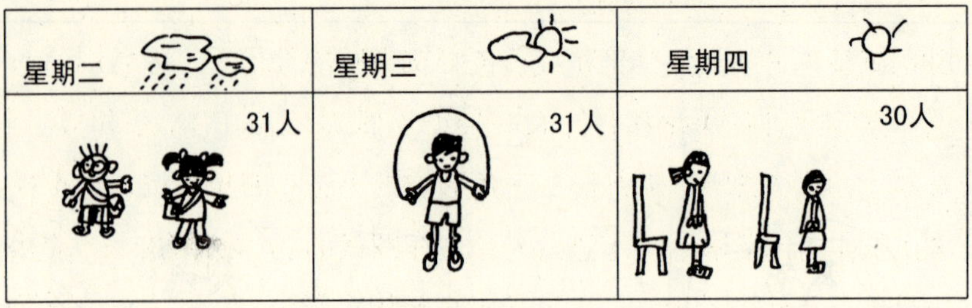

图 14－13　日记画

(2) 想象画。想象画是幼儿在作画时，打破时空界限，不受生活的约束，自由的作画。在幼儿的想象画中，小动物们可以具有人的某些行为或外部特征，不受生活约束，进行符合人的愿望幻想与虚构。(见图 14－14)

图 14－14　想象画

(三) 装饰画（又叫图案画）

装饰画是引导幼儿用各种花纹、色彩在不同的几何形、生活用品的纸型上和谐、规律地进行美化和装饰的一种绘画形式。比如用小三角形、小花、小鱼等花纹，在长方形、正方形、三角形的纸上进行装饰，或是在茶杯、手绢、围巾等生活用品的纸形上进行装饰。在图案的选择与描绘上，幼儿喜欢的花纹体现出了性别差异。如男孩子多喜欢用小汽车、机器人、房屋等物体形象作为装饰花纹，而女孩子更喜欢用小花、小草、蝴蝶物体形象作为装饰花纹。

图案画是在儿童的视觉、动作日趋精确，空间知觉能力发展到一定程度才进行的绘画活动。因此，一般从中班开始进行图案画。

(1) 中班。中班幼儿主要学习一些简单的图案花纹，比如小花朵、小叶片、小几何形等，能用对比色涂出鲜艳、美观的画面。

为中班幼儿设计图案画课题时，主要侧重于纹样的变化，色彩要求鲜明。开始，可以先设计一些“画花边”的课题，让幼儿在长方形的纸上用简单的花纹装饰。在纹样的变化上应由简到繁、由易到难，让幼儿逐步适应。这种花纹，在图案中称作“二方连续”，作为幼儿教师，应掌握一些简单的二方连续骨式结构，才能更好地引导幼儿做出丰富的装饰效果。比如，刚开始时用一种颜色、一种花型间隔来装饰，慢慢地可以增加难度，用两种颜色、两种花型既间隔又连续来装饰作品。普通的长方形纸也逐步过渡成“花手帕”、“花围巾”、“花台布”等课题，让幼儿在正方形的中心、四边、四角进行装饰。色彩最好不要同时提供过多的颜色，造成视觉混乱。根据幼儿颜色视觉的发展特点，可选二至三种对比较强烈的色彩，比如红、黄、绿，让幼儿自由搭配。(见图 14－15)

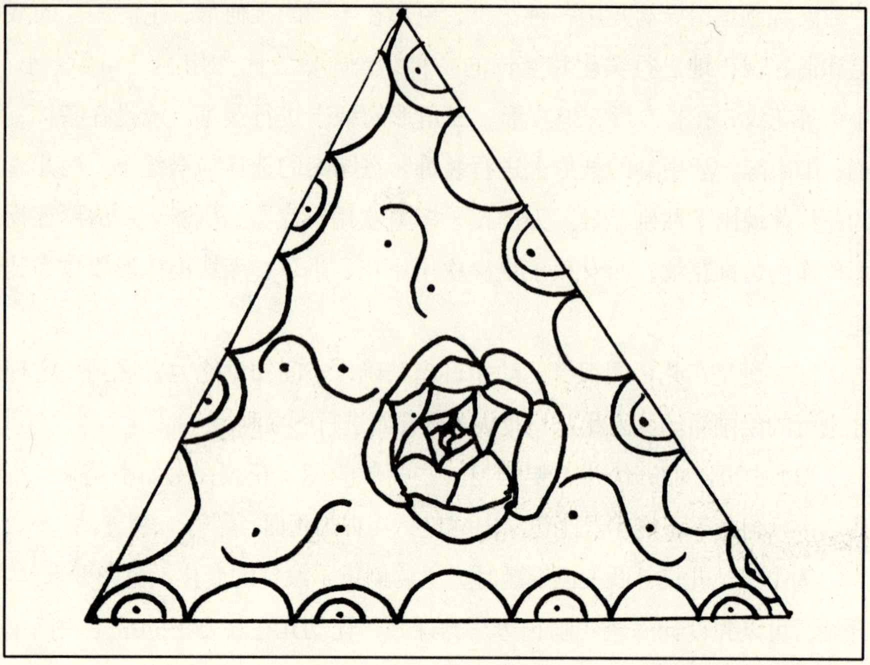

图 14－15　花围巾

(2) 大班。大班幼儿除了运用在中班学过的知识外，还应叫他们学习一些简单的、具有民族特色的花纹，并能用同类色或邻近色装饰画面。

为大班幼儿设计图案画课题时，应侧重于构图的变化，色彩在鲜艳中求和谐。大班幼儿可以学习在更复杂的几何图形上（菱形、圆形）的边缘、中心、边角上装饰图案。在排列花纹时，不仅要考虑花纹的间隔距离，还要考虑方向的变化。菱形的四角不同，学习是教师应注意引导幼儿发现特点，才能更好地进行装饰。另外，教师还可以为幼儿设计一些在日常用品纸形上装饰的课题，比如毛衣、手套等。还可以安排学习一些简单的民族花纹的课题，比如羊角纹、波浪纹、回头纹、云纹等，使幼儿初步了解一些民族文化的特点。(见图 14－16)

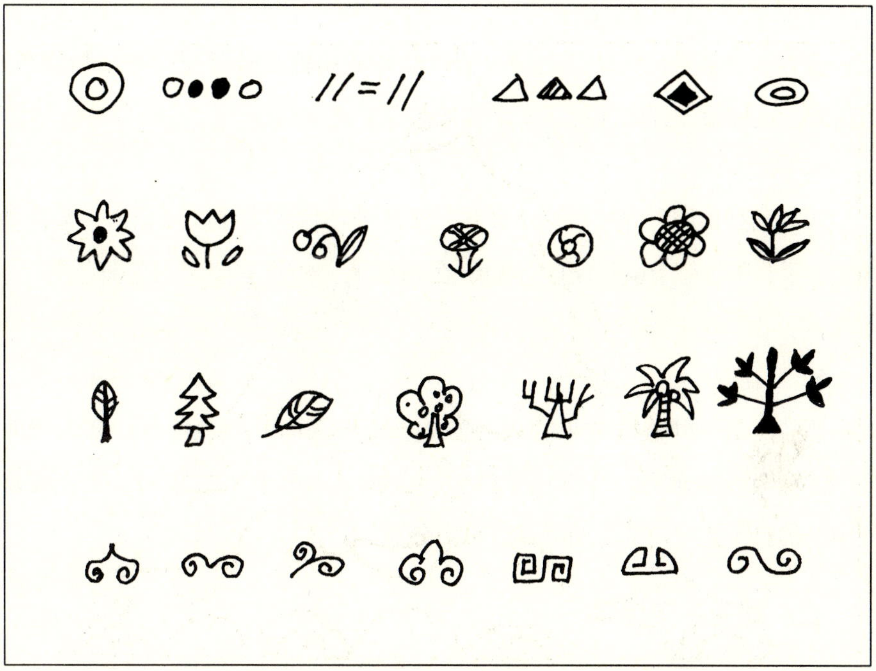

图 14－16　花纹图样

(四) 从工具材料和表现技法上分

1. 彩笔画

彩笔画包括蜡笔 、油画棒、彩色水笔、彩色铅笔等工具直接在纸上或墙上画画。幼儿要学习怎样握笔、怎样勾线和均匀涂色等。

2. 水粉画

水粉画是指用水粉笔蘸调好的水粉颜料在纸上作画。幼儿要学习怎样调配水粉颜色，怎样舔笔，怎样平涂颜色，怎样洗笔。

3. 蜡笔水粉画

蜡笔水粉画是指先用蜡笔或油画棒等油性绘画工具在纸上涂轮廓，然后用水粉笔蘸水粉颜料刷遍整张纸，由于油性笔不溶于水，所以用油画棒或蜡笔画出的形象便突显出来。使用这种作画方法前，幼儿要先掌握蜡笔画和水粉画工具材料的使用方法。

4. 棉签画

棉签画主要多在低幼班出现。引导幼儿使用棉签蘸调配好的水粉颜色进行作画，这样会保证幼儿更加安全的作画。

5. 印章画

印章画是指用可好的土豆、萝卜、橡皮等物体的切面以及积木、牙膏盖、纸团、手、脚等蘸上颜料压印、拍印在画纸上。幼儿需要学习怎样压印、拍印等。

6. 洒盐画

洒盐法是一种特殊效果的表现方法。先将画面的颜色涂好，在未干时，把细盐轻轻洒向画面，待颜色干透后，再刷去未溶于水的盐末，就会发现，画中仿佛有无数雪花从天而降，效果十分美妙。

二、幼儿手工活动

手工指徒手或使用简单工具材料进行的工艺活动。幼儿园手工活动的类型主要有泥工、纸工。

1. 泥工活动

(1) 小班。小班幼儿的泥工活动内容主要是认识泥工的简单工具和材料，知道名称和泥的性质是柔软的、可塑的。在为小班幼儿设计泥工课题时，应侧重让幼儿认识泥工的工具材料，比如泥工板、小切刀、小滚子等，懂得其名称和使用方法。最初的课题是让幼儿随意玩泥，随意塑造一些简单的形体，使其体会在玩泥过程中的泥工活动的快乐。同时，注意引导幼儿欣赏一些教师或中大班幼儿的作品，引起他们泥工活动的兴趣。小班幼儿学习的主要技巧有：

① 团圆：将泥放在手心中，两手配合着来回转动团成球状物。可以制作苹果、皮球、葡萄等泥工制品。

② 搓长：将泥放在手心中，两手合拢，前后搓动成圆柱形。可以搓成面条、胡萝卜、麻花等泥工制品。

③ 压扁：将搓成的长条或团成的球状物，放在手心中，用两手掌拍压。

可以制成饼干、车轮、花卷等。

在为小班幼儿设计泥工课题时，可以让他们用上一种或两种基本技能来塑造简单的物象，比如，上面提到的“苹果”、“汤圆”“面条”等。掌握后还可以设计将两个基本型结合在一起构成物体的课题。比如，将两个小泥球叠在一起，做成葫芦娃；两条泥条拧一拧，做成麻花等。

(2) 中班。中班幼儿的泥工活动要求幼儿会塑造物体的主要特征，会使用一些简单的辅助材料表现出简单情节，并能大胆创造。为中班幼儿设计课题时，应注意能表现出物体的基本部分和主要特征，如有一定容积的器皿（碗、盆、杯子）等，还有小动物的形象（猫、小兔子）等，对中班幼儿塑造的作品不追求形象的比例及细节的表现。同时可注意让幼儿使用一些辅助材料使作品形象更加真实、生动。比如塑造小公鸡时，可提供小珠子或小豆粒镶在眼睛的部位，用漂亮的羽毛做公鸡的尾巴，这样，更能表现出公鸡的主要特征。中班幼儿学习的主要技巧有：

① 捏：用拇指和食指，互相配合进行捏泥。这样能捏出物体的细节部位，如小动物的耳朵、嘴巴、器物的边缘等。

② 挖：将初步制成的作品用手指按压成小坑，或是用工具将中间的泥挖去，可制作碗、盆等泥工作品。

③ 嵌接：将物体的各个部分用连接物（牙签、火柴、小木棍）等组合起来的一种方法。有粘结（橡皮泥直接粘结）和棒接（牙签、火柴等）两种。凡是物体的上半部分较重时，必须用棒接。

(3) 大班。大班幼儿在泥工活动时，应会使用简单的工具和辅助材料塑造某些细节部分，学会塑造人物、动物的主要特征和动作，表现出主要情节。为大班幼儿设计课题时，应能让幼儿运用辅助工具和材料细致、生动的表现作品的主要特征和细节。在表现内容上已不再是简单的水果、器皿等，而是形体较复杂的动物、人物为主，并要求表现出形象的突出特征和某些细节。如：“小刺猬采果子”、“小兔和大萝卜”、“两个好朋友”等。大班幼儿学习的主要技巧有：

① 分泥：用目测的方法将大块的泥，按照需要分成大小不同的泥块，进

行塑造。

② 抻拉：从整块泥中，按照物体的结构抻拉出各部分。如大象的耳朵、长颈鹿的脖子等。

2. 纸工活动

幼儿纸工活动主要内容包括：折纸、剪纸、撕纸和粘贴。不同年龄班的幼儿在各方面的内容和要求个不相同。

(1) 小班。小班幼儿的纸工活动主要以培养兴趣为主，初步学习纸工的简单知识和技能。为小班幼儿设计课题主要是玩纸、撕纸和粘贴。小班幼儿喜爱玩纸和撕纸，教师可事先准备一些颜色各异、性质不同的纸让幼儿撕着玩，在玩纸、撕纸的过程中体验纸的不同特性，发现各种形状的变化，并可以撕出一些简单的图形，如“饼干”、“雨伞”、“蘑菇”等。另外教师也可以设计一些粘贴的课题，比如，可事先为幼儿剪好图形——“草莓”、“菠萝”，再让幼儿把撕好的小碎片粘贴在图形中。在撕贴活动中需注意，教师应首先引导幼儿学习撕纸式的基本方法，用两只手分别捏住要撕开部分的两侧，撕纸时两手向相反的方向用力，每次撕口不要太长，以便控制所撕形象。小班后期，可让幼儿认识并初步使用剪刀，学习一些简单的剪纸技能。

小班需掌握的基本纸工技能有：

① 折纸的技能。

对边折：将纸的两边对称折叠。

对角折：将纸相对的两角对齐折叠。(见图 14－17)

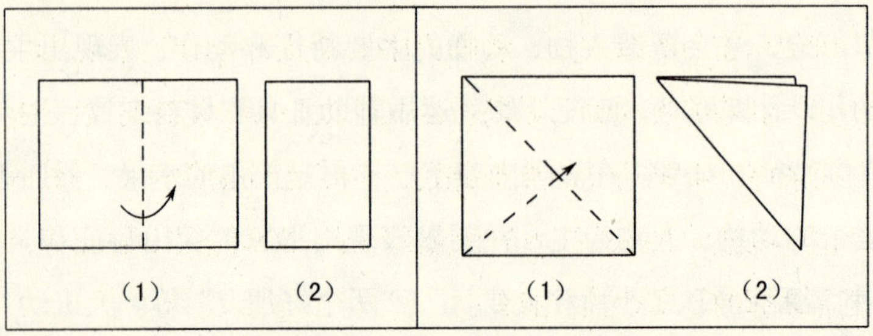

图 14－17 对边折、对角折

② 粘贴的技能。

图形粘贴：把现成的纸型或自然物、几何图形贴在纸的恰当位置上，表现物体的造型活动。

自由粘贴：根据老师提供的造型，可根据自己手中的碎纸自由组织，拼贴成画。

③ 撕纸的技能。

按轮廓撕：教师事先在纸上画好图形，幼儿沿轮廓线撕开。比如，小班幼儿可以撕出面条、小草等造型。

（2）中班。中班幼儿的纸工活动包括折纸、撕纸、粘贴和少量的剪纸。具体内容是学会一些简单的折叠方法（如对边折、对角折、集中一角折、双正方形、双三角形）。能把现有的图形或材料，按顺序粘贴在适当的位置。认识剪贴的工具和材料，学习正确的使用剪刀。为中班幼儿设计折纸课题时多是用单张纸进行简单的平面折叠。教学内容应由简入繁，可以从简单的实物造型开始进行折叠，使幼儿熟悉、理解并掌握几种基本折法。比如，小帽子（对角折）、小飞机（集中一角折）、小手枪（双正方形）等。折完后可以结合纸工作品做小游戏。为中班幼儿设计粘贴课题时主要以几何图形和自然物粘贴为主。着重培养幼儿掌握正确的粘贴方法，要求粘贴的干净、整洁、牢固、美观。制作时，可以是成品粘贴，也可以是半成品粘贴。比如，教师画出小房子，门前设计一条七彩小路。这条小路就由幼儿用撕碎的彩纸进行粘贴，这属于半成品制作。还可以先让幼儿折叠几只小船，然后把小船当花瓣拼贴成花朵，花朵的蕊、茎、叶可用笔画出，这就属于成品粘贴。

在小班使用剪刀的基础上，教师为中班幼儿设计剪纸课时，可结合实物进行目测剪。训练剪弧线时可以剪出苹果、太阳等；训练剪直线时可以剪出小木棒、面条等。中班幼儿的撕纸课题，主要是目测撕为主，进一步学习撕纸技能，也可以教幼儿一些简单的折叠撕技能，如撕花边、窗花等。

中班需掌握的基本纸工技能有：

① 折纸的技能。

集中一角折：先将纸折出对角线，再依据对角线，将相邻两边向中心折叠。

四角相中心折：找出中心点，再将四个角分别向中心点折。（见图14－18）

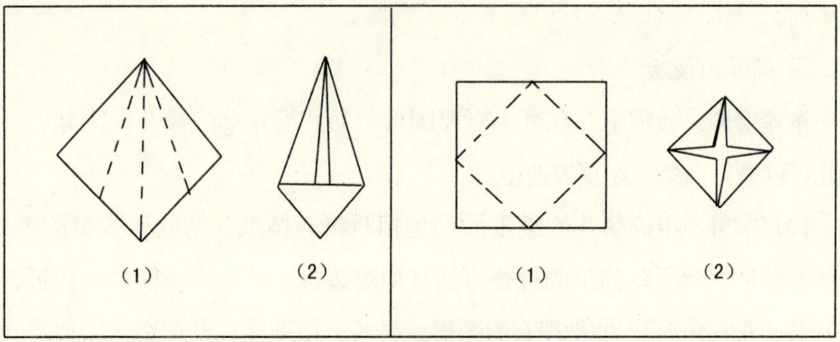

图 14－18　集中一角折、四角向中心折

双正方形：将纸先对边折，再根据中线，一角向前，一角向后折成三角形，再从中间打开、压平。

双三角形：将纸先对角折，再根据中线，一角向前，一角向后折成正方形，再从中间打开、压平。（见图 14－19）

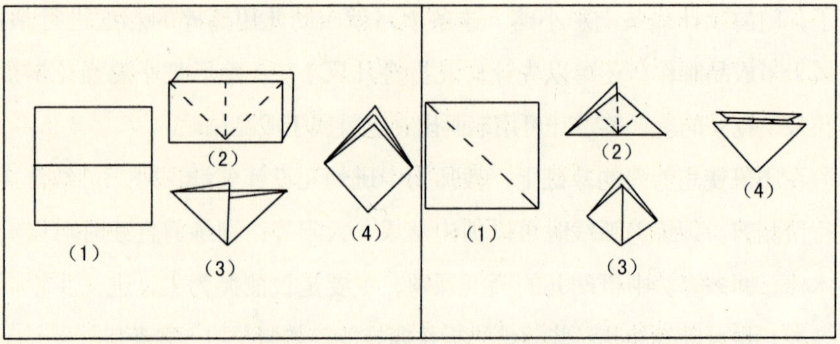

图 14－19　双正方形、双三角形

② 粘贴的技能。

几何图形粘贴：用彩色纸剪出各种形状、大小不同的几何图形，拼贴出新的图形。

自然物粘贴：将植物的叶子或各种废弃物，如鸡蛋壳、瓜子壳、羽毛等，粘贴在衬纸上，形成新的图像，或拼贴成画。

③ 剪纸的技能。

按轮廓线剪：事先在纸上画好某一物体的轮廓，然后再按轮廓线剪下来即可。

目测剪：纸上没有任何线条和痕迹，直接用目测剪出一定的图像。

④ 撕纸的技能。

用目测的方法将纸撕成一定的图形。

(3) 大班。大班幼儿在中班幼儿掌握技能的基础上，学习更为复杂的纸工技能：用两张以上的纸折成简单的组合玩具；能按轮廓或用目测的方法剪出或撕出简单的物体外形；会用对称折叠的方法剪出或撕出简单的图形或窗花。为大班幼儿设计课题主要是折纸和剪贴。折纸的课题要用两张或两行以上的纸折叠成简单的立体组合物体造型，并且运用一些辅助手法，使表现的形象更加生动。比如会在折好的形象上涂色、画线，用剪刀剪去多余的部分，或是把折好的形象粘贴在衬纸上，再添画背景或其他景物，组成一幅半立体的作品。剪贴课重在“剪”，设计课题时，多考虑让幼儿自剪自贴。目的是让幼儿更好的掌握三种剪法（即目测剪、按轮廓剪、折叠剪）。剪贴课设计要注意引导幼儿掌握剪贴的顺序：即由简到繁、由易到难，比如要先剪大面积的、线条较短、较直的物体形象，然后再剪一些有曲线的、细节的物体形象。

大班需掌握的基本纸工技能有：

① 折纸的技能。

菱形折：先将纸折成双正方形，再依据中线，将开口端的四个边向内折叠，然后向下拉成菱形。(见图 14－20)

组合折：由数张纸经过相同或不同的折叠后，形成几部分物体形象，再把它们组合起来，构成更加复杂的造型，就是组合折。比如宝塔的做法便是

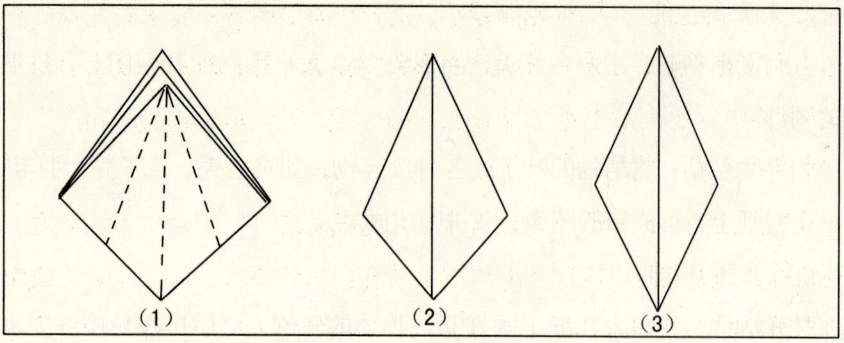

图 14－20　菱形折

组合折的具体运用。

② 撕纸的技能。

折叠撕：把纸折叠后再按照需要去撕。如将一张正方形纸先折叠后再撕出大小不同、形状各异的花样，再打开后就是一张美丽的窗花。

③ 剪纸的技能。

折叠剪：将纸折成两层、三层或更多层后剪出来的图形。折叠剪可以是折叠后用目测的方法剪出图形，也可以是折叠后按轮廓剪出图形。各种剪法之间存在着相互交叉的情况。

(4) 在纸工活动中需注意。在折纸活动中，教师应先引导幼儿认识折纸符号及基本术语，如边、角、中心线、中心点、对边折、对角折等名称，一边幼儿在学习的过程中理解教师的指导。然后掌握折纸的基本规则即对齐、抹平。要让幼儿明白，如果不对齐、不抹平，那么这出来的形象就会歪歪扭扭、松松垮垮、既不美观，又容易散开。由于折纸的特点容易忘记，所以教师可以备课时，事先画出步骤图，图上的线条要简明，要教会幼儿认识、熟悉折纸符号，培养幼儿的识图能力，为幼儿独立活动打下基础。同时，教师应作步骤演示。演示时，一般整体示范与分段示范相互结合，交替使用。另外教师用纸要大些，要有正反面之分（颜色），手的动作要明确，每折一步要有指明折叠的依据和部位，语言简练到位。

在撕纸活动中，教师在提供幼儿纸时，注意不宜太大，由于幼儿的手的控制力较差，会使一大张纸越撕越小，造成浪费。另外不要求幼儿很准确的撕出一个完美形象，如果与所构思的形象有较大差异，教师可以引导幼儿再仔细观察手中的纸形，想想它像什么，撕好后，可以再装饰、添画成为一幅有意义的作品。

在剪贴活动中，教师应注意引导幼儿剪纸时应左手配合右手的动作，并转动纸片，防止边剪边拉使形象周围不整齐。另外要引导幼儿剪贴的顺序是先拼摆再粘贴。把剪好的图形先摆放一下，看看怎样合理后，再进行粘贴。粘贴时胶水不要用太多，教师可提供小棉签或胶棒让幼儿使用。

三、幼儿美术欣赏活动

儿童的美术欣赏是幼儿通过对美术作品、自然环境和周围环境中美好事物的认识与欣赏，从中获得艺术的感染力。幼儿美术欣赏活动主要有欣赏艺术美、自然美、生活美。不同年龄阶段的幼儿在欣赏活动中有各自的内容和要求。

（1）小、中班。小、中班幼儿主要欣赏一些她们能理解的作品（绘画、工艺美术品、雕塑等）、自然景物、节日装饰、环境布置等，初步培养儿童的审美能力。

由于知识经验少，生活范围狭窄，小、中班幼儿欣赏的作品内容应与幼儿的生活经验接近，这样容易为他们所喜爱。例如：活泼可爱的小动物形象玩具或工艺美术品或日常用品（如动物造型的钟、背包）；以及描述儿童生活的图片或美术作品等。在艺术手法上应主题突出、造型简单、形象鲜明、色彩明快，才能引起幼儿的共鸣及联想。在绘画作品中，比如米罗、保罗、蒙德里安等画家的抽象作品，均可让幼儿欣赏，从作品的抽象符号中来培养幼儿的想象力。为小、中班幼儿设计欣赏课题时要符合儿童的年龄特点。开始时，可以周围环境中的自然景色，如旭日东升、蓝天白云、花红柳绿的春之美，银装素裹的冬之美等。因为自然景物中有着不同的形态和色彩，对幼儿有强烈的吸引力，可选作欣赏的内容。还可以欣赏生活的玩具、学习用具等这些与幼儿生活紧密联系的事物。从而丰富他们的知识，培养他们的美感。

随着教学的深入，可以逐渐欣赏一些画作。教师可运用讲解法，也就是用生动而具有启发性的语言对欣赏的内容进行讲解。其作用是清楚正确的评价作品，引导幼儿产生正确的审美观，对幼儿如何正确认识美、评价美具有示范作用。教师的讲解应具体形象、抑扬顿挫，激发幼儿欣赏的兴趣，积极对作品展开联想。比如米罗的《人投鸟一石子》作品中，教师可以结合画面内容讲一则关于画家的小故事，还可以让幼儿根据作品名称编一则小故事，充分感受人、小鸟之间的关系，调动幼儿欣赏的积极性。

（2）大班。大班幼儿继续欣赏一些他们可以理解的绘画、工艺美术作品，并且学会评价自己和同伴的作品，培养幼儿的美感和审美能力。随着幼儿认识能力的不断提高，大班幼儿的欣赏范围也在逐步扩大，且每种类型的欣赏内容也在不断地深刻化、复杂化。例如，大班幼儿欣赏作品中人物形象更加复杂，由原来的单个形象到多个形象，画面也越来越复杂，从原来的简单场景到较复杂的场景；艺术形式也趋于多样化，有油画、水彩画、年画、漫画、泥塑、石雕、民间玩具等。教师为大班幼儿设计课题时，既可以是与幼儿生活贴近的，也可以是充满科学幻想、神话色彩的故事题材等美术作品。这样的作品从表现形式上，构图、色彩、形象更趋于多样化，能吸引幼儿。同时引导大班幼儿学习评价自己和别人的作品，并有自己独特的观点和想法。教师可以采取提问法进行教学。根据幼儿经验，向幼儿提出问题，引导幼儿思考并讨论。教师注意提出一些开放性的问题，比如，欣赏梵高的作品《向日葵》时，教师可设计问题“画面上画了什么?”“这些花是什么样的，你来形容一下。”“瓶子里的花式如何排列的?”“画面给你的感觉是怎样的?”这些问题有助于启发幼儿边看边思考，并提高幼儿分析、评价画面的能力。在运用提问法时，教师不仅要注意提出问题，还必须重视儿童的回答，鼓励幼儿说出与别人不同的感受。另外，还有一种教学方法是观察比较法，主要指教师引导幼儿观察、评价不同的作品。在进行美术作品欣赏时，就同一主题的不同表现手法、同一画家的不同绘画作品或画家不同时期的作品等让幼儿仔细观察、认真比较，找出差异。比如，徐悲鸿的水墨画《奔马》和马克的油画《蓝马》，在造型、设色、构图、表现手法上都截然相反，给人不同的视觉感受。运用这种时，引导幼儿在比较中找出答案，并让幼儿自己去理解、体会，从而提高其审美能力。

四、幼儿园环境创设

幼儿园环境创设是为幼儿提供充分活动和表现的机会与条件，同时又渗透教育的目的性。注重幼儿的集体实践活动，保证幼儿愉快的、有益的自由活动。因为它对幼儿来说是自由活动，他们可以自己做主玩什么、怎么玩。但对老师来说则是通过一定的教育意图与教育要求来激发幼儿对周围环境的兴趣，引导幼儿动手操作，自主地学习和探索。环境展示充分体现了教育性、自主性、安全性、温馨性、互动性的特点。总之，幼儿园环境的设计制作应以儿童身心发展规律为依据，以儿童兴趣特点为主题，并符合一般形式美的法则。

（一）师生互动，设计主墙面

在教室内，有一面墙位置正、面积较大，我们称之为“主墙面”。主墙面在整个教室起着举足轻重的作用，所以设计好主墙面要突出：用造型美、色彩美、艺术美和富有童趣美的氛围来感染幼儿。这是教师应该注意的。另外主墙面要随着时节、季节、节气等做一定的调整。比如有的幼儿园会要求班级主墙面一月一换，有的可能要求一季度一换等，教师应灵活掌握。比如在创设“美丽的春天”这一主题环境时，可以先让儿童自己去寻找春天的特征：春天到了，花儿开了，树叶发芽了……小班幼儿在搜集“春天”的过程中，幼儿通过各种感官的运用，充分感受到了什么是春天。当他们带着花瓣、照片、图画等材料回到教室后，由教师在一旁引导幼儿用这些材料布置“美丽的春天”这一环境，在布置过程中，教师放手让幼儿自己去讨论构思和布局，而不是代替幼儿去布置。在幼儿亲手参与环境布置的整个过程中，他们通过观察、构思、动手，不但获得了新知识，其动手能力和创造性也得到了很好的发展。同样，当夏天、秋天、冬天来临时，也可以通过让幼儿收集、交流、布置环境，随着不同季节的来临，教室的墙壁在孩子们手中不停地“说话”，而幼儿在布置中也深刻体会到了四季的含义和特点。

（二）自然角里种植和饲养的活动不仅培养了幼儿的动手能力，也培养了幼儿从小热爱自然的美好情感

在教室的向阳处，专辟了自然角和动物角，放了许多适合室内生长的动物和植物，如萝卜、大蒜、马铃薯、小鱼、乌龟、蝌蚪等，并且采用值日生制度，让幼儿轮流照顾、观察，孩子们因此掌握了许多动植物的知识，大班的孩子对动植物的生长尤其感兴趣，他们会自己动手画观察日记，记录动、植物的生长发育过程。从而，培养了幼儿关心环境，保护环境的情感。

（三）培养幼儿爱同伴、爱集体的情感

教师可以布置生日栏，营造教室内温馨友爱的氛围。生日栏内，孩子们把自己的像片或自画像贴在自己生日的相应月份内，平时孩子们会经常去关心生日栏，互相告诉这个月该谁过生日的消息。在每月下旬的时候，我们会为当月的小寿星过一次愉快而有意义的集体生日。小朋友们轮流向小寿星们祝贺，提出希望，并送上自己制作的小礼物，大家一起吃着蛋糕，唱着生日快乐歌，一起分享这快乐的时光。

（四）幼儿作品展示栏

为了激励幼儿学习积极性，教师可以在教室里空墙上设置一个作品栏，有我们每个孩子的作品，如果谁到我们的教室做客，孩子们会争先恐后地向他介绍自己的作品，他们对自己的每一幅画、每一件手工作品都非常的得意，作品栏是他们展示自己、表现自己的用武之地。

（五）采用多种表现形式

让班级墙壁说话，利用壁面的空间暂时或永久地展示幼儿的生活，这是我们创设环境的目的之一。我们知道，幼儿对生活的表达方式有一百种，这就需要我们有一百种表现的形式，比如开创《家园互动栏》、《你说我说栏》等。主要形式有图片、文字、照片、书籍、作品等，它对教师、幼儿、家长都很有好处，它促进了教师自我成长，增加了与其他教师之间的经验分享。

全社会对幼儿教育的日益重视，幼教改革的不断深入，使幼儿园的物质环境有了较大的改善，人们注重了环境构建能否发挥环境的最大效用。首先是要提高使用者对环境教育功能的认识，更新教育观念，增强创设环境、利用环境的自觉意识，积极提高现有物质环境的利用率，在此基础上加强环境的管理，遵循一定的原则，对环境进行科学的创设，不断优化。教师只有坚持树立起正确的环境创设观，才能创设出良好的环境，使环境更好地发挥教育功能。

参考文献

1. 赵玉惠．幼儿园活动教程．北京：高等教育出版社，2004 年版
2. 中国学前教育研究会幼儿园课程与教学专业委员会、幼儿园科学探究的教与学．南京：南京师范大学出版社，2006 年版
3. 林秀娟．幼儿园主题活动案例．福州：福建教育出版社，2006 年版
4. 倪敏．幼儿园课程与教育活动设计．北京：中国劳动社会保障出版社，2006 年版
5. 施燕．学前儿童科学教育．上海：华东师范大学出版社，2005 年版
6. Lisa Burman 老师，你在听吗．北京：中国轻工业出版社，2010 年版
7. 何幼华．幼儿园课程．北京：北京师范大学出版社，2004 年版
8. 幺丹彦、方燕．让环境和材料与幼儿对话．北京：北京师范大学出版社，2002 年版
9. 张明红．学前儿童社会教育．华东师范大学出版社，2007 年版
10. 甘剑梅．学前儿童社会教育．中央广播电视大学出版社，2007 年版
11. 周梅林．学前儿童社会教育活动知道．复旦大学出版社，2009 年版
12. Marjorie V．Fields，Debby Fields 著．原晋霞等译．儿童纪律教育．中国轻工业出版社，2007 年版
13. 陈世联．幼儿社会教育．南海出版公司，2009 年版
14. 刘焱．幼儿教育概论．中国劳动社会保障出版社，1999 年版
15. 教育部基础教育司．幼儿园教育指导纲要（试行）解读．江苏教育出版

社，2002 年版

16. Jerry M. Burger 著. 陈会昌等译. 人格心理学. 中国轻工业出版社，2004 年版

17. 赵寄石、楼必生主编. 学前儿童语言教育. 人们教育出版社，1993 年版

18. 上海市虹口区实验幼儿园编. 儿童双语教育的求索. 上海科学技术出版社，2000 年版

19. 提供我国幼儿师资素质的研究课题组编. 提高幼儿教师素质的研究与探索. 北京始发大学出版社，2002 年版

20. 周兢主编. 程晓樵副主编. 幼儿园语言教育活动设计与指导. 人们教育出版社，1996 年版

21. 人力资源和社会保障部教材办公室组织编写. 幼儿语言教育活动设计与指导. 中国劳动社会保障出版社，2009 年版

22. 张加蓉、卢伟主编. 学前儿童语言教育活动指导. 复旦大学出版社，2005 年版

23. 袁爱玲主编. 学前儿童全语言创造教育活动设计（大班）. 教育科学出版社，2001 年版

24. 中华人民共和国教育部. 幼儿园教育指导纲要. 北京师范大学出版社，2008 年版

25. 许卓娅主编. 幼儿园音乐教育与活动设计. 高等教育出版社，2009 年版

26. 金浩等. 学前儿童数学教育. 上海：华东师范大学出版社，1999 年版

27. 张慧和. 学前儿童数学教育. 长春：东北师范大学出版社，2003 年版